Hannes Burger
Politiker derblecken beim Salvator

*In Dankbarkeit gewidmet
meiner lieben verstorbenen Frau
Ingrid,
die an vielen Salvatortexten mit mir gearbeitet,
viele Salvatorfreuden mit mir erlebt
und viel Salvatorärger mit mir geteilt hat.*

Hannes Burger

Politiker derblecken beim Salvator

Hinter den Kulissen vom Nockherberg

*Mit Illustrationen von
Dieter Hanitzsch*

rosenheimer

© 1998 Rosenheimer Verlagshaus GmbH & Co. KG, Rosenheim

Die Illustrationen auf den Seiten 13, 14, 16, 20 und 23 stammen aus dem Gästebuch des Salvator-Kellers und sind während der Salvatorproben aus dem Stegreif entstanden. Für deren Nachdruck danken Autor und Verlag der Paulaner-Brauerei.

Alle anderen Illustrationen einschließlich des Titels stammen von Dieter Hanitzsch, München.

Druck und Bindung: Westermann Druck Zwickau GmbH
Printed in Germany

ISBN 3-475-52911-4

Inhalt

Vornrum, hintrum, drumrum – Was interessiert das Publikum?
Vorwort des Autors
- 7 -

Wie Bruder Barnabas zum Derblecken kam
Die Geschichte der Salvatorproben
- 13 -

Ein Brauereigespann rauft sich zusammen
Meine Zusammenarbeit mit Walter Sedlmayr
- 24 -

Ein allgewaltiger Landesfürst, seine Kronprinzen und Diadochen
Die Ära Strauß auf dem Nockherberg und ihr Mythos
- 41-

Von Volltreffern, Querschlägern und beleidigten Leberwürsten
Über die heikle Kunst des bayerischen Derbleckens
- 61 -

Wie kommt man da rein, wie kommt man gut raus?
Von »Bestechungsversuchen« und anderen Einflussnahmen
- 80 -

»Die sind überhaupt nicht rot – die sind doch völlig farblos!«
Die Leiden der SPD am Nockherberg
- 102 -

Parteifreunde sind keine Schande, aber es heißt da höllisch aufpassen
Die CSU seit 1992
- 134 -

Jeder Wechsel des Zugpferds bringt Unruhe in das Gespann
Von Sedlmayr über Grießer zu Hallhuber
- 153-

Vornrum, hintrum, drumrum – Was interessiert das Publikum?
Vorwort des Autors

Liebe Leser!

Die Idee zu diesem neuen Salvator-Buch stammt im Grunde nicht von mir, sondern in erster Linie von Lesern und Zuhörern von Lesungen. Herzlichen Dank für diese Anregung! Was kann einem Schriftsteller denn eigentlich Besseres passieren, als dass er quasi schon im Auftrag von Lesern schreibt, die ihm ihr Interesse an einem Thema vorher kundgetan haben!

Immer wieder wurde ich von Büchereien, Kurhäusern, Hotels, Volksbildungswerken, Sparkassen oder anderen Veranstaltern eingeladen: entweder zu unterhaltsamen Lesungen aus verschiedenen meiner Bücher – dann kamen die Fragen zur Salvatorprobe spätestens nach der ersten Pause; oder gleich direkt zu

Vorträgen über das Salvator-Ereignis und das Politiker-Derblecken auf dem Nockherberg mit Beispiel-Lesungen aus den Festreden. In beiden Fällen aber musste ich jeweils feststellen: Weit mehr als die vorgetragenen Zitate und Beispiele aus früheren Salvatorreden interessierte die Zuhörer das Drumherum und was denn so hinter den Kulissen alles abläuft – menschlich und politisch. Zu diesen immer wiederkehrenden Fragen nach den Hintergrund-Geschichten gehört zum Beispiel: Was spielt sich da bereits im Vorfeld alles politisch ab? Wer von den Politikern oder sonstigen Prominenten wird überhaupt eingeladen? Wissen die schon vorher, was da kommt, und wie wirkt sich das auf Zu- oder Absagen aus? Gibt es da Terminprobleme und Verschiebungen wegen Wahlen oder Reisen, wie organisieren die Politiker das, dass die Bundesminister oder Mitglieder des Bundestages auch während Sitzungswochen in Bonn kommen können und wieder rechtzeitig zu Abstimmungen zurück sind?
Ferner wollen die Zuhörer meist von mir erfahren: Woher erhält der Autor seine Informationen? Auf welche eigenen Interessen und auf welche der Brauerei oder auch des Schörghuber-Konzerns muss er Rücksicht nehmen? Welche Versuche gibt es, direkt Einfluss auf den Autor zu nehmen oder wenigstens den Text irgendwie vorab zu erfahren? Wer liest alles die Texte vorher und wer entscheidet, was dann gebracht werden darf und was nicht? Wie sind die Reaktionen der Prominenz bei der Veranstaltung selbst, wenn gerade nicht die Kamera auf sie gerichtet ist? Wie stark ist das Medieninteresse vorher und wie unfair die Berichterstattung oder Kritik hinterher? Was gab es schon alles an beleidigten Reaktionen von empfindlichen Politikern, die sich schlecht behandelt fühlten, und welche Auswirkungen hat dies oder deren Beschwerde bei der Brauerei? Wie wird eine beleidigte Leberwurst wieder genießbar gemacht? Wie kommen Autor und Festredner untereinander aus und welchen Einfluß hat der Schauspieler auf den Text, den er vorzutragen hat? Wie war das mit Walter Sedlmayr, wie das mit Strauß und das mit Rothemund? Fragen, Fragen und noch mehr Fragen – über den politischen Inhalt der Reden hinaus.

Diese Fragen des treuen Salvator-Publikums vor dem Radio oder Fernseher werden leider von den meisten Zeitungen, die sich mit der Salvatorpobe ausführlich beschäftigen, nie für ihre Leser beantwortet. Speziell die Reporter der Münchner Lokalteile beten entweder fast ausschließlich alte Klischees nach und fragen immer dasselbe oder die Redakteure legen nur noch ihre parteipolitischen Schablonen an den Text an um zu prüfen, ob er links genug war oder doch zu weit rechts, ob ihre oder ihres Mediums speziellen politischen Gurus und Hätschelkinder auch gut genug weggekommen sind oder wenigstens ihre Lieblingsgegner schlecht genug.

Das Ergebnis ist dann meist wieder Schablone: Kritisiert der Text die CSU kräftig, dann ist er gut und witzig, schießt er die SPD an, ist er falsch und geschmacklos.

Aber im Gegensatz zu den verengten Rechts-Links-Schablonen vieler Medien sind doch in Wirklichkeit die meist verdeckt ausgetragenen Konflikte und Spannungen innerhalb der Parteien viel reizvoller als alle bekannten Kontroversen zwischen den Parteien: Biedenkopf gegen Kohl, Waigel gegen Stoiber, Schmidt gegen Schmid, alle Grünen gegen ihren Fraktionsvorsitzenden Fleischer, Scharping gegen Schröder und der gegen Lafontaine und so weiter. Wer ist denn da jeweils rechts und wer links? Wenn man sich also da nach den Journalisten-Kollegen richten würde, hätte ich als Autor hätte schon längst den Krempel hinschmeißen müssen. Was mich jedoch immer noch zum Durchhalten ermutigt hat, ist die Methode sich nicht nach Politikern und Journalisten zu richten, sondern mehr nach dem einfachen Volk, dessen Meinung man ja schließlich aus den letzten Wahlergebnissen kennt. Dann bekommt man nämlich vom Publikum trotz aller Medienkritik breite Zustimmung, sogar mit persönlicher Anrede von einzelnen, und wird durch jährlich steigende Einschaltquoten bestätigt.

Als Autor habe ich von 1982 bis nunmehr 1998 bisher 16-mal die Salvator-Festreden geschrieben: neunmal für Walter Sedlmayr (1982–1990), fünfmal für Max Grießer (1992–1996) und nun zweimal für Erich Hallhuber (1997 und 1998). Im Jahre 1991 ist die Salvatorprobe einmal wegen des Golfkrieges ausgefallen. Neben einem umfangreichen Presse-Echo – pro und contra – erreichten in diesen 16 Jahren die Übertragungen der Salvatorproben durch Radio und Fernsehen fast immer die höchsten Einschaltquoten des Bayerischen Rundfunks im gesamten Jahr. Das kann allerdings einen typischen Beamtensender wie den BR nicht weiters beeindrucken. Aber man kann sich gut vorstellen, was etwa SAT 1 oder RTL aus einer solchen Erfolgssendung gemacht hätte.

Es gab auch bereits einmal ein Salvatorbuch mit dem Titel »Walter Sedlmayrs Salvatorreden«. Es erschien erstmals 1986, danach jedes Frühjahr neu und wurde jeweils nur wieder um den Text der letzten aktuellen Festrede im Wortlaut ergänzt. Dieses Buch wurde dann 1990 nach dem Tod von Walter Sedlmayr zum letzten Mal aufgelegt.

Das Konzept des hier vorliegenden Buches unterscheidet sich wesentlich von dem früheren. Der Schwerpunkt liegt nicht mehr auf dem Nachdruck der Festreden im Wortlaut, deren aktueller politischer Inhalt ja schon nach relativ kurzer Zeit vergessen ist – einschließlich mancher von den handelnden Personen. In diesem Buch geht es vielmehr um Hintergrund-Geschichten, die sich vor und nach den Salvatorproben abspielten – natürlich werden sie auch mit Beispiel-Zitaten aus den Reden erläutert.

Immer wieder fragen mich die Zuhörer in Vorträgen oder Lesungen auch, wie ich eigentlich selbst zu dieser Rolle gekommen bin und wie lange ich da sammle und darauf hinarbeite. Es ist eine einmalige Nebentätigkeit im Jahr und ich bin ja durchaus stolz und dankbar dafür, dass ich mir damit keine Schande, sondern ein gewisses Ansehen in der Bevölkerung eingehandelt habe. Aber andererseits ärgere ich mich auch manchmal über die Bewertung: Diese politische Unterhaltung und Gaudi, die manche leider viel ernster nehmen, als es ihr zukommt, hat mich in ganz Bayern weit bekannter gemacht hat als gut zwei Dutzend Bücher und fast schon 40 Jahre seriöser, mühseliger und von den Themen her meist weitaus wichtigerer Alltagsarbeit als Reporter, Redakteur, Kommentator und Korrespondent so großer Tageszeitungen, wie früher der Süddeutschen und jetzt der WELT. Wenn ich einmal irgendwo begrüßt werde, sei es im Festsaal oder Bierzelt, dann nie wegen meines Hauptberufes, sondern immer nur als »der Redenschreiber vom Nockherberg«.

Allerdings hat es auch beim Salvator viele Jahre gedauert, bis das Publikum überhaupt bemerkt hat, dass es da hinter dem Schauspieler auch noch einen Autor gibt, der diesem die Texte schreibt. Da muss man dann als Autor seine eigene Eitelkeit mit der heimlichen Genugtuung befriedigen, dass man es offenbar doch dem vortragenden Schauspieler so mundgerecht geschrieben hat, dass die Zuschauer nicht nur die Worte für dessen Originalton halten, sondern oft glauben, dass da spontane Pointen aus der Situation heraus dem Darsteller im Stegreif aus dem Mund sprudeln.

Da wurde mir oft von Leuten, die keine Ahnung von meiner stillen Aufgabe hatten, begeistert erzählt: »Ja, wia's dem Sedlmayr nur grad allerweil einfällt! Kaum sieht er einen, schon weiß er was über den.« Oder: »Hamm S' des g'hört, wia da der Vogel Hansi von unt' was auffig'schnabelt hat und wiar eahm dann der Grießer Max scho glei a so schlagfertig rausgebn hat!«

In Wirklichkeit muss sich jeder Darsteller auf der Bühne, der viele angesprochene Politiker gar nicht persönlich kennt, genaue Notizen zur Sitzordnung ins Manuskript einzeichnen, damit er wenigstens auf die richtige Seite schaut und nicht auf den Falschen deutet. Außerdem kann man manches als Autor leicht vorhersehen: zum Beispiel dass Karl-Heinz Hiersemann oder später Renate Schmidt laut und vernehmlich lachen, wenn über Edmund Stoiber oder sonst einen CSU-Minister etwas Boshaftes gesagt wird. Folglich konnte man problemlos einen schnellen Sprung ins andere Parteilager ins Manuskript schreiben: »Da brauchan fei Sie jetzt gar net lacha, Herr Hiersemann, gell! Schaun S' Eahna doch amal selber o und Eahnere roten Brüder ...« – Nix spontan! Alles vorausgeplante Tricks und alles genau einstudiert.

Aber unabhängig davon ist die Arbeitsteilung klar: Für alle Erfolge und positiven Bewertungen der Rede ist immer der vortragende Schauspieler zuständig, der Autor wird dann von den Kollegen in der Presse nur beiläufig in Klammern erwähnt (Text von: …). Aber für alle politische Unzufriedenheit, für alle falschen Erwartungen oder negativen Eindrücke wird immer sogleich der Autor entdeckt, allein verantwortlich gemacht und geprügelt: »Ja, wer hat denn dem so einen Schmarrn geschriebn?« Oder: »Max Grießer hat aus den schwachen Texten von Hannes Burger immerhin noch das Bestmögliche herausgeholt.« Saubande, greislige, hätte der Karl Valentin da gesagt.

Wie soll man sich denn da als Autor zurechtfinden im Spannungsfeld von Schauspieler-Allüren, Politiker-Prestige und Partei-Interessen, von Journalisten-Vorurteilen gegen die ganze Veranstaltung oder die Großkopferten selbst – samt oft erkennbar dickem Kollegenneid, der keinen Erfolg des Autors ertragen könnte? Wie soll der Autor da sein Selbstwertgefühl bewahren oder gar die eigene Eitelkeit pflegen? Wenn ich am Ende meiner Leidenszeit als Salvator-Autor dereinst die Krone des Märtyrertums empfange, weiß ich mir schon einen Seitenaltar, wo man meine Heiligenstatue aufstellen kann.

Warum eigentlich, so werde ich auch oft bei meinen Lesungen gefragt, warum darf auf dem Nockherberg der Autor seinen Text nicht mehr einfach selber vortragen wie früher alle Festredner vor Sedlmayr auch? Dann hätte er halt auch den Beifall, wenn er gut ist, und nicht nur die Kritik, wenn er schlecht oder langweilig ist?

Dafür gibt es verschiedene Gründe. Zum einen, weil das Bayerische Fernsehen einmal nicht ganz ohne Berechtigung gesagt hat: Wenn da einer fast eine halbe Stunde allein spricht, dann muss das schon ein gelernter Schauspieler sein, der Sprache, Mimik und Gestik professionell beherrscht. Oder doch wenigstens eher beherrschen müsste. Und zum anderen meint die Paulaner-Brauerei, dass ein zerknitterter Autor im Hintergrund, der von vielen und jedes Jahr von anderen lieben Kollegen aus Prinzip stets in die Pfanne gehauen wird, im nächsten Jahr nur dann unauffällig wieder aufgebügelt und als Texter recycelt werden kann, wenn er nicht auch noch als Festredner und willkommene Schießscheibe auf der Bühne steht und danach allein die vollen Breitseiten erhält. Das ist dann wieder die positive Seite der Fixierung aller Medien nur auf den Darsteller.

Dazu kommt noch: Die Distanz zu den Politikern, die unsereiner ja aus der ganzjährigen journalistischen Alltagsarbeit alle – mehr oder weniger gut – persönlich kennt, ist doch noch etwas größer, wenn zwischen ihnen und dem Autor noch ein vortragender Schauspieler steht.

Manche dieser Fragen von Zuschauern, Zuhörern und Lesern werden in diesem Buch beantwortet, vielleicht bleiben auch noch welche offen. Über mich als Autor ist jetzt schon viel genug gesagt, aber ich muss in diesem Buch vieles in der Ich-Form erzählen, weil das meiste, was die Salvatorrede seit 1982 betrifft, nur ich weiß, ich und das für die Salvatorprobe verantwortliche Paulaner-Vorstandsmitglied: Dr. Peter Kreuzpaintner, der mir 17 Jahre lang ein hilfreicher, kritischer und immer fairer Partner war und dem ich hier ausdrücklich danken möchte.

Beim Salvatorspiel habe ich in einigen Jahren als Co-Autor mitgeschrieben, in einigen nur etliche Gags beigesteuert und in anderen gar nicht. Darum möchte ich hier – bei allem Respekt für die Kollegen, auf das Spiel nicht eingehen um mich nicht mit fremden Federn zu schmücken.

Viele der Hintergrund-Informationen, die hier erstmals ausgeplaudert werden, stellen auf ihre Art indirekt auch ein Stück bayerische politische Zeitgeschichte von 1982 bis 1998 dar. Entscheidend ist, ob sie auch dazu beitragen, dass Sie, verehrte Leser, dabei ihre Unterhaltung finden und auch Spaß daran haben. Daran werden sicher auch die Zeichnungen und Karikaturen ihren Anteil haben, die mein Freund Dieter Hanitzsch zur Auflockerung beisteuert. Er ist schon lang vor mir bei der Salvatorprobe auf dem Nockherberg dabei gewesen und ich danke ihm für seine Orientierungshilfe im Buch: die Köpfe der derbleckten Politikerinnen und Politiker.

Den Dank, den ich noch vielen anderen schulde, möchte ich ohne Aufzählung im Einzelnen nur mit einem Vers aus dem Jennerwein-Lied zusammenfassen: »Und Dank auch euch, ihr Vete-ra-ha-nen, die ihr den Trauermarsch sooo schön gespielt ...«

Ihr Hannes Burger

Wie Bruder Barnabas zum Derblecken kam
Die Geschichte der Salvatorproben

Nicht wegen der »Großkopferten« in der Landeshauptstadt waren die Paulanermönche zu Beginn des 17. Jahrhunderts in die Dörfer vor die Tore Münchens geholt worden – denn um die Bürger kümmerten sich sowohl die Jesuiten als auch die Benediktiner und Dominikaner. Vielmehr sollten die aus der Oberpfalz hergeholten Minderbrüder vom Bettelorden der Paulaner sich vor allem um Seelsorge und soziale Betreuung bei der armen Dorfbevölkerung kümmern, die vor den Stadtmauern und südlich der Isar siedelte. Nur zum Arbeiten und fast bis Mitte des 19. Jahrhunderts nur bis Einbruch der Dunkelheit durften diese Leute in die Stadt gehen – ja nicht einmal zum Löschen, wenn es brannte. Nicht in erster Linie des Geschäftes wegen, sondern weil die armen Menschen in den Dörfern Au, Giesing oder Haidhausen ohnehin wenig zu essen hatten, darum verkauften ihnen die Mönche wenigstens ein billiges, aber gutes, reines und nahrhaftes Bier.

Nachweislich seit 1634 brauten die Paulanermönche Bier und schenkten im Kloster Neudeck ob der Au bei München auch Bier aus, was ein Beschwerdebrief der neidischen Münchner Privatbrauer mit gegen den illegalen öffentlichen Ausschank dokumentiert. Dieser Brief gilt heute als eine Art Gründungsurkunde der Paulanerbrauerei. Aber es dauerte noch über hundert Jahre, bis vom kurfürstlichen Hof ein Ausschank außerhalb der klösterlichen Selbstversorgung nicht mehr bloß huldvoll geduldet, sondern offiziell erlaubt wurde.

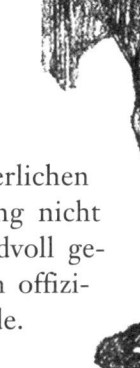

Ein kurfürstliches Mandat vom 31. März 1751 bedeutete einen weiteren Meilenstein im Paulaner-Bräuwesen. Es erlaubte endlich ausdrücklich den öffentlichen Bierausschank am Festtag des Ordensgründers, des heiligen Franz von Paula, am 2. April.

Zur Eröffnung dieses sogenannten Fastenbier-Ausschanks war es seither Brauch, dass Kurfürst Karl Theodor mit seinem ganzen Hofstaat am 2. April zum Kloster Neudeck ob der Au ritt, um das Fastenbier oder »Sanktvateröl« der Paulaner zu probieren (später wurde der Starkbier-Ausschank weiter an den Beginn der Fastenzeit gelegt – in den März, rund um den »Josefitag«).

Zu besonderem Ruf war der köstliche Saft unter der Ägide des aus Amberg stammenden Braumeisters Frater Barnabas Still gekommen. Barnabas muss ein leutseliger und beliebter Bruder gewesen sein, denn sein Ruf hat sich noch lange in München gehalten. Er ist das historische Vorbild für den 1992 wieder neu eingeführten Fastenprediger und Festredner »Bruder Barnabas«, den vier Jahre lang der Schauspieler Max Grießer und ab 1997 der Schauspieler Erich Hallhuber dargestellt hat.

Die kurfürstliche »Amtshandlung« der Bierprobe nebst Huldigung durch den Frater Barnabas, der ja als Erfinder des Salvators gilt und daher dem Kurfürsten den Humpen kredenzen durfte, beschreibt ein nettes Gedicht aus den neunziger Jahren des vorigen Jahrhunderts. Um diese Tradition mit dem da-

Salve Pater Patriae!

mals bereits früheren Salvator-Ausschank zu synchronisieren, hat der Verfasser, Eduard Ille, in dichterischer Freiheit einfach auch den kurfürstlichen Besuch in den März vorverlegt:

War im März gen Judica
wiederum der Frühling nah,
kam – zu ehren alte Sitten –
der Herr Kurfürst selbst geritten
auf die Neudeck ob der Au
zum Paulaner-Klosterbau.
Dort empfing den Landesvater
Barnabas, der Bräuhausfrater,
ihm beglückt und freudeglänzend
einen Humpen Bier kredenzend
mit dem Gruß, der bis zur Stunde
sich erhielt im Volksmunde:
»Salve, pater patriae!
Bibas, princeps optime!«

Fast ein Jahrhundert später hat König Ludwig I. mit einer Kabinettsverordnung den Weg zum ungehinderten Ausschank des Salvators (ungehindert vom königlichen Fiskus!) freigemacht. Nur König Ludwig II. scheint ein gebrochenes Verhältnis zum Bier gehabt zu haben. Darum war er wohl auch so unglücklich. Bierverstand hat dagegen stets der leutselige Prinzregent Luitpold bewiesen.

So haben zuerst die Paulanermönche und später ihre Nachfolger in der Braustätte drunten in der Au und droben in Giesing ein besonders gutes Verhältnis zum jeweiligen Landesvater unterhalten. Zum Nachteil hat dies offenbar beiden nicht gereicht. Darum haben auch nach dem Zweiten Weltkrieg wieder die demokratisch gewählten Ministerpräsidenten sowie die Münchner Oberbürgermeister ohne Not keine Salvator-Probe ausgelassen. Vor dem Politiker-Derblecken oder sonstigen Programm wird jeweils die auf vielen Krügen und Bierdeckeln abgebildete historische »Kredenzszene« wiederholt: Dem Ministerpräsidenten wird wie einst dem Kurfürsten der Humpen mit dem neuen Salvator zum Antrinken gereicht und dies auch mit dem historischen Spruch: »Salve pater …« (»Sei gegrüßt, Landesvater, trinke, bester Fürst!«). Daher kann man einen Ministerpräsidenten nicht zuerst als hohen Gast mit historischer Feierlichkeit begrüßen und dann respektlos und polemisch-grob abwatschen. Ähnliches gilt auch für dessen modernen »Hofstaat« der prominenten Gäste.

Die Bier-Spezialität, die wir heute Salvator nennen, ist viel älter als ihr Name. Auch die Herkunft des Bieres ist nicht so umstritten wie die Entstehung des Begriffes. Sicher ist, dass der Name »Salvator« bis zur Aufhebung des Paulanerklosters bei der Säkularisation in Bayern ab 1803 noch nicht in dieser präzisen Form eingeführt war. Aber aus dem letzten Sudjahr der Mönche gibt es im Staatsarchiv München eine Bräuhausrechnung des Klosters, die als erste noch erhaltene urkundliche Erwähnung einer schon länger üblichen speziellen Bierart der Paulanerbrauerei gelten kann – wie in anderen Klöstern auch, wurde sie »Herrenbier« genannt.

Das heißt aber nicht, dass dieses Bier etwa nur für die adelige Obrigkeit gedacht war. Dieser Name dürfte nichts anderes bedeutet haben als »Fastenbier«, weil bei allen »Herrenfesten«, vor allem vor Weihnachten und Ostern, die strengsten kirchlichen Fastengebote galten. Diese sind zumindest von den Ordensleuten auch strikt eingehalten, aber mit Starkbier erträglicher gemacht worden, denn es galt auch die Regel: »Flüssiges bricht das Fasten nicht.«

Aber wie kam nun dieses einstige »Herrenbier«, das sich in ungebrochener Tradition von den Mönchen bis heute gehalten hat, später zu dem Namen »Salvator«? Dafür gibt es nicht nur eine gute Erklärung, sondern sogar zwei –

im Sinne der Liberalitas Bavarica gewissermaßen zum Aussuchen.
Erste Variante: Der öffentliche Ausschank des stärkeren Herren- oder auch Fastenbieres erfolgte wie gesagt zunächst jeweils am 2. April, dem Hauptfest des Ordensgründers, des heiligen Franziskus von Paula. Die Mönche selber nannten den Ordensstifter ihren Heiligen Vater oder lateinisch: Sankt Pater. Das Volk aber übertrug diese Bezeichnung auf alle Mönche und nannte jeden ihrer Ordenspriester – auch wenn sein Wandel nicht gerade sehr heiligenmäßig war – »Heiliger Vater« oder »Sankt Pater«. Das besonders begehrte Spezialbier der Mönche, das zum Sankt-Pater-Fest ausgeschenkt wurde, hieß deshalb auch »Heilig-Vater-Öl« oder »Sankt-Pater-Bier« – in der Umgangssprache abgeschliffen hat zu »Salvator-Bier«.

Zweiter Erklärungsversuch: In der Au hat es nicht nur eine Salvator-Kirche gegeben, sondern auch ein »Beneficium ad Sanctissimum Salvatorem«, kurz »Salvator-Beneficium«. Diese fromme Stiftung gehörte zwar selbst zu Pfarrei St. Peter, besaß aber drei Bauernhöfe in Ober- und Untergiesing, von denen das Paulaner-Kloster einen erwarb. Seither gab es langjährige Beziehungen zwischen der Paulanerbrauerei und dem Märzenbierkeller, der zum Salvator-Beneficium gehörte. Auch daher: Salvator-Bier.

Beim »Salvator« ist durch besonderes Kochen und Kühlen der Würze von Anfang an eine neue Bierart, nämlich der Doppelbock, entstanden. In der Grundrezeptur ist der Salvator von Beginn der Brauzeit im Kloster Neudeck ob der Au bis zum heutigen Tag in der hochmodernen Paulaner-Braustätte unverändert und damit auch in Geschmack und Qualität ein unverwechselbares Bier geblieben. Ohne dass man ihn im Prinzip veränderte, wurden Qualität und Geschmack sogar in den letzten Jahren von Brauingenieur Dr. Peter Hellich merklich verfeinert, so dass der Salvator das allzu Süßliche und Klebrige verloren hat. Die klassische Salvatorprobe würde heute nicht mehr funktionieren: Man schüttete eine Maß über eine Bank, setzte sich mit der Lederhose drauf, und wenn dann beim Aufstehen die Bank am Hosenboden klebt, ist der Fastentrunk stark genug.

Der Stammvater aller späteren »-ator«-Biere, der Salvator, verdankt aber seine heutige Popularität nicht nur der Tradition der Mönche, sondern auch dem braven Mann, der 1806 die Paulanerbrauerei vom Johanniterorden zunächst gepachtet und dann ab 1813 auch käuflich erworben hat: dem Brauer Franz Xaver Zacherl. Er hat von Anfang an bewusst die Paulaner-Brautradition fortgesetzt und sich auch treu an den jährlichen Ausschanktermin für das Fastenbier in der Oktav des Festes Franz von Paula gehalten.

Der unglaubliche kommerzielle Erfolg des Salvator-Ausschanks verleitete etwa ab 1870 zunehmend auch andere Münchner Brauereien dazu, ebenfalls ein Frühjahrs-Starkbier unter diesem Namen in ihren Schankstätten anzubieten. Die Schwabinger Brauerei machte mit einer Salvator-Imitation den Anfang, Löwenbräu, Hacker und Spaten zogen mit ihren »Salvatorbieren« nach.

Da hob ein heftiger Brauereienstreit in München an, der aber nicht mit dem Bierschlegel, sondern mit den spitzen Federkielen der Advokaten ausgetragen wurde. Paulaner musste vor Gericht um die Behauptung kämpfen, dass mit dem echten Salvator doch nichts zu vergleichen sei. Erst die Verabschiedung des Warenzeichengesetzes von 1894 ermöglichte es endlich im Jahre 1896, den Namen »Salvator« durch das Kaiserliche Patentamt in Berlin vor den »Plagiator«-Bieren der Konkurrenz schützen zu lassen. Ausgerechnet in Berlin wurde der Original-Salvator gerettet!

Von der Anfangszeit des Salvator-Ausschanks geben uns heute noch verschiedene Zeitungsberichte aus dem vorigen Jahrhundert Kunde. Viele Berichte zeugen von der steigenden Beliebtheit des Salvators und die Chronisten steigerten sich zum Teil in so schwülstige Lobeshymnen auf den Salvator hinein, dass man im Text das Journalisten-Freibier noch nachschmeckte. Bei all dem Lärm und Geschrei, das zwischendurch beim Salvator-Ausschank oft recht ohrenbetäubende Ausmaße annehmen kann, ist aber »der Salvator«, wie der Münchner den Ausschank kurz und bündig nennt, ein durchaus friedliches Bürgerfest.

Eine Ausnahme davon bildete nur das Skandaljahr 1888, in dem es zu der berühmt gewordenen »Salvator-Schlacht« kam. Aber gerade diese Ausnahme bestätigte am überzeugendsten die Regel: nämlich, dass normalerweise nichts passierte. Eine nachfolgende Untersuchung ergab, dass das Ausufern eines »Rauffats« zur Massenschlägerei seinen eigentlichen Grund eben in der Sorglosigkeit der Polizeibehörde hatte, die beim Salvator bis dahin nie ernstlich hatte eingreifen müssen: Es war nämlich beim Ausbruch der Streitigkeiten nur ein einziger Gendarmerie-Wachtmeister auf dem Nockherberg im Einsatz!

Am 21. März, mitten in der Salvator-Saison 1888, gab es in der Kellerhalle am Nockherberg zum ersten Mal aus geringfügigem und deshalb nicht näher bekanntem Anlass Streit zwischen Militär- und Zivilpersonen. Erst als ein Artillerist den Säbel zog, artete der Disput in eine wüste Schlägerei aus. Dabei wurde mit Stöcken zugehauen und wild mit Maßkrügen geworfen, wodurch ziemlich viele Leute verletzt wurden. Spannungen zwischen Militär und Zivilisten scheinen damals überhaupt – wohl wegen des häufig allzu arroganten Auftretens der Uniformträger nach preußischem Vorbild seit dem gemeinsamen Siebziger-Krieg – öfters der Hauptgrund für handfeste Auseinandersetzungen in München gewesen zu sein.

Dieser Krawall blieb zwar die einzige unfriedliche Ausnahme in der Salvator-Geschichte, aber sie bildete auf Jahre hinaus ein unerschöpfliches Gesprächsthema an allen Münchner Stammtischen.

Heute wird im Paulanerkeller – wie in manch anderen Starkbier-Hochburgen auch – vom Wirt und der Brauerei sorgfältig darüber gewacht, dass von Salvator-Seligen die Grenzen der harmlosen Fröhlichkeit nicht überschritten werden. Übrigens wird ja nicht nur auf dem Nockherberg der begehrte Frühjahrstrunk ausgeschenkt, sondern auch noch in allen Gasthäusern Bayerns, die Paulaner-Bier führen. Das sind ja auch in München bekanntlich nicht wenige und in den Starkbierhochburgen der anderen Brauereien spielt ebenfalls eine zünftige Musi.

Die alljährliche »Salvator-Probe« zur festlichen Eröffnung der Starkbiersaison als der »fünften Jahreszeit« in Bayern hat eine große Tradition, die noch in das vorige Jahrhundert hineinreicht. Dabei haben stets bekannte Münchner Volksschauspieler und Komiker, später auch Journalisten und Kabarettisten Verserl, Gstanzl und Couplets, Sketche und kleine Stückerl aus eigener Feder vorgetragen oder von bekannten Münchner Autoren verfasste Festreden gehalten. Politiker und Prominente wurden dabei leicht angespitzt und aufgespießt oder es wurden sonstige unpolitische »Spassettln« serviert, wie der Münchner die leichte humoristische Kost nennt.

Den Anfang in der langen Reihe großer Namen, die durch langjährigen Einsatz für immer mit dem Salvator und der Geschichte seines festlichen Ausschanks verbunden sind, machte der Münchner Humorist »Papa« Jakob Geis. Er führte 1891 den Brauch ein den Salvator-Ausschank mit einer heiteren Ansprache zu eröffnen.

Angeregt durch die auf der Bühne wirkenden »Komödianten« im weitesten Sinne bemühten sich auch die zahllosen prominenten Salvator-Gäste im Laufe der vielen Jahrzehnte meist um geistreiche Sprüche oder witziges Geblödel bei ihren Eintragungen ins Gästebuch. Zum »Salvator-Dichter« par excellence avancierte ab 1890 vor allen anderen jener Eduard Ille, von dem das schon zitierte und nahezu zur Hymne des

Reden hat fast immer Joseph Benno Sailer verfasst.

Verse und Schnurren, die aus der Salvator-Frühjahrskur – ernst oder als Alibi – einen Gesundbrunnen für Leib und Seele gemacht haben, gibt es auch in großer Zahl. So wie sich auch Maler, Zeichner und politische Karikaturisten zu allen Zeiten mit der Münchner Bierseligkeit, Bierdimpfelei und Salvator-Begeisterung beschäftigt und darüber wohlwollend lustig gemacht haben, so finden sich gelegentlich auch literarische Kostproben, die eher den Salvator-Kult oder den Zacherl-Bräu glossiert haben. Sogar in Wien, der Hauptstadt der Heurigenseligkeit, amüsierte man sich über die unverzichtbare Frühjahrskur der Münchner mit starken Reimen:

»*Den Leu zu wecken, wie ihr wisst,*
der Dichter sagt, gefährlich ist.
Des Tigers Zahn ist schrecklich sehr,
doch wäre noch viel schrecklicher
der Münchner, wenn er einst erführ:
Dies Jahr gibt's kein Salvatorbier.«

Zeiten ohne Salvator und erst recht ohne gesunden politischen Humor gab es freilich auch. Gar keinen Spaß haben nämlich die braunen Machthaber im so genannten Dritten Reich verstanden. Deshalb hat die Brauerei nach der Salvator-Probe 1939 – und auch weil die Kriegszeiten ohnehin zu ernst waren – für elf Jahre den Salvator-Ausschank ganz eingestellt. Die alten Hallen des Salvator-Kellers sind am 24. April 1944 bei einem Bombenangriff in Schutt und Trümmern versunken.

Erst am 11. März 1950 konnte in der neuen, von Professor Franz Zell entworfenen Festhalle wieder eine Salvator-Saison beginnen. Der Anstich und Ausschank des Salvators wie aller anderen Fasten-Starkbiere im Frühjahr ist dann in allen großen Bierkellern und Gaststätten des Landes jeweils wieder mit Blasmusik und vielfältigen Unterhaltungsprogrammen begangen worden. Auch auf dem Nockherberg selbst traten nicht nur beim Anstich und der feierlichen Salvatorprobe, sondern über die Wochen des Ausschanks hinweg bis weit nach dem Zweiten Weltkrieg nahezu alle bekannten Münchner Volkssänger und Komiker auf – mit

Fastenbieres gewordene Gedicht stammt: »War im März gen Judica wiederum der Frühling nah ...« In den »Fliegenden Blättern« brillierte er als eine Art »Jubel-Paulaner« und verherrlichte unentwegt den Erfinder dieses Fastenbieres, Bruder Barnabas, und seinen wundersamen Salvator.

In relativ nüchternem Zustand scheint dagegen Karl Valentin noch gewesen zu sein, als man ihm das Gästebuch vorlegte. Seinen nachhaltigsten Eindruck verewigte er nämlich in einem lakonischen Dreizeiler:

>*Blick ich von dieser Gipfelshöh,*
>*dann seh ich keinen Ammersee,*
>*nur den besoffenen Alise*
>*(Geyerstraße 15).«*

Nach dem Ersten Weltkrieg und nach dem Scheitern der Revolution in Bayern reimte der Schriftsteller Roda Roda nicht ohne Ironie:

>*»Wo Salvator fließt,*
>*da magst du ruhig wohnen,*
>*Salvator ist das beste Mittel*
>*gegen Revolutionen.«*

Einer der berühmtesten Münchner Volksschauspieler, dessen Denkmal heute einen Brunnen auf dem Münchner Viktualienmarkt ziert, war ein geborener Altöttinger: Ferdinand Weisheitinger, der nachmalige Weiß Ferdl. Er hat nach den unruhigen Jahren des Ersten Weltkrieges und der ersten Nachkriegszeit 1922 den Salvator-Ausschank mit einem Schlag wieder ins Bewusstsein der Münchner Öffentlichkeit gerückt. Damals hat der Weiß Ferdl auf seine Art dem Salvator eine gereimte Liebeserklärung gemacht, die aber auch viel verrät von der eben überstandenen schweren Zeit und der Hoffnung, die damals alle Münchner wieder nach endlich besseren und gemütlicheren Zuständen verspürten:

>*»Es geht wieder aufwärts,*
>*jawohl, Gott sei Dank,*
>*'s gibt wieder an Salvator,*
>*den Göttertrank.*
>*Erst wollten*
>*– man kann sich's fast nicht erklären –*
>*den Ausschank verbieten*
>*die ganz hohen Herren.*
>*Den Salvator verbieten!*
>*Man kann es nicht fassen!*
>*Ja, seid ihr denn ganz*
>*von Gott verlassen?*
>*Grad jetzt,*
>*wo wir so viele Sorgen haben,*
>*da soll'n wir uns*
>*nicht am Salvator laben?*
>*Ja, wisst ihr denn nicht,*
>*was das Volk jetzt braucht?*
>*Und dass jedem Münchner*
>*er mordsmäßig raucht,*
>*wenn's am Nockherberg*
>*tät keinen Salvator geb'n,*
>*den der Münchner so liebt,*
>*so heiß wie sein Leb'n?«*

Nach dem großen Erfolg seines ersten Auftritts beim Salvator-Ausschhank 1922 ist der Weiß Ferdl in den Folgejahren immer wieder bei der »Salvator-Probe« aufgetreten und hat auch die Eröffnungsrede gehalten. Den Text seiner

Gedichten, Liedern oder Sketchen, meist ohne oder mit wenig Politik.

Die Tradition des speziell auf einzelne, überwiegend anwesende Festgäste bezogenen Politiker-Derbleckens – über die Gstanzl des Roider Jackl hinaus – wurde eigentlich erst in den fünfziger Jahren von dem Rundfunk-Redakteur Emil Vierlinger begründet. Der zog in der Art eines selbstbewussten, gegenüber Honoratioren keineswegs devoten bayerischen Wirtes oder stellvertretenden Gastgebers in einer launigen, mit feiner Ironie gespickten Festrede die anwesenden Politiker genau treffend, aber menschlich und milde durch den Kakao. Damals hatte der bayerische Landtag freilich noch eine weitaus größere Bedeutung, weshalb auch die Landespolitiker aller Parteien weit besser bekannt waren als heute. Anspielungen aus dem Landtags-Geschehen wurden auch von den Radiohörern im ganzen Land, nicht nur von den politischen Insidern im Festsaal verstanden. Emil »Eins-, Zwei-, Drei-, Vierlinger«, wie er sich selbst immer vorstellte, war Textautor, Vortragender und Organisator der Radio-Übertragungen zugleich. Erst als er Ende der siebziger Jahre schwer krank wurde, lösten ihn andere abwechselnd als Festreder ab: Franz Schönhuber, Klaus Havenstein, Ernst Maria Lang und andere.

Da aber keiner der Festredner so überzeugte, dass er sich als künftige Dauer-Einrichtung anbot, wurde seitens der Paulander-Brauerei jedes Jahr gewechselt. Damals drohte bereits die konkurrierende »Triumphatorprobe« der Löwenbrauerei mit den Auftritten von Gerhard Polt als Bierkutscher dem weit älteren Salvatoranstich den Rang abzulaufen. Darum entschloss sich die Paulaner-Brauerei 1982 ihren populären Werbeträger Walter Sedlmayr auch als Festredner für die Salvatorprobe einzusetzen. Da der Schauspieler Sedlmayr dafür einen Textautor brauchte, wurde ich engagiert: Hannes Burger, damals noch Korrespondent der Süddeutschen Zeitung in Wien, aber auch immer noch – seit rund 10 Jahren – Autor der »Filserbriefe« im Münchner Stadtanzeiger.

Seit vielen Jahren gibt es neben einer gepfefferten Festrede auch noch ein sogenanntes Salvator-Spiel: eine Art bayerisches Polit-Musical mit meist wenig sinnvoller Handlung, aber möglichst vielen Parodien auf die Politik und die anwesenden Politiker. Von den langjährigen Gästen der Salvatorprobe unvergessen sind schier endlose Reihen von Spiel-Pogrammen, die der dreißig Jahre lang dem Salvator treu gebliebene Olf Fischer bis 1985 und danach der frühere Unterhaltungs-Chef des BR-Hörfunks, Helmut Kirchhammer, als Regisseure gestaltet haben.

Die Repräsentanten aller politischen Parteien, die traditionsgemäß dabei Gäste der Brauerei sind, machen dann meist eine gute Miene zum nicht immer »scherzfreien« Spiel. Manchen wurmt es dann doch ein bisserl, aber um ihren

Ärger still und heimlich hinunterzuspülen, wird ihnen ja von der Brauerei Salvator zur Verfügung gestellt.

Dabei wird von den Festrednern auf dem Nockherberg kein Gast absichtlich beleidigt. Aber es wird halt ein wenig ausgelotet, wie viel einer verträgt, bis er einschnappt. Das passiert dann immer wieder einmal, meist unvorhergesehen und völlig überraschend dort, wo man es am wenigsten erwartet hätte. Und bei allen Parteien haben Verlierer in der Politik ohnehin meist ein dünneres Fell als die selbstbewussten Gewinner. Doch auch ohne Absicht gehört es halt dazu, dass irgendjemand einmal am falschen Fuß oder an einem schlechten Tag erwischt wird. Und ebenso gehört es dazu, dass man bald wieder ausschnappt und im nächsten Jahr dann mit etwas dickerem Fell wieder dabei ist. Wobei meist ein erkennbar zu hart getroffener Gast im nächsten Jahr geschont wird. Und umgekehrt.
Mancher Prominente wird gerade dadurch erst richtig bekannt. Andere sind erst endgültig gekränkt, wenn sie nicht mehr derbleckt werden und vermuten müssen, dass sie am Ende noch für unbedeutend gehalten werden.

So mancher erinnert sich noch der pointierten Derbleckerei in den vielen freundlich-hinterfotzigen Eröffnungsansprachen des Emil Vierlinger, der Küglreden des Michl Ehbauer und des Karl Peukert.

Für viele andere aus der großen Zahl der aufgetretenen Künstlervertreter seien stellvertretend hier noch als »besonders verdient um den Salvator« genannt: Die Autoren Franz Messner, Theo Riegler, Walter Fitz und Walter Netzsch, die Komponisten und musikalischen Aufbereiter Fred Sporer, Thomas Wendlinger, Raimund Rosenberger und aus der Reihe der Schauspieler Wastl, Gerd, Walter und Veronika Fitz, Georg Blädel, Max Grießer, Klaus Havenstein, Walter Lindermeier. Die Liedertexte auf bekannte Melodien, die Franz Messner allein schreibt, gehören jedes Jahr zu den Höhepunkten des Salvatorspiels.
Viele Gäste der Salvator-Probe erinnern sich heute noch gern der großen Zeit des Roider Jackl, andere haben ihn noch vom Bayerischen Rundfunk her im Ohr, wo die Veranstaltungen schon damals meist übertragen wurden. Dass bei einer Salvator-Probe immer schon die Spitzen der Politik, der Wirtschaft und der Kultur in Bayern versammelt waren, hat der Roider Jackl ebenso zu würdigen gewusst wie die Tatsache, dass gerade Politiker das Starkbier für die Erhaltung einer recht verstandenen Gesundheit besonders nötig haben:
»I siehg heut große Persönlichkeiten
aus dem politischen Lebn
und wer zur Salvatorpobe ei'gladn is,
der hat in Bayern was z'redn.
Wer in d'Politik geht, der muaß gsund sei,
denn des find i schlecht:
wenn oana nur deswegn dazuageht,
weil er si dort gsund macha mecht.«

Anhand der Gästebücher und Fotoalben von den jährlichen Salvator-Proben könnte man eine eigene bayerische Landesgeschichte der letzten hundert Jahre schreiben. Aber nicht nur die Minister der Staatsregierung waren jeweils fast vollzählig versammelt, sondern auch Bundespolitiker aller Couleur warfen sich immer wieder mutig in dieses für sie geradezu exotisch anmutende Abenteuer – mache allerdings nur einmal und nie wieder. Sie bekamen nämlich meist auch gleich ihr Fett weg.

Selbst den sonst so streitbaren Ex-Wirtschaftsminister Graf Lambsdorff hat man wohl noch selten so blass und belämmert dreinschauen gesehen wie 1983 auf dem Nockherberg, als er bei seiner ersten Salvator-Probe gleich ordentlich rasiert worden ist. Im Zusammenhang mit der damaligen »Flick-Affäre«, bei der es um illegale Parteispenden ging, die Lambsdorff doch jetzt wieder abarbeiten könne – »*vielleicht als Flick-Schuster, weil Sie da gar kein Werkzeug bräuchten: Ihr harter Daumen geht doch leicht als Hammer und das Leder könnten Sie gut mit Ihrer scharfen Zunge schneiden.*«

Doch ob die Besucher politisch von links kamen oder von rechts, ob mit der Straßenbahn, im eigenen Achtzylinder oder im Dienstwagen mit Chauffeur, der Salvator spülte vorübergehend die politischen wie die sozialen Gegensätze hinweg. Ob und wie lange das Salvatorbier und sein festlich begangener landesweiter Ausschank in der Fastenzeit die Veränderungen des Geschmacks und der Konsum-Gewohnheiten übersteht, kann man schwer voraussagen, weil schon so manche Biersorte, die einmal vorübergehend aus der Mode kam, später dann erfolgreich zurückgekehrt ist. Die Geschichte der Salvatorproben dagegen ist stärker bedroht und kann leichter und schneller einem unverhofften Ende entgegengehen, als man vielleicht glaubt. Bedroht ist die Salvatorprobe zum einen von der schwindenden Zahl von humorvollen politischen Originalen, zum anderen von der wachsenden Zahl von humorlosen, der bayerischen Art und Tradition fremden und mit parteipolitischen Rechts-Links-Schablonen vernagelten Medienvertreter, die das milde »Politiker-Derblecken« ständig verwechseln mit einseitiger bissiger politischer Polemik nach Art von Kabarettisten, die immer nur Abwesende anprangern.

Ein Brauereigespann rauft sich zusammen
Meine Zusammenarbeit mit Walter Sedlmayr

Es war im November 1981 und ich war bereits über zwei Jahre Österreich-Korrespondent der Süddeutschen Zeitung, als der Vorstandsvorsitzende der Paulaner-Brauerei, Friedrich Schneider, mich in Wien anrief und mir eine höchst überraschende Frage stellte: »Herr Burger, Sie haben doch in München immer diese hinterkünftig-bayerischen Filserbriefe im Münchner Stadtanzeiger geschrieben. Könnten Sie sich vorstellen, zu unserer nächsten Salvatorprobe eine Festrede für Walter Sedlmayr zu verfassen?« So ein Angebot nennt man in Wien eine typische »No-naa-Frage«, auf Bayerisch etwa: »No naa, net werd i mögn!« Vorstellen könne ich mir das schon und gerne machen würde ich es natürlich auch, sagte ich, aber ob es mir gelingen würde, müsse man halt erst sehen.

Bei meinem nächsten Besuch in München setzten wir uns dann in der Brauerei zusammen und beschlossen das Experiment zu wagen.

Nachdem der langjährige begnadete Salvator-Dichter und Krüglredner Emil Vierlinger wegen Krankheit ausgefallen

war (gestorben ist er dann 1984), hatte die Brauerei verschiedene Varianten von Festreden bei den Salvator-Proben durchgespielt: Klaus Havenstein, Ernst Maria Lang (in Verbindung mit Karikaturen auf der Bühne) und Franz Schönhuber, der sehr viel Rundfunkpolitik hineinpackte und auch unter den CSU-Politikern immer die am kräftigsten anschoss, von denen er wusste, dass Franz Josef Strauß sie ohnehin nicht mag – dazu gehörte Münchens Oberbürgermeister Erich Kiesl.

Nach diesen Einzelauftritten suchte die Brauerei nach einer Dauerlösung à la Vierlinger. Man kam dann durch einen Hinweis von Peter Gauweiler auf die Idee den populären Schauspieler Walter Sedlmayr, der ohnehin bereits in der Werbung für Paulaner auftrat, auch als neuen Salvator-Redner zu gewinnen. Der aber wollte und konnte selbst keine politischen Texte schreiben – nur gut daran herumkritisieren – und brauchte daher einen Autor. Der sollte einerseits politisch gut informiert sein und andererseits recht hinterkünftig-pfiffige Redetexte derart mundgerecht für ihn schreiben können, dass sie in einer glaubwürdigen Sedlmayr-Tonart lagen und auch allgemeinen Unterhaltungswert hatten.

Auf diese Weise lernte ich Walter Sedlmayr erstmals persönlich kennen. Die erste Rede für die Salvator-Probe 1982 war aus verschiedenen Gründen bereits ein höchst mühseliges Geschäft. Eine besondere Erschwernis für den Start war die Tatsache, dass die Löwenbrauerei ihre Triumphatorprobe mit dem Kabarettisten Gerhard Polt ganz absagte. Polt hatte zuvor zusammen mit Dieter Hildebrandt in einer »Scheibenwischer«-Sendung den Rhein-Main-Donau-Kanal in die Pfanne gehauen und damit die ganze bayerische Staatsregierung auf die Palme gebracht.

Franz Josef Strauß wäre zwar – wie man inzwischen weiß – trotzdem gekommen, aber sein Büro in der Staatskanzlei machte es absichtlich recht spannend und stellte es als noch so unsicher hin, dass der Löwenbräu-Vorstand die Nerven verlor. Um einen Eklat oder ein Fehlen der politischen Prominenz zu vermeiden, gab Löwenbräu auf und sagte sein Starkbierfest ab. Dieser Entschluss fiel dem Brauereivorstand umso leichter, als Gerhard Polt bereits im Jahr zuvor den Löwenbräu-Hauptaktionär August von Finck provoziert und verärgert hatte: Er erläuterte seinen prominenten Gästen, dass ein gewisser Steuerzahler XY die ganze Freibier-Einladung bezahle, die von der Steuer abgesetzt werde. Aber wir waren jetzt in Gefahr plötzlich als die braven, obrigkeitstreuen und genehmen Schmeichler dazustehen. Wir mussten daher gleich von Anfang an frech sein, damit es nicht in der Presse heißen konnte: Die guten kritischen Kabarettisten mit dem bissigen Witz mussten aufgeben und die harmlos scherzenden Hofnarren dürfen spielen.

Darum war uns klar, dass wir den Main-Donau-Kanal auf keinen Fall als Tabu ausklammern, sondern ganz bewusst ansprechen mussten. Ich machte ihn sogar zum roten Faden, indem ich durchspielte, was man damit alles »abischwoam« oder sonst anstellen kann, bis

Am Tag bevor wir uns gemeinsam mit dem gesamten Paulaner-Vorstand zur Besprechung des Entwurfs treffen wollten, waren wir nachmittags im Rundfunk-Restaurant verabredet. Sedlmayr las meinen Textentwurf und nörgelte hier, grantelte dort, vor allem aber regte er sich darüber auf, was das für ein Krampf und für eine unmöglich umständliche Konstruktion sei mit diesen blöden Prophezeiungen.

Ich sagte verdattert und entrüstet: »Natürlich ist das höchst kompliziert und umständlich. Aber, Herr Sedlmayr, das war doch Ihre Idee und Ihr Wunsch!«

Sedlmayr zuckte nur mit den Achseln und sagte von oben herab: »Mei, des is doch Wurscht. Wenn's mir halt jetzt nimmer g'fallt! Mit dem Text könn' ma jedenfalls net weitermacha.«

Wie mit dem Hammer vors Hirn geschlagen fuhr ich kurz vor vier Uhr nachmittags weg. Und je mehr ich mir als gescheitert vorkam, desto deutlicher wurde mir, dass er genau das beabsichtigt hatte. Sedlmayr wollte mir offensichtlich gleich die Schneid abkaufen, mich vor dem Paulaner-Vorstand am nächsten Tag blamieren und sich selber als Opfer eines unbrauchbaren Autors bedauern. Daraufhin hielt ich aus Wut am nächsten Telefon, erzählte von dort dem Brauereivorstand Dr. Peter Kreuz-

der Kanal voll ist. Nun hatte Sedlmayr eine Idee, die er für sehr originell hielt: »Wie wär denn des, Herr Burger, wenn die bei den Ausgrabungen für den Kanal Papierrollen mit alten Prophezeiungen für die Zukunft finden täten, die wir dann für die aktuelle Situation 1982 auslegen und deuten? Schaun S' doch amal, ob Eahna da was eifallt!«

Der Wunsch des Stars war mir Befehl. Aber erstens war die Idee weder neu noch von Sedlmayr, sondern daran waren schon andere Drehbuchautoren für eine eigene Fernsehsendung mit satirischer Auswertung von angeblich ausgegrabenen Prophezeiungen gescheitert. Und zweitens war dies wirklich »sauschwer«, denn man musste zuerst überlegen, was man zur aktuellen Politik sagen will, dann musste man es in die Sprache alter Prophezeiungen übersetzen und dann erst wieder deuten.

paintner den ganzen Hergang und bat ihn, mir am nächsten Tag vor der Sitzung um 11 Uhr zwei Sekretärinnen bereitzuhalten. Die sollten den neuen Text, den ich über Nacht verfassen würde, nochmals ins Reine schreiben und kopieren. So geschah es dann auch, und als Sedlmayr bei der Sitzung sah, dass kopierte Manuskripte verteilt wurden, sagte er: »Aber, Herr Burger, mir habn doch gestern schon festgestellt, dass der Text so net brauchbar ist!«

Da sagte ich mit dem Genuss der süßesten Rache: »Schon, Herr Sedlmayr. Aber das ist ja schon wieder ein neuer Entwurf. Den hab ich heut Nacht g'schriebn.«

Er war perplex und so voller Wut, dass er während der ganzen Lesung und Korrektur-Diskussion mit den Paulaner-Vorständen fast kein Wort mehr sagte. Aber ich habe gespürt: Das hat ihm doch imponiert! Und von da an hat er mich respektiert.

So jedenfalls kamen wir nach dieser unserer ersten Kraftprobe als eine Art »Brauereigespann« für neun Jahre zusammen und haben uns durch die gemeinsame Arbeit an diesen und anderen Redetexten immer mehr aufeinander eingespielt. Wir einigten uns damals auch methodisch darauf, dass Sedlmayr nicht in irgendwelche Chargen oder lustigen Rollen verkleidet auftreten sollte – sei es als Wirt, Schankkellner, Dienstmann oder gar als Trambahnschaffner, was Münchner Volksschauspieler alles irgendwann schon einmal praktiziert hatten –, sondern er wollte einfach die Rolle des Herrn Sedlmayr spielen, der sozusagen stellvertretend für den Wirt oder Hausherrn die Gäste ein bisschen persönlich anspricht und ihnen dabei leicht auf die Zehen steigt. Die Rolle Walter Sedlmayrs hat der damalige Paulaner-Chef Friedrich Schneider später unter anderem auch in seiner Ansprache bei der Trauerfeier mit folgenden Worten gewürdigt:

»Walter Sedlmayr galt als schwierig. Wir erlebten diese Eigenschaft in seinem immerwährenden Bestreben einfach gut zu sein, in allem, was er beruflich für uns tat. Jeden Text einer Werbebotschaft hat er überprüft und ausgefeilt, bevor er ihn sprach. Er hinterfragte sehr genau die Glaubhaftigkeit und Wahrhaftigkeit jeder Information und beim leichtesten Zweifel hätte er sich geweigert diese zu verwerten. Gegen die häufige Einstufung als Grantler hat er sich zwar nie gewehrt, aber seine eigene Definition dazu gegeben: ›Ein Grantler ist einer, der sich den Luxus leistet das zu sagen, was er denkt und was ihm nicht passt. Und solche Leute kann man heute mit der Lupe suchen.‹ Sedlmayr spielte immer nur sich selbst. Deshalb war er so gut.«

Für mich wie alle Freunde, Kollegen und Mitarbeiter Walter Sedlmayrs war es dann wie ein Schock und auch von seinen Millionen Fans unter den Radiohörern und Fernsehzuschauern konnte es zunächst niemand glauben, was am 15. Juli, am späten Abend eines heißen

Sommer-Sonntags, noch über die Nachrichtensendungen verbreitet wurde: Walter Sedlmayr ist tot – erschlagen.
Der Mord war bereits am Samstag davor geschehen, aber erst am Sonntag entdeckt worden. Mich als seinen langjährigen Redenschreiber und Ghostwriter erreichte diese im wahrsten Sinne des Wortes aus heiterem Abendhimmel kommende Todesmeldung während eines privaten Schafkopf-Turniers bei meinen Freunden Herbert und Gabriele Riehl-Heyse. Herberts Bruder, der damalige tz-Chefredakteur Hans Riehl, zelebrierte gerade mit sprühendem Humor die Preisverleihung und wir waren alle in so guter Stimmung, dass wir auch noch Witze darüber machten, weil wir es zuerst nicht glauben konnten, sondern eher an einen üblen Scherz dachten oder an einen ähnlichen Überfall durch kriminelle Schwule wie damals, als man dann die Blutenburger Madonna beim zusammengeschlagenen Sedlmayr in der Garage auffand. Doch in wenigen Minuten war dann die grausige Mordnachricht bestätigt und wir waren davon umso betroffener, als wir gerade noch den halben Abend von Walter Sedlmayr gesprochen hatten.
Zufällig war ich nämlich beim Kartenspielen mit dem Kabarettisten und Satire-Autor Gerhard Polt und einigen Musikern der Biermösl-Blosn an einen Tisch gekommen. Polt war ja, wie schon erwähnt, bis 1982 einige Male die Zugnummer der Triumphatorprobe gewesen, die dann im Grunde auch wegen ihm für immer gestorben war. Auch der Paulaner-Vorstand hatte dann versucht, den gemütlich wirkenden, aber sehr bissigen Satiriker Polt für die Salvatorprobe zu gewinnen, aber der wollte nichts mehr in dieser Richtung anfangen. Wir beide unterhielten uns daher beim Schafkopfen viel über die Salvatorprobe und auch andere hörten interessiert zu oder redeten mit: wie gern, aber erfolglos Sedlmayr mich bei den Textbesprechungen immer zu schikanieren versucht hatte; wie ich es überhaupt im Gegensatz zu vielen anderen Autoren so lange mit ihm ausgehalten habe; warum schon seit zwei Jahren Sedlmayrs frühere Pointensicherheit bei der Festrede auf dem Nockherberg merklich nachgelassen hatte, so dass man hundert Pointen brauchte, damit siebzig ankamen; warum gerade im Frühjahr 1990 so viel schief gelaufen ist und wie es daraufhin zu meinem letzten Nockherberg-Krach mit Walter Sedlmayr gekommen war.
Da hatte man nämlich dem äußerst auf sein Prestige bedachten und hochempfindlichen Schauspieler noch am Nockherberg zugetragen, dass sein diesmal höchst unkonzentrierter und völlig zerfahrener Vortrag unserer neunten Salvatorrede von mir kritisiert worden war. Karl Wanninger, ebenfalls tz-Chefredakteur, hatte mich nach der Rede vom Nebentisch her gefragt: »Herr Burger, warum schaun S' denn heut gar so grantig?« und ich hatte geantwortet: »Weil er mir halt wieder so viel Pointen ver-

saut hat.« Nachdem Sedlmayr das erfahren hatte, kam er zu mir, bat mich in scharfem Ton vor die Tür, als ob er raufen wolle, und stellte mich dann zur Rede. Er fragte, ob ich ihn wirklich kritisiert hätte und fuhr mich dann grob und tief beleidigt an: »Dann suachan S' Eahna halt künftig an Bessern!«

Meine spontane Antwort sollte – was damals keiner ahnen konnte – nach fast zehn Jahren Zusammenarbeit überhaupt mein letztes Wort zu ihm sein: »Herr Sedlmayr, ich weiß auch keinen Besseren. Ich weiß nur, dass Sie selber bei früheren Reden schon sehr viel besser waren als heut!«

Von da an war Funkstille zwischen uns, denn Sedlmayr war anhaltend beleidigt. Der Paulaner-Brauerei teilte er dann schriftlich mit, wenn ich mich nicht bei ihm für meine Kritik entschuldige, werde er nie wieder die Salvatorrede halten. Aber niemand in der Brauerei nahm es sonderlich ernst, niemand verlangte von mir eine Entschuldigung, weil ja alle den genauen Text kannten, selber dabei gewesen waren und wussten, dass meine milde Kritik völlig berechtigt war. Alle wollten zunächst einfach einmal Gras darüber wachsen lassen, denn mit gutem Zureden und einem höheren Honorar hatte Sedlmayr sich noch immer gern umstimmen lassen. Die Frage war jetzt nur: Wollte man das auch?

Denn die Aussicht auf noch höhere Honorarzahlungen leitete zugleich ein Umdenken beim Brauereivorstand ein. Man erkannte plötzlich die Chance Sedlmayr abzulösen, ohne dass man ihm die Mitarbeit aufkündigen musste, ohne jede gespielte Entrüstung in Radiosendungen und in der promi-hörigen Boulevardpresse, vor allem aber ohne Empörung bei den vielen Sedlmayr-Fans im Lande. »Der nimmt uns aus wie eine Weihnachtsgans und kennt mit seinen Honorarforderungen keine Grenzen mehr«, hat Friedrich Schneider, der Vorstandsvorsitzende von Paulaner, damals zu mir gesagt.

Sedlmayr hatte das Honorar für die Salvatorprobe und das für seine exklusive Werbetätigkeit für Paulaner-Bier zu einem Gesamtvertrag gekoppelt und Jahr für Jahr nach oben getrieben, weil die Brauerei ihn ja für die Salvatorrede brauchte. Nun, nachdem er selbst abgesagt hatte, musste die Brauerei nur scheinheiliges Verständnis für diesen Schritt zeigen und mit gespieltem Bedauern seine Aufkündigung zur Kenntnis nehmen. So geschah es dann auch und – was bis heute noch nirgends veröffentlicht worden ist – für die Salvatorprobe 1991 ist bereits ein Nachfolger gesucht worden, bevor Walter Sedlmayr im Juli 1990 ermordet wurde. Ich plädierte für Toni Berger, weil der Sedlmayr nicht zu fürchten hatte. Auch Max Grießer war bereits in der engeren Wahl, aber zu Lebzeiten Sedlmayrs hielt ich das für zu riskant, weil er entweder den Vergleich mit Sedlmayr in dieser Rolle nicht bestanden hätte oder zumindest von seinem »Chef« in der Fernsehserie »Polizeiinspektion 1« gegenüber den

Medien süffisant abqualifiziert worden wäre.
Bei einem Gespräch zwischen Brauereichef Friedrich Schneider, Fernsehdirektor Wolf Feller und mir haben wir uns dann bereits im Mai, also nur wenige Wochen vor Sedlmayrs Tod, für den exzellenten bayerischen Schauspieler Toni Berger als Nachfolger entschieden. Was wir da und auch beim Tod Sedlmayrs allerdings noch nicht wissen konnten: 1991 wurde die Salvatorprobe wegen der allgemeinen Golfkriegs-Hysterie abgesagt und 1992 wurde vom Brauerei-Vorstand Max Grießer als Nachfolger bestimmt. Es hatte sich nämlich inzwischen herausgestellt, dass Toni Berger wegen einer Sehbehinderung den Text nicht ablesen konnte, sondern ihn auswendig hätte lernen müssen. Dies hätte kurzfristige Änderungen unmöglich gemacht.
Über diese Vorgeschichten hatte ich mich an diesem denkwürdigen Schafkopf-Abend – noch ohne Ahnung von Sedlmayrs Tod – in aller Ruhe mit Gerhard Polt unterhalten, bevor der unglaubliche Anruf kam: Sedlmayr ist erschlagen worden.
Die nun folgenden sich überschlagenden und sich widersprechenden Enthüllungen über sein »Doppelleben« und seinen Tod ließen uns alle zunächst natürlich nicht an die zukünftigen Salvatorproben denken, sondern an den Menschen Sedlmayr: an seine einmalige, aber sehr schwierige Künstlerpersönlichkeit und an die Umstände seiner Ermordung – zuerst aus dem homosexuellen »Freundeskreis« heraus vermutet, später einigermaßen aufgeklärt als Konflikt mit einer kriminellen Diebes-, Schieber- und Hehlerbande, die ihn offenbar wegen seiner extremen homosexuellen Praktiken und wegen zeitweiliger Mithilfe bei der Hehlerei in der Hand hatte. Und wäre Walter Sedlmayr nicht selbst das tragische Opfer gewesen, so hätte dieser Kriminalfall genau zu den schaurigen Geschichten gehört, die ihn immer faszinierten, weil sie im kleinbürgerlichen Alltagsmilieu passierten; weil geheimnisvolle Zusammenhänge seine misstrauische Neugierde weckten und immer seine Phantasie und die Lust am Spekulieren anstachelten.
Der 64-jährige bayerische Schauspieler war am späten Sonntagabend von seinem Privatsekretär und Chauffeur Werner Dahms tot im Bett aufgefunden worden: den Schädel von hinten mit dem Hammer eingeschlagen und mit mehreren Messerstichen, vorwiegend in der Nierengegend. Der Immobilien-

millionär und Antiquitätensammler Sedlmayr wurde in einem seiner vier Häuser, in einer nobel eingerichteten 170-Quadratmeter-Wohnung in der Schwabinger Elisabethstraße, offenbar von einem Bekannten ermordet oder der wirkliche Mörder war in Begleitung eines Bekannten, weil die Tür nicht aufgebrochen war. Wolfgang Wehrlé, der sogenannte Ziehsohn Sedlmayrs, den das Gericht dann zusammen mit seinem Halbbruder Lauber als Mörder verurteilte, war fast immer in dieser Wohnung anzutreffen und wurde von Sedlmayr eher wie ein billiger Hausmeister denn als »Sohn« behandelt: »Geh, Wolferl, die Truhe da muss noch zum Restaurator, gell, des Bild da hint auch und der Teppich da – weißt eh, wo der hingehört.« Immer waren Kunstgegenstände oder antike Möbel aufzuräumen – nach heutigem Wissen vermutlich gestohlenes Hehlergut – und zu mir sagte Sedlmayr jedes Mal: »Wissen S', da is a Tante von mir g'storbn und ich hab des Zeug da geerbt.«

Schon wenige Tage nach seinem Tod wurde ich durch einen Anruf des mit der Ausrichtung des Begräbnisses beauftragten Nachlassverwalters, des später durch Selbstmord aus dem Leben geschiedenen Rechtsanwalts Kirchner, darüber informiert, dass wegen der noch unvollständig aufgedeckten Verstrickungen Walter Sedlmayrs niemand an seinem Grab sprechen wolle, auch kein Pfarrer, weil der beliebte Schauspieler ja aus Geiz aus der Kirche ausgetreten war. Da ist mir klar geworden: Noch einmal werde ich eine Rede für Walter Sedlmayr schreiben, aber auch selber halten müssen – eine Trauerrede als einziger vor seinem Sarg.

Doch als über dpa die Nachricht verbreitet wurde, dass ich die Trauerrede halten würde, entschlossen sich auch Oberbürgermeister Kronawitter, der Bayerische Rundfunk (Josef Othmar Zöller) und die Paulanerbrauerei (Friedrich Schneider), selber bei der Trauerfeier zu sprechen – und ich war plötzlich der vierte und letzte unter den Rednern.

Walter Sedlmayr wurde am Dreikönigstag 1926 als Sohn eines Münchner Tabakwarenhändlers geboren; er hat in München Abitur gemacht und wollte eigentlich Pianist werden. Sedlmayr hatte auch eine Neigung zum Sänger, aber keine sonderlich gute Stimme. Ab 1955 brachte er es dann auch ohne Schauspielausbildung in den Münchner Kammerspielen von der Statistenrolle zu kleinen Bühnenauftritten, aber dies vorwiegend wegen seiner kleinen rundlichen Figur – wie er selbst oft erzählte, »weil in der Nachkriegszeit halt kleine Dicke sehr selten waren«.

Zu Hauptrollen oder einem nennenswerten Erfolg kam der »Sedlputz«, wie ihn seine Theaterkollegen herablassend nannten (weil er einmal den Schwammerl »Putz« spielen durfte), lange nicht und auf der Bühne überhaupt nie. Dies aber auch noch aus einem anderen

Grund, den mir sein Kollege und späterer Rivale als »Paradebayer«, Gustl Bayrhammer, einmal so erklärte: »Wissen S', für einen Schauspieler, der sich nicht mehr als drei Sätze merken kann, gibt es halt nicht viele Hauptrollen beim Theater.« Beim Film aber kann man fast nach jedem Satz schneiden und beim Salvator, ebenso wie bei ähnlichen Festreden, konnte er vom Manuskript ablesen. Darum mochte er diese Rolle am liebsten und war da auch besonders gut. Erst in der etwas skurrilen, eher erzählenden Filmrolle des Theodor Hirneis, eines Hofkochs von Bayerns versponnenem Märchenkönig Ludwig II., gelang dem begabten Hobbykoch Walter Sedlmayr kurz vor seinem 50. Geburtstag doch noch der Durchbruch zu einem bekannten und bald auch sehr populären Schauspieler. Und er war peinlich darauf bedacht, dass man ihn nicht einen »bayerischen Volksschauspieler« nannte – und wo es dann doch immer wieder geschah, war er tief gekränkt, denn er verstand sich – nach einem so langen, schweren Weg dahin – einfach als Schauspieler und nicht als eine »Volksausgabe« davon.

Über 10 Jahre lang machte Walter Sedlmayr für die Paulaner-Brauerei die erfolgreichste, mit vielen Preisen ausgezeichnete Münchner Bierwerbung. Er erreichte seit 1982 jedes Jahr beim Starkbieranstich auf dem Münchner Nockherberg die größte Popularität, wenn er beim »Politiker-Derblecken« die fast vollzählig versammelte politische Prominenz aus Bayern und viele Gäste aus Bonn mit meinen Redetexten durch den Kakao zog. Seither war ich Walter Sedlmayrs Redenschreiber und er hat dank seiner Salvatorrolle fortan mehr witzige Festreden bei vielerlei Veranstaltungen gehalten als noch Filme gedreht.

Bei der Salvator-Probe sollte nie jemand absichtlich beleidigt werden, aber dass einer einmal unerwartet sauer reagieren und hörbar einschnappen würde, musste halt riskiert werden. Und auch den Politikern, die sich im Saal vor der Fernsehkamera meist nichts anmerken lassen, sollte es wenigstens hinterher noch ein bisserl stinken. Sonst würde die ganze Derbleckerei zu einer harmlosen Schmeichelei wie bei einer Nikolausfeier absacken.

Prompt passierte es dann gleich bei Sedlmayrs erster Salvator-Rede im Jahre 1982, dass einer einschnappte, von dem wir es am wenigsten erwartet hätten: der bayerische SPD-Vorsitzende Helmut Rothemund. Diese Geschichte muss ich hier in aller Ausführlichkeit erzählen. Erstens, weil ich auch nach 16 Jahren immer wieder und vor allem bei Autorenlesungen noch danach gefragt werde: Wie war denn das damals, als der Sedlmayr den Herrn Rothemund beleidigt hat? Zweitens, weil dies ein typisches Beispiel dafür war, dass oft gerade diejenigen Politiker nach dem Derblecken eingeschnappt sind, von denen man es am wenigsten erwartet hätte.

Die schärfsten Spitzen waren in diesem ersten Redetext von 1982 eigentlich eher gegen Kultusminister Hans Maier und den damaligen Staatssekretär Edmund Stoiber gerichtet: Da wäre mit einem »Einschnapper« eher zu rechnen gewesen. Aber es kam ganz anders.

Zu dem meist griesgrämgen Helmut Rothemund war mir schlicht und einfach nicht mehr eingefallen, als dass er nicht sonderlich bekannt und populär war; und angestellt hatte er auch nichts, was aufgefallen wäre. Aber ich wusste, dass er sich ärgert, wenn man ihn aufzieht, weil er so wenig bekannt ist. Darum gab ich im Zusammenhang mit Stoiber und Tandler allen »Strauß-Diadochen« und anderen Strauß-Nachfolgern unter den CSU-Politikern den Rat, sie sollten sich doch zuerst einmal darum bemühen, endlich auch so bekannt zu werden *»wie der berühmte Herr Dings ... ja, wia hoaßt er denn glei wieder, der Dings ...? Dieser ganz bekannte Herr Dings – na ja, der Herr Rothemund.«* Keine große Pointe, gewiss, eher harmlos – halt aus purer Verlegenheit. Aber als beim ersten »Herr Dings« die Zuhörer im Saal schon merkten, wer gemeint war, und lachten, erzählte mir Sedlmayr hinterher: »Da hab ich halt dem Affen Zucker 'geben.« Er spielte die Szene genüsslich aus, sprach Rothemund dreimal nur als »Herr Dings« an und ließ den Namen schließlich ganz weg. Das war Rothemund zu viel und Walter Sedlmayr merkte, dass er ihn mit diesem Spott gekränkt hatte und dass Rothemund sauer war. Deshalb ging Sedlmayr nachher extra zu ihm, was er ansonsten nie mehr machte, um ihn wieder zu besänftigen. Aber der bayerische SPD-Vorsitzende, dem halt diese häufigen Anspielungen auf seine mangelnde Popularität schon seit Jahren zum Hals heraushingen, war immer noch so wütend, dass er Sedlmayr nur anfauchte: »Sie Arschloch!«

Sedlmayr reagierte verdutzt: »Wie, was? Hab ich des jetzt richtig verstanden?«

Doch Rothemund wollte jetzt gar nichts wieder einrenken, sondern schimpfte seine Wut nur noch lauter heraus: »Lecken Sie mich doch am Arsch!«

Dies wiederum hörte die Rücken an Rücken mit dem SPD-Chef sitzende

Frau des CSU-Vorsitzenden, Marianne Strauß. Die erzählte den Streit postwendend den in der Nähe plaudernden Pressesprechern Godel Rosenberg (CSU) und Julian Gyger (FDP) und im Nu war die Nachricht bei den anwesenden Journalisten herum: Rothemund ist beleidigt und hat Sedlmayr ein Arschloch genannt. Am nächsten Tag stand es dann in allen Münchner und vielen anderen Zeitungen – »Rothemund nennt Sedlmayr Arschloch« – und die viel schärferen Anschüsse auf andere Politiker gingen daneben weithin unter. Prompt kamen wir dann gleich bei unserem ersten Auftritt auf dem Nockherberg in den Verdacht: Der Polt durfte nicht, weil er gegen die CSU war, aber Sedlmayr ist jetzt Hofredner, weil er die SPD angreift. In Wirklichkeit wollten wir Helmut Rothemund genauso wenig absichtlich beleidigen oder bewusst provozieren wie sonst irgendeinen anderen Politiker später.

So verständlich und geradezu sympathisch ein spontaner und nicht hinter künstlichem Grinsen in die Kamera versteckter Ärger ist, so humorlos war das weitere Nachtarocken der SPD. Ihr Pressesprecher Scheuble ist nämlich in der Sozialdemokratischen Korrespondenz dann mit tierischem Ernst gegen diese »Verunglimpfung« Rothemunds durch Walter Sedlmayr – und in Abweichung vom Manuskript des Hannes Burger! – zu Felde gezogen. Scheuble behauptete darin, nach Umfragen würden rund 70 Prozent der bayrischen Bevölkerung Helmut Rothemund kennen, somit sei der kein »Herr Dings«.

Der Fluch der bösen Tat liegt bei jeder Salvatorprobe aber darin, dass sie erst wieder ein ganzes Jahr später stattfindet und man weder zu harte oder gar ungerechte Tritte auf die Hühneraugen mit Bedauern wieder zurücknehmen oder abschwächen noch auf Vorwürfe oder öffentliche Beschwerden zur eigenen Verteidigung reagieren kann. Alle Besucher der Salvator-Probe 1983 und auch das Publikum vor dem Radio oder Fernseher erwarteten jedoch, dass Sedlmayr nun eine Revanche fürs »Arschloch« vom Vorjahr bringen würde, und waren darauf gespannt, wie die ausfallen würde. Die Retourkutsche war diesmal wirklich gepfeffert. Sie bestand in einer Art scheinheiliger Entschuldigung bei Rothemund, dem Sedlmayr versicherte, er habe sich im Anschluss an die Landtagswahl vom Herbst 1982 inzwischen überzeugen können, dass der SPD-Pressedienst doch Recht hatte und offenbar tatsächlich 70 Prozent der Bevölkerung Herrn Rothemund kennen: *»denn die anderen 30 Prozent haben Sie ja gewählt«.*

Damit war jedoch der unbeabsichtigt entstandene Schlagabtausch beendet und wir waren jetzt sorgfältig darauf bedacht, aus dieser zufälligen Kontroverse nicht eine Dauerfehde werden zu lassen. Als versöhnliche Geste erhielt Helmut Rothemund ein oder zwei Jahre später den Salvator-Dukaten. Die später nur noch gespielte »Salvatorfehde«

Sedlmayr–Rothemund war aus einer Situationskomik entstanden und hatte keinerlei parteipolitischen oder persönlichen Hintergrund, wie oft vermutet und gefragt wurde. Walter Sedlmayr gehörte jedenfalls zu denen, die Helmut Rothemund bis 1982 wirklich nicht gekannt hatten.

Wie leicht jedoch mit dem bloßen Weglassen eines Nebensatzes oder Wortes durch den Redner eine Verschärfung oder auch Abmilderung gegenüber dem geschriebenen Text eintritt, zeigte sich auch 1985. Bayerns erfolgreicher Wirtschaftsminister Anton Jaumann sollte dafür gelobt werden, dass er es geschafft hatte, den auch von der bayerischen SPD gewünschten, aber von der finanzschwachen SPD-Regierung in Bonn plötzlich abgelehnten und zu drei Vierteln fertigen Rhein-Main-Donau-Kanal gegen alle Widerstände zu Ende bauen statt wieder zuschütten zu lassen. Jaumann wurde im Text bescheinigt, dass er es als einziger Minister geschafft habe »sich ein Denkmal zu setzen, das man volllaufen lassen kann – (Gedankenstrich, Kunstpause) – nämlich den Rhein-Main-Donau-Kanal.«

Doch – was ich nicht bedacht hatte, obwohl ich wusste, dass der Wirtschaftsminister den Wein sehr schätzte: Alle im Saal bezogen den Satz mit dem Volllaufen auf den Minister selbst und viele fanden das mit Recht zu böse. Das Missverständnis aber kam daher, weil Sedlmayr nach dem ersten Lacher im Saal annahm, die Erklärung im Nachsatz sei nun überflüssig und er könne sie einfach weglassen, weil sowieso jeder wisse, was gemeint ist. Diesen Gedankensprung vollzog aber ohne den Hinweis im Text keiner mit.

Es ist allerdings öfters passiert, dass ich im Text mit einem Antäuscher zunächst die Betroffenen und die Zuhörer auf die falsche Fährte zu locken versuchte und das von den meisten schon Gedachte dann mit einem aufklärenden Nachsatz wieder verharmloste oder – umgekehrt – einen schmeichelnden Hauptsatz mit einem überraschend nachgeschobenen Widerhaken-Nachsatz verschärfte. Der für solche kleinen Bosheiten leicht zu begeisternde Sedlmayr verabredete extra für solche Fälle, dass hinter dem Vorhang eine nicht sichtbare Kamera installiert werden sollte, die an den Politikern dranbleibt, wenn sie zuerst »humorvoll« in die Kamera lachen und hinterher erst sauer die Kinnlade herunterfallen lassen.

Zum Beispiel als Bundeslandwirtschaftsminister Josef Ertl – ein sympathischer Bayer, aber kein sehr starker Redner – zum letzten Mal beim Salvator dabei war, hieß es in Sedlmayrs Redetext: »Und jetzt wünsch ma Ihnen halt a recht a guate Nachred, Herr Ertl, gell …« – Kunstpause, Ertl strahlt übers ganze Gesicht – »aber möglichst a bissl a bessere als de Reden, die Sie immer g'halten habn!« – Ertl fällt das Gesicht herunter wie nach einem Bolzenschuss.

Sedlmayr beherrschte diese Technik des Antäuschens eines Lobes wie einer Kritik meisterhaft wie nicht leicht einer. Aber wenn er den aufklärenden Nachsatz ganz wegließ, dann wurde entweder ein zu harter Anschuss daraus oder aber eine unbeabsichtigte Schmeichelei. Letzteres passierte – für mich erst erklärlich, nachdem ich über das kriminelle Umfeld Sedlmayrs besser informiert war – fast jedes Mal ganz zufällig, wenn es um einen Innenminister wie

Fritz Zimmermann oder Edmund Stoiber ging und die beabsichtigte Bosheit im Nachsatz stand, der dann wegfiel. Einmal darauf angesprochen, warum er denn die Spitze gegen Zimmermann einfach weggelassen habe, sagte Sedlmayr ebenso scheinheilig wie entwaffnend: »Mei, er hat mir halt wieder Leid 'tan, weil er mi so nett ang'lacht hat.«

Mit seinem unverwechselbaren Charakter und seinem nörgelnden Charme verkörperte Walter Sedlmayr das g'standene bayerische Mannsbild ebenso wie den bärbeißigen Grantler. In ihm erlebte man beim Derblecken den hintersinnigen Spott ebenso wie offen und ehrlich vorgetragene Kritik. So sahen gerade in ihm Millionen von Menschen den typischen Münchner und Bayern. Er selbst sagte von sich: »Ich bin schon ein typischer Münchner und Bayer, aber einer von der komplizierteren und stilleren Art. Diese Spezies wird halt immer seltener, weil sich unsere Epoche keine Originale mehr leistet.«

In der Tat konnte der »Parade-Bayer« Walter Sedlmayr vieles nicht ausstehen, was inner- und außerhalb des Freistaates als »typisch bayerisch« hergezeigt wurde. »Es gibt nicht bloß ein bäuerliches, sondern auch ein bürgerliches Bayern!«, sagte er.

Ebenso hasste er pseudo-religiöses oder sentimentales alpenländisches Brauchtum und volkstümelnd verkitschte Volksmusik. Das Süßlich-Goldige am Münchner Herz war Sedlmayr ebenso ein Gräuel wie alles Derb-Krachert am weißblauen »Exportartikel Bayern«. Darum machte ihm die feine Ironie und das hinterkünftig spitze Florettstechen bei den Salvatorreden am meisten Spaß und das Derblecken anderer war für ihn das schönste bayerische Brauchtum.

Seine Redetexte durfte man Sedlmayr nur in Hochdeutsch schreiben: »Net im Dialekt, gell, das konn ma net lesn! Was ich auf Bayerisch sagn muaß, des woaß i dann scho und konn ma's selber übersetzen.«

Was er dagegen nie beherrschte, war die Kunst, Texte aus dem Stegreif situationsgerecht umzuformulieren. »I bin doch koa Improvisationskünstler!«, pflegte er in solchen Fällen zu schimpfen und erwartete, dass man ihm jede Änderung in der Anrede von Personen oder jede noch so kleine Ergänzung wortgetreu ins Manuskript einarbeitete. Fuchsteufelswild konnte er werden, wenn bei der Salvator-Probe ein Politiker nicht erschien, der zuvor zugesagt hatte und deshalb direkt angesprochen wurde. Einmal konnte zum Beispiel Hans-Jochen Vogel nicht kommen, weil in Bonn eine wichtige Bundestagsdebatte über Helmut Kohls Regierungserklärung lief, bei der zwar einige Minister fehlen durften, aber natürlich nicht der Oppositionsführer. Das ärgerte Sedlmayr ungemein und er wetterte: »Grad der kimmt net! Wo der doch allerweil so nett mitredt und dauernd nachmault! So ein Schmarrn! A Bundestagsdebatte konn er doch jede Woch haben, aber an Salvatoranstich nur einmal im Jahr!«

Bei der letzten Salvatorrede 1990 ließ er einen Absatz über Otto Schily einfach aus, nur weil der eine Viertelstunde zu spät kam. Er konnte einfach nicht improvisieren und etwa sagen: »Schad, dass er net da is – jetzt hätt i grad gar so was Schönes über ihn g'wusst – hörn S' zu: …«

Auch Alfred Dregger hatte zugesagt, doch eine Verpflichtung in der DDR hatte den treuen Salvator-Stammgast am Kommen gehindert. Verstimmt ließ Sedlmayr einfach den ganzen Absatz über Dregger weg, obwohl der eigentlich nur auf Theo Waigel hinführen sollte, der dann dasaß und sich wunderte, warum er diesmal so selten drankam.

Trotz seiner Erfahrung und seiner Routine hatte Sedlmayr stets Lampenfieber wie ein Anfänger und eine steigende Nervosität befiel ihn immer, je näher der Tag einer »Aufführung« kam. Dies hat schon von Anfang an die Arbeit mit Walter Sedlmayr gekennzeichnet, seit er Erfolg hatte und ihn nie wieder verlieren wollte. Je kribbliger er aber wurde, desto mehr reagierte er sich mit endlosen Korrekturen am Text oder mit Schikanen gegen den Autor ab. Nun kann ich neidlos eines zugeben: Er hat Schwachstellen oder Durchhänger sofort erkannt und sehr oft auch wichtige Korrekturen am Text verlangt. Er hatte ein sicheres Gespür für Pointen und Lacher und verstand viel von der richtigen »Bringform«, der mundgerechten Schreibweise für die Vortragsart des Interpreten. »Je g'scherter mir zu oam san, desto höflicher müaß ma's formulieren«, sagte er.

In dieser Hinsicht habe ich viel von ihm gelernt – wie vermutlich andere Autoren auch. Doch die wenigsten haben es mit ihm ausgehalten. Die einen, weil sie ihre Texte von Haus aus für Evangelien halten und nichts mehr überarbeiten wollen, die anderen, weil er ihre Nachgiebigkeit und Bereitschaft zum Umschreiben für Unsicherheit hielt und dann mit geradezu sadistischer Freude einen Autor mit ebenso sinnlosen wie endlosen Änderungswünschen zur Verzweiflung bringen konnte. Ganz abgesehen davon, dass ein Text höchstens zwei- oder dreimal durch Umstellen der Worte und Ausfeilen der Sätze verbessert werden kann, danach beginnt die »Verschlimmbesserung« und Zerstörung des Textes.

Am meisten ärgerte es mich und andere Texter, zum Beispiel viele Drehbuchautoren, wenn Walter Sedlmayr bei einer Besprechung eine fixe Idee hatte, die er unbedingt eingearbeitet haben wollte, und bei der nächsten Besprechung gefiel im genau diese Stelle nicht mehr. Einmal sagte er dann, so habe er dies nicht gesagt und schon gar nicht gemeint, und manch anderes Mal meinte er – ähnlich wie bei unserer ersten Rede – achselzuckend: »Mei, des macht doch nix, wenn de Idee von mir war. Wenns' ma halt jetzt nimmer g'fallt!« Viele Autoren warfen dann mit einem »Götz«-Zitat das Handtuch.

Andere leisteten ihm Widerstand und merkten bald, dass er nur Leute respektierte, die sich nicht alles von ihm gefallen ließen. Meist verzögerte ich die Ablieferung des Textes so lange wie möglich, um ihm wochenlange Spielereien mit immer neuen Ideen zum Umformulieren unmöglich zu machen. Manchmal klopfte ich als ersten Entwurf nur einen ziemlich schwachen Text schnell herunter, um ihm ein paar Seiten »Spielmaterial« zum Herummosern und Ablehnen vorzulegen, worauf ihm dann meist der eigentliche Text gleich sehr viel besser gefiel.

Einmal hatte er mir auch die dritte Fassung eines Textes zerredet und vor allem sehr vieles kritisiert, was er selbst bei der zweiten Fassung noch verlangt hatte. Da legte ich ihm einfach als vierten Textentwurf die erste Fassung wieder hin, und da sein Prestige als Star, die für ihn notwendige Überlegenheit des berühmten Schauspielers gegenüber dem Autor bestätigt war, sagte er in gnädiger Anerkennung: »Jetzt is' glei viel besser. Sehng S', es lohnt sich doch, wenn man was dran arbeitet!«

Wie gesagt waren es wirklich nicht immer nur Starallüren und die Lust am Schikanieren des Autors, die Walter Sedlmayr veranlassten ständig an Vortragstexten herumzuprobieren und zu feilen. Er hatte natürlich auch einen unbändigen Ehrgeiz und einen hohen Qualitätsanspruch, ja er war geradezu süchtig nach Applaus. Jedes Mal bei der ersten Besprechung über den Auftrag für irgendeine Festrede pflegte er wie jedes Jahr beim Salvator einzuleiten: »Da müaß ma fei guat sei! Des san wichtige Leut – a sehr anspruchsvolle Gesellschaft.«

Die zweifellos wichtigste Rede war ihm natürlich jedes Jahr die Salvatorrede, von der auch wieder viele andere Einladungen zu Festreden oder Fernseh-Moderationen abhingen. Und auch dazu

schränkte er ein: »Die 700 Großkopferten im Saal vom Nockherberg san mir eher Wurscht. Wichtiger san de Millionen Zuhörer live am Radio und de Fernsehzuschauer hinterher am Sonntag.« Deshalb lautete eine seiner ständigen Ermahnungen: »Gell, heuer müss' ma fei bsonders guat sei! Mir müssen sowieso jedes Jahr besser sei, weil ma immer gegen de Erinnerungen von der letzten Red ankämpfen müssen.«
So geht es mir heute noch wegen der nachträglichen Glorifizierung von Walter Sedlmayr.

Je mehr sich Sedlmayr – teils freiwillig, teils wegen der wachsenden Schwierigkeiten mit seinen Ansprüchen – aus dem Fernseh-Geschäft zurückzog, desto wichtiger wurde für ihn in den letzten Jahren sein großer öffentlicher Auftritt auf dem Nockherberg. Bei der Trauerrede, die ich als letzter von vier Rednern zum Abschied von Walter Sedlmayr halten durfte, habe ich mich bemüht hinter aller bayerischen Gaudi und aller witzigen Unterhaltung beim Starkbier auch noch einen tieferen Sinn in dieser Münchner Tradition herauszustellen. Darum habe ich mich darauf beschränkt Walter Sedlmayr vor allem als das zu würdigen, was er in Zusammenarbeit mit mir doch immer besonders

gerne war und wie ihn die Münchner Presse oft nannte: »der Salvatorprediger vom Nockherberg«. Und als Abschluss des Kapitels eignet sich wohl nichts besser als Auszüge aus dieser Trauerrede:

»Mit der Salvatorrede für den jährlichen Starkbieranstich auf dem Münchner Nockherberg hat unsere Zusammenarbeit angefangen. Mit dem traditionellen »Politiker-Derblecken« hat er seinen Ruf in Bayern erheblich mitgeprägt. Mit der Rolle als ›Salvatorprediger‹ vom Nockherberg hat er sich voll identifiziert. Neunmal hat er diese Festrede gehalten,

die ich neunmal für ihn schreiben durfte. Er hat dabei auf seine charmant-boshafte, altbayerisch-hinterkünftige Art die echten oder angeblich Mächtigen aufs Korn genommen; er hat nach gut christlicher Art möglichst die Starken herausgefordert und die Schwächeren geschont. Aber er hat immer peinlichst darauf geachtet, dass bei allen die Privatsphäre – um nicht zu sagen: ihr Doppelleben – nie verletzt wurde.

Wie ist das nun wirklich mit dem ›Doppelleben‹, das seither die Medien beschäftigte und das Publikum faszinierte? Hat Walter Sedlmayr mit seiner abgeschirmten Intimsphäre nur ein Doppelleben geführt, um die Öffentlichkeit zu täuschen? Oder aus dem Wissen und der berechtigten Angst heraus, dass weder die Medien noch das Publikum ein offenes Bekenntnis ertragen würden, weil sein Privatleben nicht dem Sedlmayr-Klischee aus seiner gutbürgerlichen Rollenwelt entsprach? Freilich: Der meisten Menschen Charakterbild bleibt unerkannt. Aber wer im Glanz und Glitzer des harten Showbusiness lebt, der stirbt in diesem gnadenlosen Geschäft auch auf der Hinrichtungsbühne der Öffentlichkeit. Der Star verdient seine Millionen leichter als andere – aber er bezahlt sie auch teurer.

Man kann das ›Doppelleben‹ dieses beliebten Schauspielers durchaus auch so sehen: Walter Sedlmayr hat unzählige Menschen mit seiner Kunst und seinem Humor glücklich gemacht – und war doch selbst ein unglücklicher Mensch.«

Ein allgewaltiger Landesfürst, seine Kronprinzen und Diadochen
Die Ära Strauß auf dem Nockherberg und ihr Mythos

»Was waren das noch für Zeiten, als Walter Sedlmayr auf dem Nockherberg als scharfer Salvatorprediger auf Franz Josef Strauß heruntergedonnerte!«, schrieb die Münchner Abendzeitung in einer geradezu bösartigen, mit persönlichen Angriffen auf mich gespickten Totalkritik über die angeblich viel zu mild und harmlos ausgefallene Festrede der Salvatorprobe des Jahres 1994. Dem Vernehmen nach war sie nur dem AZ-Verleger Johannes Friedmann nicht links genug – so wie dann ein halbes Jahr später die Wahlergebnisse. Und der damalige Chef des AZ-Lokalteils beeilte sich – wie auch 1996 – die Gedanken des Verlegers in anbiedern-

der Pflichterfüllung und mit Schaum vor dem Mund ins Blatt zu heben.

Ob die Salvatorrede 1994 nun wirklich zu wenig scharf war – mag ja sein –, das muss ich halt dem Eindruck der Zuhörer und Zuschauer überlassen. Aber weder Sedlmayr, dessen neun Salvatorreden ich allesamt allein geschrieben habe, noch sonst wer vor oder nach mir hat scharfe Reden auf einen bayerischen Ministerpräsidenten von der Salvatorbühne heruntergedonnert – und auf Franz Josef Strauß schon gar nicht. Das Gegenteil war der Fall, wie im Folgenden noch erläutert wird. Aber der betreffende AZ-Redakteur Bögl war damals bereits knietief im Strauß-Mythos versunken. Dieser war im Grunde ja durchaus vorhersehbar und hat sich bereits ein paar Jahre nach dessen Tod gebildet, was uns auf dem Nockherberg geradeso zu schaffen machte wie seinen Nachfolgern.

Kaum war Franz Josef Strauß im Oktober 1988 gestorben, da stand ausgerechnet in der Abendzeitung, die Franz Josef Strauß gegenüber nie besonders wohlwollend gewesen war, die mit Krokodilstränen getränkte Schlagzeile: »Bayern weint.« Damals prasselten dann auch auf mich schon von allen Seiten die Fragen ein: Was macht ihr jetzt auf dem Nockherberg? Kann die Salvatorprobe überhaupt noch stattfinden? Ihr habt doch bisher vor allem von der starken Reizfigur Strauß gelebt! Mit diesen braven, blassen und profillosen Nachfolgern kann man doch weder ein Politiker-Derblecken machen noch eine Parodie inszenieren! Solche Einwürfe kamen natürlich vorwiegend aus der CSU selbst, und zwar von denen, die lieber einen wilden Kämpfer und scharfen Polemiker als Strauß-Nachfolger gesehen hätten.

Zweifellos waren diese Fragen und Bedenken nicht ganz unberechtigt, denn wie es sich ja dann 1989 und 1990 beim Salvatoranstich schnell herausstellte, war es plötzlich auch tatsächlich viel schwerer – für Sedlmayr und mich ebenso wie für das Salvatorspiel – als zuvor mit einem Parteichef, Ministerpräsidenten und weltbekannten »Außenminister honoris causa« Franz Josef Strauß. Wegen ihm haben wir den richtigen, den Hans Dietrich Genscher, der gerne auf den Nockherberg gekommen ist um sich am Reibebaum Strauß zu profilieren, dann immer nur als »Herr Nebenaußenminister« angesprochen und mehrfach ermahnt:

»Der Herr Strauß kommt ja vor lauter Exportförderung – vom Airbus bis zum Leopard – fast zu keiner Außenpolitik mehr. Und die kann man doch nicht einfach dem Herrn Genscher überlassen. Darum, Herr Genscher, wie ich schon zum Herrn Vogel gesagt habe: ›Überlassen Sie doch die Oppositionsrolle in Bonn dem Herrn Strauß!‹, so appelliere ich auch immer wieder an Sie: ›Überlassen Sie doch endlich die Außenpolitik dem Herrn Strauß!‹«

Es war ja kein Geheimnis, dass Strauß gerne in das Kabinett Kohl eingetreten wäre, aber nur noch als Außenminister und Vizekanzler, weil er ja Verteidigungs- und Finanzminister bereits gewesen war. Das Außenministerium wollte aber der Koalitionspartner FDP nicht abgeben und sowohl Kohl als auch Zimmermann sahen darin die einzige Möglichkeit Strauß von der Bundesregierung und damit vom Dreinregieren als Oberkanzler fernzuhalten. Das habe ich natürlich gerne als Hintergrund für einen milden Spott benutzt und Sedlmayr im Zusammenhang mit dem Papstbesuch 1987 hineingeschrieben:

»*Aber Sie werden nicht heilig gesprochen, Herr Strauß, gell, nur weil Sie in Bonn wieder nicht Außenminister sein wollen – oder können dürfen! Märtyrer sind Sie deshalb jedenfalls noch keiner. Schließlich hat Ihnen der Helmut Kohl das Innen-, Finanz- und Verteidigungsministerium angeboten. Ja, warum haben Sie denn das nicht angenommen? Da wären Sie doch wenigstens einmal ausgelastet gewesen – mit diesen drei Posten! Aber Sie haben sich halt gesagt: Ein guter Aufpasser ist besser als drei Arbeiter.*«

Bereits zuvor, nach der Bundestagswahl 1983, hatte ich das Spiel umgedreht dargestellt, nämlich angedeutet, was bei einer von Strauß ausgelösten Ämter-Rochade aus Außenminister Genscher,

Innenminister Zimmermann und Wirtschaftsminister Lambsdorff vermutlich geworden wäre:

»*Herr Strauß, lassen Sie sich vom scheinheiligen Flehen vereinzelter Untertanen bloß nicht davon abhalten, nach Bonn zu gehen und endlich auch in der Weltpolitik zur Sache zu kommen! Sie können ja so viel Freude damit anrichten: Das Kabinett in München freut sich, wenn Sie gehen; das Kabinett Kohl in Bonn freut sich, wenn sie kommen – vor allem der Innenminister Genscher, der Postminister Zimmermann und der Wohnungsbauminister Lambsdorff.*«

Nicht nur die ständige Frage »Geht er nach Bonn oder bleibt er in München?«, sondern auch das Thema Strauß-Nachfolge war ein Salvator-Dauerbrenner. Es wurde nicht zuletzt deshalb gern gewählt, weil es ihn zwar vor seinem 70. Geburtstag noch amüsierte, aber danach eher unangenehm daran erinnerte, dass er irgendwann einmal aufhören muss. In einer Rede, für die ich als roten Faden einmal Erklärungen darüber gewählt hatte, wie denn das Derblecken geht und wie es nicht sein soll, habe ich diese Achillesferse von Strauß einmal direkt angezielt – ein Thema, das für alle CSU-ler und sonstige Großkopferte absolut tabu war und uns auf dem Nockherberg deshalb gleich als ungeheuer mutig angerechnet wurde. Originalton Sedlmayr: »*Nein, Leute beleidigen, auch*

wenn sie's verdient haben – nein, das mach ich nicht! Ich tät doch zum Beispiel niemals den bayerischen Ministerpräsidenten mit der geschmacklosen Frage beleidigen, wann er in Pension geht! Weil – erstens tät ich da unserem Salvatorspiel mindestens das zehnjährige Jubiläum von unserem Thema ›Strauß-Nachfolge‹ versauen. Und zweitens weiß ich doch viel zu gut, Herr Strauß, dass Sie über das Alter längst hinaus sind, wo einer noch aufhört.«

Das lustige Personen-Spielchen um die Strauß-Nachfolge wurde auch beim Salvatorspiel, dessen Mitautor ich zeitweise gewesen bin, gern gepflegt, vor allem aber in der Festrede immer wieder angereizt:

»Man wirft dem Herrn Strauß oft vor, dass er keine Nachfolger aufbaut. Aber das ist ganz ungerecht. Der baut doch immer wieder neue Figuren auf – grad wie der Schichtl auf der Wiesn vor der Hinrichtung. So mancher hat doch in Bayern schon Karriere gemacht – nur durch das Gerücht, er kenne Strauß persönlich. Und erst, wenn einer schon ganz oben war, da hat sich dann herausgestellt, dass der Strauß ihn gar nicht kennt. Oder nicht kennen will. Oder auch nimmer kennt. Weil – der kennt sich ja oft selber nimmer!«

Aber schwieriger für uns wurde es nach seiner Ära auf dem Nockherberg aus vielerlei Gründen und nicht allein etwa wegen des ruhigeren und weniger spektakulären Auftretens der Nachfolger Theo Waigel und Max Streibl. Vieles, was ich über die Nachfolgekämpfe hinter den Kulissen wusste, durfte ich doch so kurz nach dem Tod von Strauß noch nicht zum Thema einer öffentlichen Unterhaltungs-Veranstaltung und Starkbier-Gaudi machen!

Dazu gehörte zum Beispiel, dass Strauß erst ein knappes halbes Jahr vor seinem Tod, nämlich im Mai 1988, seinen langjährigen Freund und Finanzminister Max Streibl zum stellvertretenden Ministerpräsidenten gemacht hatte um sich von dem gut aussehenden blond gelockten »Oberammergauer Engel« und sehr gern barock repräsentierenden feschen »Jäger Max« von vielen Pflichtübungen und Empfangs-Terminen entlasten zu lassen.

Kurz vor dem plötzlichen Tod von Strauß war es aber noch zu einem schweren Zerwürfnis zwischen ihm und seinem langjährigen jüngeren Weggefährten und Erben im Wahlkreis gekommen, wobei Streibl seinen Partei- und Regierungschef wütend ein Arschloch genannt und bereits mit seiner Entlassung bei der nächsten Kabinettssitzung gerechnet hat.

Da aber letztere nicht mehr stattfand, kam es auch zu ersterer nicht mehr. Und Max Streibl wurde dann als Stellvertreter nahezu automatisch Strauß-Nachfolger als bayerischer Ministerpräsident – ohne ernsthaften Widerstand aus der CSU, der auch vom Volk sehr verübelt worden wäre. Nicht zuletzt auch deshalb, weil Streibl die Trauerfeiern für Strauß so meisterhaft – und selbst von den Linken beneidet – inszenieren hatte lassen, als würde hier der König eines Weltreiches beerdigt.

Theo Waigel, damals noch Leiter der CSU-Landesgruppe im Bundestag, hatte es da viel schwerer den Parteivorsitz von Strauß zu übernehmen. Schließlich meldete ja auch der Straußintimus Gerold Tandler gleich seine Kandidatur als CSU-Chef an und dessen Karten waren auch nicht schlecht: Tandler war bis dahin nacheinander und teilweise auch nebeneinander Generalsekretär sowie Fraktionsvorsitzender der CSU im bayerischen Landtag und Innenminister gewesen (Finanz- und später Wirtschaftsminister wurde er erst im Kabinett Streibl). Das Tauziehen dauerte rund sechs Wochen, bis Tandler erkannte, dass die Mehrheit, vor allem an der Parteispitze, keine Art von Strauß-Kopie wollte, sondern mehr und mehr zu einem Neuanfang mit dem liberaleren Waigel tendierte; darauf zog Tandler seine Kandidatur geschickt zurück und wartete ähnlich wie Edmund Stoiber in einem Ministeramt ab, ob nicht doch nach kurzer Zeit der Ruf an ihn ergehen werde. Erst nach der Wahl 1990 zog sich Tandler – in einer Rede einmal apostrophiert als »der Postwirt und säkularisierte Stiftspropst der Altöttinger Gastronomie« – dann aus dem Kabinett und bald danach ganz aus der Politik zurück.

So war es zu der sogenannten »Doppelspitze« in der CSU-Führung gekommen – ein Begriff, der sich für Salvator-Texte geradezu anbot. Noch dazu, wo die SPD dieses Modell mit Renate Schmidt und Albert Schmid bald nachahmte – allerdings auch schon bald mit den Speerspitzen nach innen.

Die geteilte »Machtübernahme« in der CSU durch Waigel und Streibl hatte freilich deshalb so gut, so schnell und ohne alle öffentlichen Diadochenkämpfe innerhalb der Partei funktioniert, weil die beiden dieses Übernahme-Szenario vorher bereits abgesprochen, einstudiert und vorbereitet hatten, für den Tag X, an dem der immer für Überraschungen gute Franz Josef Strauß plötzlich doch noch in ein Ministeramt nach Bonn überwechseln könnte. Geradezu prophetisch hatte es bereits 1982 im Text doppeldeutig geheißen:

»Aber wenn dereinst der Franz Josef Strauß doch von uns geht, nach droben – ich mein' nach Bonn! –, in dieser schweren Stunde wird die Nachfolgefrage aktuell, die schon seit Jahren viele seiner Freunde umtreibt. Nur – für Sie, Herr Strauß, wär's schlecht, wenn Sie sich wieder ein Amt in der Bundesregierung aufhalsen würden: Ministerpräsident in Bayern, des is doch eine gemütliche Beschäftigung, aber in Bonn kann des Regiern ja in Arbeit ausarten. Lassen S' doch dem Helmut Kohl die ganze Macht! Die vielen Themen, in denen er mit Ihnen einer Meinung ist, die kann er doch allein entscheiden. Und da, wo er anderer Meinung ist, muss er ja eh in München anfragen, ob's Ihnen recht ist.«

Nahezu alle Texte, die sich mit dem Verhältnis Strauß–Kohl befassten, liefen auf eine zwar witzig übertriebene, aber letztlich doch eine Schmeichelei für den anwesenden Ministerpräsidenten hinaus. Bundeskanzler Kohl dagegen konnte nach Herzenslust veräppelt und lächerlich gemacht werden: Dann freuten sich Strauß und die CSU, aber auch die FDP und die SPD, der ganze Saal lachte – und ich? Ich gebe zu, dass das feig und recht bequem war. In der Salvatorrede 1986 hieß es:

»Dem Johannes Rau sind die Kanzlerschuhe um so viele Nummern zu groß, dass er sich dreimal darin umdrehen kann, hat uns der Ministerpräsident Strauß erst kürzlich in Passau erklärt. Und auf dem sein Urteil verlass ich mich, weil der Franz Josef Strauß in dene Schuah aa scho amal Pirouetten 'dreht hat. Der Wähler mag es halt nicht, wenn ein Kanzler gescheiter ist als er. Und er ist eben beruhigt, wenn er über Helmut Kohl sagen kann: ›Das ist ein Kanzler wie du und ich!‹ Und darin ist Kohl einfach nicht zu schlagen.«

Die den Medien und der Öffentlichkeit nicht bekannten Vorgänge innerhalb der Führungsspitze der CSU im Zusammenhang mit der Strauß-Nachfolge nun nachträglich aufzudecken und mit Spott zu übergießen, wäre kein unterhaltsames Thema für die Salvatorprobe gewesen. Noch dazu, wo nicht nur das Volk in Bayern, sondern in ganz Deutschland voller Respekt war für diesen perfekt abgelaufenen Übergang. Übrigens habe ich in nahezu allen Redetexten die als Nachfolger gehandelten »Strauß-Diadochen« Tandler und Stoiber quasi als Schildknappen des Ministerpräsidenten mit am schärfsten angeschossen und zugleich die vergleichsweise milde behandelten Herren Waigel und Streibl immer wieder als Kontrahenten und mögliche Konkurrenten herausgestellt. So hatte es beispielsweise auch bereits 1982 in Sedlmayrs Redetext geheißen:

»Das Showtalent, das dem staad-lustigen niederbayerischen Umwelt-Maulwurf

es klingt gleich viel milder. Die schrillsten Töne und die schärfsten Konsonanten fallen durch – und beim Echo hört man dann nur noch das Wesentliche. Wenn zum Beispiel der CSU-Generalsekretär Gerold Tandler scharf nach Bonn tönt: ›Strauß muaß ins Kabinett, muaß ins Kabinett, muaß ins Kabinett!‹, dann kommt von Theo Waigel aus Bonn das Echo butterweich zurück: ›Muaß er net, muaß er net, muaß er net!‹«

Alfred Dick abgeht, das hätt ja der Max Streibl. Der lacht immer so volksverbunden und strahlt so geschneckelt in die Kamera. Was soll denn des? Zu was braucht a Finanzminister aa no lacha – wia so a abgründiges Oberammergauer Hohngelächter über uns Steuerzahler. Ich glaub, der strahlt so, weil er selber gern Ministerpräsident werden will!«

In seiner »Starrolle als Echo vom Königssee« wurde 1984 Theo Waigel, der damalige Leiter der CSU-Landesgruppe in Bonn, vorgestellt:
»Immer, wenn von München her oaner an Schroa tuat – meistens der Edmund Stoiber, wenn er wieder in a politisches Fangeisen 'neitreten is –, dann kommt am nächsten Tag aus Bonn das Echo vom Theo Waigel zurück ins Alpenland. Aber

Das einzige Mal in den achtziger Jahren, dass Strauß nicht an der Salvatorprobe teilnehmen konnte, war im Jahr 1985, als er in Bad Füssing bei seinem Freund Eduard Zwick zur Kur weilte. Trotzdem war das Thema »Strauß-Nachfolge« auch da unvermeidlich. Es ging in Sedlmayrs Rede darum, welche Kabinettsmitglieder man mit einer Wiederaufbereitungsanlage wieder auffrischen könne oder müsse, und dann sagte er über Streibl:
»Der Oanzige, der sich schon seit Jahren d'Finger nirgends mehr verbrennt hat, is der Finanzminister. Meine Herren Diadochen, auf den müaßts aufpassen – der halt sich so auffallend z'ruck! Der bleibt g'fährlich, aber irgendwas werd ma eahm doch aa nachweisen könna!«
Das war geradezu hellseherisch und in der Tat lag der von anderen stark unter-

schätzte Max Streibl bei der Strauß-Nachfolge vorne und erst später konnte man ihm dann – mit einiger Nachhilfe aus der eigenen Partei und Regierung – auch »irgendwas« nachweisen, wenn auch allenfalls läppische Peinlichkeiten und nichts wirklich Schlimmes.

Das Misstrauen der sogenannten Strauß-Diadochen richtete sich schon eher gegen Waigel, weil Strauß selbst zwar spät, aber doch nach und nach merkte, dass der mit Lob- und Preisreden auf den CSU-Chef sparsamere und auch politisch mit bajuwarischen Kraftmeiereien weitaus zurückhaltendere »Theodor« (griechisch: Gottesgeschenk) nicht sein Gegner war, sondern ihn in Bonn vor manchem Fettnäpfchen warnte, in das ihn andere – sei es hinterhältig oder eher naiv – hineinhetzten.

Beim Salvator 1988, dem letzten, den Franz Josef Strauß noch erlebte, hieß es in Sedlmayrs Rede:

»Nicht, dass der Theo Waigel in Bonn schon direkt die Welt regiert – nein, das macht der Allerhöchste in München schon selber. Aber der ›Gott in Bayern‹ braucht ja auch seine Theologen und für seine Sternstunden Sterndeuter. Immer wenn es zuvor aus dem bayerischen Himmel gegrollt, gedonnert und geblitzt hat, dann wird der Strauß-Astrologe Waigel als der gefragteste Meinerer in Bonn gebraucht und gefragt: ›Was meinen Sie denn, dass er gemeint haben könnte, oder meinen Sie, dass es nicht wirklich so gemein gemeint war, wie wir gemeinhin alle gemeint haben?‹ Und der Allerhöchste

in Bayern braucht nicht nur ein strafendes Auge, den Stoiber, sondern auch ein gütiges Auge. Eines, das mit Wohlgefallen zur Kenntnis nimmt, dass es auch außerhalb Bayerns noch Leben gibt, wenn auch bekanntlich kein solches. Und dieses gütige Auge ist Theo Waigel.«

Nach dem jähen Tod von Franz Josef Strauß im Oktober 1988, als der 72-jährige deutsche Spitzenpolitiker aus Bayern mit einem weltweiten Bekanntheitsgrad nachträglich mit Lobeshymnen von Freunden, Konkurrenten und Feinden überschüttet wurde, stand aber 1989 angesichts der echten Erschütterung einer breiten Mehrheit des Volkes zunächst einmal eine ganz andere Frage für die Paulaner-Brauerei an: »Sollen wir nicht aus Pietät die nächste Salvatorprobe ganz ausfallen lassen? Wäre da nicht eine Art Trauerjahr-Pause angebracht?«

Als ich um meine Meinung dazu gefragt wurde, gab ich aus meiner Erfahrung als Journalist, der mehr gegen als für Strauß geschrieben hatte, aus meiner Kenntnis der nicht immer nur straußfreundlichen internen Stimmung in der CSU und aus meiner Einschätzung der weiteren Entwicklung heraus den Rat: »Halten Sie sich hier an die historische Grundregel: Der König ist tot – es lebe der König! Da es die Salvatorprobe vor Franz Josef Strauß gegeben hat, wird es sie auch nach ihm geben.«

Erstens ging ich bei meiner Einschätzung davon aus, dass nach einer so glanzvollen Beerdigung und einer dank der Medien so publikumswirksamen Trauerwoche das Kapitel Strauß in Bayern für eine Weile abgeschlossen sein würde. Keiner von den Nachfolgern konnte doch ein Interesse daran haben, den zu erwartenden verklärenden Strauß-Mythos vorzeitig zu fördern und den Strauß-Kult postum zum permanenten Vergleich mit ihnen, den Irdischen selbst, weiterzuführen; allerdings konnten sie auch auf eine sofortige Abrechnung mit den negativen Seiten seiner Ära und seiner Hinterlassenschaft nicht erpicht sein. Die kam noch früh genug.

Zweitens: Wie schwer es ist, eine unterbrochene Tradition wieder aufzunehmen, hat man am besten bei Löwenbräu 1982 sehen können. Die einmal abgesagte Triumphatorprobe kam nie wieder zustande.

Darum fand die Salvatorprobe statt – Gott sei Dank. Im März hätte diese Pietät nämlich sowieso keiner mehr verstanden.

Es kam nämlich dann in der Tat so, wie ich es erwartet hatte: Nach dem Jahresrückblick an Silvester 1988, bei dem Franz Josef Strauß ein letztes Mal großmächtig »beerdigt« wurde, war er so tot wie sonst nicht leicht einer. Die »Ära Strauß« in der aktuellen Politik war beendet und ein gewisser Überdruss an Nachrufen war erreicht; weder in Bonn noch in München wurden noch viele Worte über ihn verloren. Das machte allerdings unsere Probleme auf dem Nockherberg nicht geringer. Für unser Politiker-Derblecken war ein so profilierter und kantiger, ein so streitbarer und umstrittener, ein so autoritärer, zugleich aber auch medienwirksamer und populärer Mann wie der verstorbene CSU-Vorsitzende und bayerische Ministerpräsident nicht in Sicht. Der unentwegte Sozi-Fresser, Kohl-Rüffler, Genscher-Rivale und Moskau-Flieger, dessen Aktionsradius von Rott am Inn bis Saudi-Arabien und von Kreuth bis Südafrika und Chile reichte, war fürs Erste schlicht unersetzlich. Dass Strauß dem steinreichen König von Saudi-Arabien als Gastgeschenk einen Jagdfalken mitbrachte, als er den Saudis moderne Hightech-Waffen und Airbusse aus Bayern verkaufen wollte, war ein gutes The-

ma für viele Glossen und Karikaturisten. Aber wen hat es später noch interessiert, welche Geschenke denn Streibl, Waigel oder Stoiber irgendwem mitgebracht haben? Wenn es aber niemand weiß, kann man schwer Witze darüber reißen.

Dass Strauß – nur als bayerischer Ministerpräsident – von den protokollbewussten Russen zu Gorbatschow nach Moskau eingeladen wurde, war für sich allein schon eine Sensation. Aber dass er dies auch noch mit einem kleinen Flugzeug selbst als Pilot am Steuerknüppel ausführte – und dabei seinen angstschweißgebadeten CSU-Begleitern wieder das Beten lehrte – war ein Publicity-Gag, den sich keine Werbeagentur besser hätte ausdenken können. Allerdings wäre eine solche Agentur von den mit Glück überlebenden Mitfliegern Waigel, Tandler und Stoiber nie wieder beschäftigt worden.

So gingen uns jetzt seine überraschenden politischen Streiche und seine bis in alle Volksschichten bekannten Konfliktthemen ab: vom heftig umstrittenen Milliardenkredit für die DDR über den vorzeitigen Abbruch des nächsten Parteitages, nachdem er als gerade wieder gewählter Vorsitzender verärgert über das schlechte Ergebnis dieser »Denkzettel-Wahl« einfach heimgegangen war ohne die Wahl förmlich anzunehmen und den Parteitag zu schließen, bis hin zur umstrittenen Steuerbefreiung für Flugbenzin und zum Fernsehauftritt in erkennbar stark angeheitertem Zustand nach dem schlechten Abschneiden der CDU bei der Bundestagswahl 1987 – um nur einige Stichworte zu erwähnen.

Hier gab es für mich als Redenschreiber allerdings stets ein grundsätzliches Problem: Es handelte sich dabei um jene Themen, die auch die sonst eher unpolitischen und in dieser Hinsicht ziemlich vergesslichen Normalbürger noch vom letzten Jahr in Erinnerung hatten; das waren aber auch die Themen, zu denen sich sämtliche Glossenschreiber, Karikaturisten und Kabarettisten bereits endlos ausgelassen hatten. Was blieb also für unsere nur einmal im Jahr stattfindende bayerische Satire auf dem Nockherberg noch übrig? Eigentlich meistens nur dies: Wenn alle dagegen gespottet haben, mussten wir Strauß in Schutz nehmen und scheinheilig verteidigen. Dies geschah beispielsweise bei »dem raffinierten Schachzug des Ministerpräsidenten mit dem Milliardenkredit für die ehemals so genannte und jetzt plötzlich so geschätzte DDR« durch die »Aufklärung dieser Provinzler über die wahren Hintergründe – so streng vertraulich, wia wenn ma in Kreuth wärn«. Was Ministerpräsident Strauß das Jahr zuvor »in aufopfernder Ein-Mann-Demokratie selbstlos eingefädelt« hat, wurde dann von Sedlmayr so erläutert:

»*Der Milliardenkredit is ja net vom Staat, sondern von den Banken. Also, jetzt passen S' auf: Jeder woaß, wenn er a Grundstück hat und a Haus baun will, dann muaß er bei der Bank einen Kredit aufnehmen. Und wenn's dann net langt, no a zweite Hypothek und a Grundschuld – und des werd alles im Grundbuch eintragn. Aber je mehr Kredite man kriegt, desto eher kann man die Zinsen nimmer zahln – und bis ma schaugt, g'hört des ganze Sach der Bank. Ja, und glaubn Sie vielleicht, dass des bei der DDR anders is? Den Milliardenkrediten folgen weitere und des Ganze nennt ma dann den unblutigen bayerischen Weg – zur Wiedervereinigung übers Grundbuchamt.*«

Ähnlich war es mit der satirischen Umkehrung der Vorwürfe im Zusammenhang mit dem verunglückten Strauß-Auftritt in der Runde der Parteivorsitzenden am Wahlabend nach der Bundestagswahl im Januar 1987. Zur Erinnerung: Strauß hatte schon beim Warten auf die erste Hochrechnung – aufgrund der ihm bekannten positiven Umfragen für die CSU – vor 18 Uhr zu feiern angefangen. Als er dann die ersten schlechten und für die Koalition noch gefährlichen Ergebnisse der CDU erfuhr, war er so sauer auf die faule und unfähige Schwesterpartei, dass er seinen Ärger mit einigen Schoppen Wein hinunterspülen musste. Der Chefredakteur des Bayerischen Fernsehens und spätere Programmdirektor Wolf Feller konnte Strauß aber nicht mehr davon abhalten, sich trotz seines angeheiterten Zustandes in die ARD-Konferenz der Parteichefs unter Moderation des Redakteurs Martin Schulze zuschalten zu lassen. Nach wenigen Sätzen merkte außer den anderen Parteivorsitzenden auch jeder Zuschauer, dass Strauß einen Schwips hatte, vor allem weil er den Moderator, der Strauß ständig bremste und einen Rundumschlag von ihm mit allen Mitteln verhindern wollte, dauernd anpflaumte und bei Feller zurückfragte: »Wer ist denn eigentlich dieser Herr Schulze da?«

Das ist ihm natürlich hinterher höchst peinlich gewesen und dafür ist er auch bereits oft verspottet worden. Darum habe ich die Situation bewusst – und für alle Zuhörer erkennbar – auf den beteiligten, aber unschuldigen Wolf Feller umgemünzt:

»In der Wahlnacht haben Sie ja schwer versagt, Herr Strauß – als Aufpasser für den Wolf Feller! Wie haben Sie es zulassen können, dass der BR-Chefredakteur derart angeheitert zum Dienst erscheint? Und wer war denn eigentlich dieser Herr Schulze in Bonn? Der hat Ihnen ja nicht einmal die Gelegenheit gegeben, dass Sie in dieser Bombenstimmung den vier anderen Parteivorsitzenden einmal ordentlich die Meinung gesagt hätten, was wirklich von denen zu halten ist. Aber Sie als Ministerpräsident haben doch eine gewisse Sorgfaltspflicht gegenüber einem Journalisten, der extra wegen Ihnen Chefredakteur geworden ist!«

Was viele Salvator-Zuhörer und -Zuschauer, insbesondere in den Medien, nie begriffen haben, war die Tatsache, dass wir Strauß fast nie direkt angeschossen, aber dafür öfters wie beim Billard über die Bande gespielt und ihn indirekt geärgert haben. Als ich zum Beispiel über einen Kollegen von Fritz Zimmermann aus Bonn erfahren hatte, dass Strauß nach der Wende am meisten darüber wütend war, dass er in Bayern ständig stinklangweilige Empfänge geben und Repräsentations-Termine wahrnehmen musste, während ihn Kohl, Genscher und Zimmermann in Bonn aus den wichtigeren politischen Geschäften tunlichst herauszuhalten versuchten, da setzte ich dies in einer Salvatorrede für Sedlmayr indirekt so um:

»So was wie eine eigene Meinung darf sich grad noch der Herr Bundesinnenminister erlauben. Da stinkt er dem Strauß scho lang. Während nämlich der Ministerpräsident in Bayern Grundsteine verlegen,

Ehrenjungfrauen enthüllen und Verdienstorden an Nonnenbrüste heften muss, darf der Fritz Zimmermann in Bonn richtige Politik machen.«

Was uns nach dem Tod von Franz Josef Strauß vielleicht am meisten gefehlt hat, waren seine Autorität und der ungeheure Respekt, den seine politischen Freunde und Spezln, seine Gegner und zumindest die verbeamteten Untertanen vor ihm hatten. Denn die Angst der anderen vor Strauß war das Geheimnis unseres Erfolges. Je weniger sich andere ihm gegenüber trauten und je mehr alle vor ihm kuschten, die nicht absichtlich zu seinen Gegnern gezählt werden wollten, desto tapferer und todesmutiger standen wir da, wenn wir ihn auf dem Nockherberg wenigstens leicht anschossen – flapsig oder in gespielter Dramatik.

Wenn Walter Sedlmayr mit in der Sache noch so harmlosen, aber in scharfem Ton vorgetragenen Angriffen auf den Ministerpräsidenten nur anhob: »Was haben S' Eahner denn da wieder denkt, Herr Strauß …?« oder »Mir wissen scho, dass Sie der G'scheiter san, Herr Strauß, aber so geht's fei net …!«, dann lief doch schon sämtlichen Politikern, Beamten, Konzernchefs und Lobbyisten auf dem Nockherberg der kalte Schauder über den Rücken: »U-hu-hu-hui – die trau'n sich aber was!« Würde der autoritäre »Alleinherrscher« Bayerns sich denn solch verwegene Unbotmäßigkeiten wirklich gefallen lassen? Oder wird der freche »Hofnarr« sofort vom Schichtl öffentlich geköpft?

Weder vor dem neuen bayerischen Ministerpräsidenten Streibl noch vor dem CSU-Vorsitzenden und – ab 1989 – Bundesfinanzminister Waigel hatte irgendjemand Angst. Wenn diese liberal und bescheiden auftretenden Nachfolger beim Salvator nur leger oder salopp angeredet wurden, war das doch für niemanden ein Zeichen besonderen Mutes. Da ließ ein ähnlicher leichter »Anschuss«, ein »Hirnbatzl«, wie bei Strauß üblich, wirklich niemanden erschaudern oder gleich das Damoklesschwert der »Majestätsbeleidigung« über dem Nockherberg schweben.

Wenn man heute nachliest, was wir in den Salvatorreden wirklich an »Schonkost« über Franz Josef Strauß gesagt haben, dann wundere ich mich einerseits schon, warum es heute zum Nockherberg-Mythos vieler Medien gehört, dass damals die Texte so viel schärfer und bissiger gewesen seien. Andererseits wundere ich mich auch, warum ich in der Strauß-Ära im Volk so oft gefragt wurde, ob denn da nie hinterher etwas passiert sei und ob denn so viele »Frechheiten« tatsächlich ungestraft bleiben konnten. Draußen im Lande, wo die meisten Kommunalpolitiker weder Kritik noch Ironie vertragen konnten, wunderte man sich oft sogar, dass ich überhaupt noch frei herumlief. Darum habe ich auch trotz vieler entsprechender Einladungen nie vergleichbare »Nockherberg-Reden« über Politiker in der Provinz geschrieben oder gehalten – mit Ausnahme vom Salvatoranstich beim Auerbräu in Rosenheim.

Nun war ja Franz Josef Strauß zwar dafür berühmt, dass er über eine beißende Ironie, einen kraftvollen Humor und einen saftigen Mutterwitz verfügte. Aber halt nur, wo es ums Austeilen ging. Niemand konnte behaupten, dass Strauß etwa Kabarettisten liebte oder Witze auf seine Kosten mochte, dass er auch die gegen ihn gewandte Ironie oder Satire schätzte oder dass er es je lässig hingenommen hätte, wenn er in lockerem Ton öffentlich dumm angeredet wurde. Wo er unvorbereitet auf solche Weise vom Humor anderer »überfallen« wurde, hat er meistens ziemlich aggressiv reagiert und zurückgebissen. Er war hochempfindlich und schnell beleidigt.

Dies hat sich aber auf dem Nockherberg nie ausgewirkt. Hier wusste er ja, was auf ihn zukommt, dass das »Politiker-Derblecken« halt schon zum Brauchtum gehört. Und er war Profi genug um einschätzen zu können, was die meisten Sozis nie begriffen haben, dass jeder Politiker nur populärer wird, wenn er vor laufender Kamera Humor und Nehmerqualitäten zeigt; er beweist so, dass er als Bayer auch Spott und Kritik einstecken kann. Und Franz Josef Strauß konnte immer unbeschwert mitlachen – und da er schlecht hörte, manchmal erst besonders herzlich, wenn ihm seine Frau Marianne unter dem Tisch ans Schienbein stieß. Wirklich wehgetan hat nämlich einem Ministerpräsidenten auf dem Nockherberg noch niemand – wie übrigens auch dem ranghöchsten SPD-Politiker Hans Jochen Vogel nicht.

Da ja der Ministerpräsident quasi als Nachfolger des bayerischen Kurfürsten stets zuvor den Probetrunk vom Brauereichef überreicht bekommt, benutzten wir eben das huldvolle Lächeln des Allgewaltigen im schwarzen Bayern lieber als Schutz und Schirm, hinter dem wir dann um so frecher und risikoloser dicke Speere und spitze Pfeile auf die Vasallen abschießen konnten:

»Wir hätten unseren Ministerpräsidenten h. c. schon vor zwei Jahren beinahe verloren, wenn wir den Edmund Stoiber nicht gehabt hätten, den Rattenfänger von der Lazarettstraß«, hieß es 1982 in Anspielung auf die Kanzlerkandidatur von Strauß 1980, als er sich unter anderem über die Intellektuellen als »Ratten und Schmeißfliegen« ausgelassen hatte und sein Wahlkampfleiter Stoiber dies nachher noch bestärkte statt es als Zornausbruch etwas abzuschwächen. *»Sie kennen ihn schon«*, hieß es weiter, *»des is der falsch gepolte Tonträger für Strauß-Platten: Immer wenn der Strauß einen Schalldämpfer bräuchte, tritt der Stoiber als Verstärker in Aktion. Und immer, wenn der Strauß amal was Liberales ausspuckt, dann verschluckt es der Tonträger Stoiber sofort, weil ihm da gleich der Lautsprecher ausfällt.«*

Im Anschluss an den Hinweis »Aufpassen, der Streibl bleibt gefährlich!« hieß es dann 1985: *»Natürlich net halb so ge-*

fährlich wie der Edi – der Stoiber. Der Staatssekretär Stoiber kommt mir manchmal so vor wie ein Geisterfahrer in der Politik, der sich ununterbrochen darüber aufregt, dass die anderen alle auf der falschen Spur fahren.«

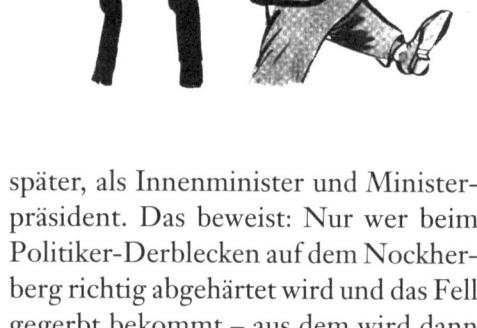

Um Stoibers Drang nach der Macht ging es bereits 1986 bei der Nachfolgefrage für den Fernseh-Programmdirektor Öller. Da der vorgesehene Nachfolger, Wolf Feller, recht umstritten war, machten wir bei der Salvatorprobe dem Intendanten Reinhold Vöth den Vorschlag: *»Wenn schon der Wolf Feller dafür nicht mehr zu retten ist, Herr Vöth, dann machen S' doch gleich den Edmund Stoiber zum Programmdirektor – bevor noch einer hinkommt, der was davon versteht! Und wenn einer sowieso schon immer alles besser weiß und das ganze Programm nach seinem Geschmack hobeln möcht – ja, dann lassts ihm doch gleich die Arbeit auch machen! Stellts doch dem Herrn Stoiber zur Kräftigung noch eine Maß Salvator hin! Weil – der kriegt ja vom Bier keinen Rausch, nur von der Macht.«*

Ob ich damit schon wieder die Aufnahmeprüfung für das Prophetenamt erfüllt habe, möchte ich hier dahingestellt sein lassen. Aber eines muss ich rückblickend doch feststellen: Edmund Stoiber hat sich nie irgendwo beschwert, sondern alles mit großer Härte im Nehmen eingesteckt, sowohl als engster Mitarbeiter – und damit zugleich Wadlbeißer und Prügelknabe – für Strauß, als auch später, als Innenminister und Ministerpräsident. Das beweist: Nur wer beim Politiker-Derblecken auf dem Nockherberg richtig abgehärtet wird und das Fell gegerbt bekommt – aus dem wird dann auch was.

Solange jedenfalls Strauß damals in der ersten Reihe herzlich über seine derbleckten Büchsenspanner lachte, hätte es nie ein Kabinettsmitglied oder Parteifunktionär aus der zweiten Reihe gewagt beleidigt zu reagieren.

Festzuhalten bleibt, dass es in der Ära Strauß zumindest seit 1982 mit dem »Brauerei-Gespann« Sedlmayr-Burger beim Salvator weder eine Beschwerde des Ministerpräsidenten noch eines seiner Mitarbeiter oder Kabinettsmitglieder gegeben hat. Beklagt haben sich lediglich einige Minister bei der Brauerei darüber, dass im Salvatorspiel immer nur

Strauß allein der strahlende Held war, alle witzigen Pointen von ihm gegen alle anderen versprüht wurden und vor allem, dass die übrigen parodierten Gestalten auf der Bühne – egal von welcher Partei – meist nur Deppen oder Stichwortgeber waren. Diese Kritik war nicht unberechtigt, traf aber nicht mich, weil ich damals noch erfolglos gegen die allzu übertriebene Verherrlichung von Strauß im Salvatorspiel angekämpft habe.

Außerdem war ich oft in der Rede besonders lieb zu Waigel und Streibl sowie extra hart gegen Stoiber und Tandler, weil ich einen Kontrast zum Spiel setzen wollte, dessen andere Autoren als treue Strauß-Verehrer nur auf Tandler oder Stoiber als Nachfolger setzten. Deshalb galt ich dann im gesamten Team der Spielautoren auch als der einsame Linke, der für die schwächeren CSU-Politiker und die unbedeutende, in Bayern unpopuläre SPD eintritt. So wie ich später dann gegenüber der linken Mannschaft des Spiels zum Rechten wurde, als ich sagte, man solle doch auch die CSU noch mitspielen lassen, weil die doch immerhin noch die absolute Mehrheit hat.

Dass Franz Josef Strauß niemals die Salvatorreden von irgendeiner Seite vorher zu lesen bekam, kann ich nicht beschwören, weil es dafür natürlich vertrauliche Kanäle geben würde und womöglich auch gegeben hat. Ich glaube es allerdings nicht und auch Walter Sedlmayr ging davon aus, dass selbst Strauß hier keine Vorzensur ausüben konnte oder wollte, weil er ohnehin wusste, dass wir ihm nicht ernstlich wehtun, um zu vermeiden, dass er im nächsten Jahr einfach nicht mehr kommt.

Allerdings war ich dann doch in dieser Hinsicht verunsichert, als 1989 wenige Tage vor der Salvatorprobe der damalige Pressereferent Streibls anrief, wann denn der Ministerpräsident endlich die Festrede zu lesen bekäme. Ich war zuerst so verdutzt, dass ich gar nicht recht begreifen konnte, was der wollte, und nur sagte: »Wie kommen Sie denn darauf? Das hat es doch noch gar nie gegeben.«

Da witterte der sonst sehr freundliche Ministerialrat Stelzer geradezu eine Diskriminierung seines Chefs und sagte entrüstet: »Sie werden mir doch nicht erzählen wollen, dass der Strauß da hingegangen ist, ohne dass er vorher gelesen hat, was über ihn gesagt wird!«

Ich wollte keinen Eklat durch einen Streit ums Prinzip heraufbeschwören. Da kam mir ein rettender Gedanke und ich wiegelte ab: »Mir ist das egal. Von mir aus kann er den Text gerne lesen. Aber glauben Sie ja nicht, dass das geheim bleibt, denn irgendein Fahrer oder eine Sekretärin bekommt es ja doch mit und es wird bekannt, dass Streibl die Festrede Sedlmayrs vorher schon gelesen hat. Dann sind aber alle eingeschnappten Kabinettsmitglieder nicht mehr mir beleidigt, sondern dem Ministerpräsidenten, weil der geduldet hat, dass so etwas Schlimmes über seine lieben Parteifreunde gesagt wird.«

Dieses Argument überzeugte Stelzer besser als jeder Hinweis auf künstlerische Freiheit und dergleichen. Fast erschrocken über solche Folgen zuckte er zurück: »Da haben Sie Recht. Dann ist es schon besser, er weiß nichts.«

So weit, so gut. Aber als ich an dem fraglichen Donnerstag kurz nach 10 Uhr den Festsaal auf dem Nockherberg betrat, kam mir schon Stelzer entgegen und nahm mich ins Visier: »Sagen Sie mir doch einmal: Wenn den Text niemand vorher zu sehen kriegt, wieso ist dann der Tandler jetzt schon beleidigt?«

Ich wusste es auch nicht. Aber der Finanzminister Gerold Tandler, der als Mitbesitzer des Hotels Post in Altötting hohe Schulden bei den von ihm zu kontrollierenden Banken hatte und immer vor der Presse den Unterschied zwischen »dummen« und »intelligenten« Schulden erläuterte, war in diesem Jahr wirklich schwer beleidigt. Aber weniger wegen des Spottes in der Festrede: *»Dem Umweltminister Dick steht sein saudummer Müll schon genauso bis zum Hals wie dem Finanzminister Tandler seine intelligenten Schulden.«*

Gekränkt waren er und seine Frau mehr wegen des Satzes im Spiel, in dem ein neuer Ministerpräsident als Wirt auf dem Nockherberg gesucht und Tandler wegen seiner Schulden ungefähr so abgelehnt wurde: *»Naa, der kommt net in Frage, der hat überall die meisten Strich' auf dem Bierdeckel.«*

Aus diesem Grund kündigte die verärgerte Frau Tandler den Bezug der Paulaner-Biere in ihrem Hotel Post. Das erfuhr ich auch später nochmals vom Vorstandsvorsitzenden, der mich zuerst fragte, ob ich mich eventuell vielleicht entschuldigen möchte, aber dann selbst nach Altötting reisen und wieder um gutes Wetter anhalten musste.

Die Indiskretion vor der Probe konnte ich mir aber nur so erklären, dass der

Verleger Rolf Schulz, der die Texte für Paulaner immer gratis druckte und der ansonsten für seine juristische Fachliteratur die staatlichen Behörden als wichtigste Kunden brauchte, sich womöglich mit der Gefälligkeit einer vertraulichen Zuleitung der Texte da oder dort ein paar Freunde in der Staatsregierung gemacht hat – oder auch ein Mitarbeiter von Verlag und Druckerei. Aber beweisen kann ich es nicht. Josef Schörghuber hatte ich nicht im Verdacht, denn der hätte einfach gerade heraus gesagt: »Wer das außer mir vorher liest, das bestimme ich!«

Lediglich als ich mich im Redetext zweimal über seine Söhne als »Kronprinzen« lustig machte, weil »Prinz Max Josef« nach dem Attentat auf dem Oktoberfest im Krisenstab dabeisaß – ohne Funktion außer »Strauß-Sohn« – und später in einen Prozess wegen Wilderei verwickelt war, sein Bruder »Prinz Franz Georg« hingegen mit seinen jeweiligen Freundinnen öfter in den Klatschkolumnen stand als sein Vater, da war der Ministerpräsident etwas säuerlich. Gleich beim ersten Mal, 1982, hatte ich nämlich in meinem Redetext angeregt, die Nachfolge von Strauß könne doch einfach seine Familie übernehmen – wie in der Monarchie auch – und mit dem Einzug ins Wittelsbacher-Schloss in Kreuth sei doch schon ein schöner Anfang gemacht. Dann ging es weiter: »*Die Kronprinzen mischen ja sowieso schon überall kräftig mit. Ein Krisenstab ohne Prinz Max wär ja kaum mehr vorstellbar. Und in der Hofberichterstattung haben die Dauphins den Vater ja schon lang an die Wand gespielt. Aus den Klatschkolumnen erfährt man auch, dass sie sehr volkstümlich sind und leutseligen Verkehr mit den Töchtern des Landes pflegen.*«

Und 1983 wurde das Thema dann so fortgeschrieben:

»*Bei so vielen alten Jungjägern im Kabinett und im Münchner Rathaus kommen die Jungschützen kaum mehr zum Schuss. Wie ich g'hört hab, geht deswegen jetzt einer von den Strauß-Buben als Schürzenjäger zur Bundeswehr und der andere schlagt lieber die Wilderer-Laufbahn an der Tiroler Grenze ein.*«

Nach dieser Salvatorprobe ließ Franz Josef Strauß mir über die Brauerei lediglich seinen Wunsch übermitteln: »Über mich könnt ihr sagen, was ihr wollt, aber lasst die Familie aus dem Spiel.«

Die Strauß-Kinder wurden dann später nur noch einmal erwähnt, als die Strauß-Tochter Monika Hohlmeier stellvertretende CSU-Vorsitzende und Staatssekretärin im Kultusministerium wurde:

»*Die Monika hat sich ja auch große Verdienste um Bayern erworben, weil sie ihren Brüdern die Politik erspart hat – und der Politik ihre Brüder.*«

Ansonsten haben wir diesen Wunsch von Franz Josef Strauß gerne respektiert – auch andere Politiker betreffend. Er kam mir sogar später sehr gelegen. Nicht nur

wegen der in der CSU als Munition vertraulich verbreiteten Problematik von Waigels gescheiterter Ehe und der Beziehung zu seiner jetzigen Frau, sondern auch wegen anderer Intrigen.
Es meldete sich nämlich auch einmal ein früherer enger Strauß-Freund und wollte mir für die bevorstehende Salvatorrede einen »ganz guten Tip« geben: nämlich, dass der älteste Sohn von Ministerpräsident Streibl in Bayern keine Frau gefunden hat und deshalb eine Ausländerin aus Indonesien geheiratet hat. Abgesehen davon, dass mir die junge Frau Streibl bekannt und eher sympathischer war als ihr Mann, wäre diese Privatsache eines Politiker-Sohnes wirklich kein politisches Thema gewesen, außer als Beispiel für primitiven Rassismus. Da ich aber auch darüber nicht am Telefon diskutieren wollte, benutzte ich den Strauß-Wunsch, die Familie aus dem Spiel zu lassen, in diesem Fall als Killer-Argument für diese Denunzianten-Idee.

Im Wahljahr 1990 – also beim zweiten Mal ohne Strauß – fiel mir dann auf, dass es nicht mehr genügte, wenn der Ministerpräsident sich amüsierte. Vielmehr gab es da bereits mehrere Kabinettsmitglieder in Bayern oder in Bonn – zum Beispiel Justizminister Engelhard und Mathilde Berghofer-Weichner –, die nicht nur vorübergehend beleidigt waren wie manche andere auch, sondern sich erstmals statt beim zuständigen Brauereivorstand direkt beim Brauereibesitzer Schörghuber persönlich beschweren. Einige davon benutzten dazu den gleichen Leibarzt wie Schörghuber, der die Klagen und alles andere weitergab, was den jeweiligen Politikern über die Leber gelaufen war oder noch im Magen lag. Josef Schörghuber war aber nun wirklich der Unschuldigste an allem und damit die falsche Adresse.
Allerdings sind in einem Wahljahr – noch dazu im ersten für die CSU ohne Strauß – die Empfindlichkeit und Gereiztheit besonders groß. So etwa, weil die bayerische Justizministerin gleich befürchtet hat: Wenn ihr auf dem Nockherberg unter großem öffentlichem Gelächter »auf vielseitigen Wunsch der Bevölkerung« die Pensionierung empfohlen wird, dann könnte ihr Ministerstuhl im künftigen Kabinett verloren sein, weil die nächsten Anwärter bereits die Startlöcher graben und – wie sie danach zu Schörghuber gesagt haben soll: »Solche Gerüchte kriegen dann eigene Beine!«

So sehr uns dieser Glaube an die Macht des Derbleckens vor lachendem Volk schmeichelt, so unwahrscheinlich erscheint uns trotzdem die Annahme, dass die Weichen der bayerischen Politik wirklich auf dem Nockherberg gestellt werden. Aber wer weiß schon, wie viel unbändige und unerforschte Macht tatsächlich im starken Elixier des Bruder Barnabas enthalten ist? Erich Hallhuber weiß es auch nicht genau, aber er glaubt wenigstens fest daran.

Von Volltreffern, Querschlägern und beleidigten Leberwürsten
Über die heikle Kunst des bayerischen Derbleckens

»Das Derblecken geladener Gäste und anwesender Leute ist gar nicht so einfach und es hat überhaupt nichts mit Kabarett zu tun«, habe ich in die Salvatorrede 1986 geschrieben. Die spannende politische Phase vor der Wende, nach der Wende, vor und nach der Bundes- und Landtagswahl 1983 war vorbei, neue Themen und neue Leute waren kaum zu sehen. So kam ich auf die Idee das Derblecken an Beispielen zu erklären. Zugegeben – mein stärkster Redetext ist es damals nicht gewesen. Darum ließ ich Sedlmayr vorbeugend sagen: *»Wie soll einem denn was Neues einfallen, wenn man lauter alte Gesichter vor sich hat – damit hab ich jetzt nicht nur Sie gemeint, Herr Kronawitter!«*

Aber die Zeitungen gingen da-

mals ausgesprochen glimpflich mit mir um. Erstens führten die meisten die erkennbare Schwäche dieser Probe auf die Tatsache zurück, dass Franz Josef Strauß wegen eines Kuraufenthalts bei seinem Freund Eduard Zwick in Bad Füssing fehlte – Bild München schrieb: »Ohne F. J. Strauß ist die Luft raus.« Zweitens war ich damals noch bei der Süddeutschen – und solange ich der angehörte, hat mich auch keine andere Münchner Zeitung angegriffen, weil es sich ja niemand mit der SZ verderben wollte, die man vielleicht noch einmal brauchte. Erst 1991, als ich zur preußischen WELT gewechselt war, als Bayern-Korrespondent, wurden die Kollegen prompt viel tapferer und äußerst kritisch.

Sogar die Abendzeitung, die später ganze Hetztiraden gegen mich losließ, hatte mich noch 1983 gegen die SPD verteidigt, die sich über die bloße Tatsache der Übertragung der Salvatorprobe – für das nicht so prominente Volk – im Bayerischen Fernsehen maßlos aufgeregt hatte: »Nach einer ausgewogenen Salvatorprobe zu rufen, damit sie vielleicht fernsehgerecht wird, das ist schon eine neue Derbleckerei wert«, spottete Ernst Fischer. »Unser Rat an die SPD: Humor überprüfen oder einfach den Landesvater stellen! Der wird bekanntlich geschont.«

Aber 1986 habe ich dann nicht nur mangels besserer Themen Erklärungsversuche zum Brauch als roten Faden benutzt: was man bei uns in Bayern überhaupt unter »derblecken« versteht – im Unterschied zum weitaus böseren Verspotten oder gar Verhöhnen – und wie das Derblecken geht. Vielmehr tat ich es zum einen auch deshalb, weil immer einige Reporter teils positive, teils negative, aber auf jeden Fall falsche Vergleiche mit dem politischen Kabarett angestellt haben. Und zum anderen, um dann einige der »anwesenden Leute« gleich als Beispiele zu benutzen und zu derblecken:

»Sind jetzt eigentlich Ihre Geburtstags-Feierlichkeiten, mit denen wir im letzten Juli ang'fangt haben, schon aus, Herr Strauß? Oder haben Sie's nur wegen uns unterbrochen? – Schon aus. Dann kann die CSU die Ovationen vorübergehend einstellen.«
Und gleich daran anknüpfend:
»Aber eines tät mich auch interessieren, Herr Vogel: Was hat's denn bei Ihrem Sechzigsten zum Essen 'geben? Geh, a paar Salzstangerl werdn S' ja wohl trotz Ihrer berühmten Sparsamkeit schon ausgeworfen haben in der Fraktion – oder? Ja mei, der Herr Oppositionsführer ist halt als recht ausgestochen verschrien: Trüffeln sind ihm zu schwarz, Spinat zu grün, Kabinetts-Wein kann er net ausstehn,

da sind ihm die Trauben zu sauer, an Brandt-Teig mag er auch nicht, Kohl ist ihm zu kraftlos, Kiechle zu geschmalzen und mit de Hamburger hat er's noch nie g'habt – ja, Herr Vogel, da bleibt Ihnen doch bloß noch das Linsengericht, um das Sie Ihr Erstgeburtsrecht als Kanzlerkandidat an den Johannes Rau verkauft haben. Dass S' mir fei net verhungern, Sie hoakliger Sakramenter!«

Bereits im ersten Entwurf der genannten Salvatorrede 1986 hatte ich einmal versucht das bayerische Derblecken ausführlich zu erklären. Diese Passagen haben wir aber dann später doch wieder stark gekürzt, weil Sedlmayr sagte: »Des is z'lang, des könnan S' in a Buach 'neischreibn. Aber in der Rede kommt mir zu lang kein Politiker zum Herzeigen vor.«

Der Text hatte so gelautet:

Früher hat halt der Wirt seine Gäste begrüßt, und wenn es so ein selbstbewusster und witziger Wirt war wie etwa heute der Süßmeier Richard, dann hat er sie dabei ein bisserl 'naufg'schossen. Weil ein Wirt alle im Dorf kennt und über die meisten auch alles weiß. Wenn er aber nicht so witzig oder redebegabt war, auch wenn er besonders viele Honoratioren und noble Gäste oder viele ihm unbekannte Auswärtige darunter g'habt hat, dann hat der Wirt oder der eigentliche Veranstalter sich für diese Arbeit einen begabten oder gelernten (und bezahlten) Schmuser engagiert – das waren sogenannte Prograder, Hochzeitslader und Gstanzlsänger. Die haben sich dann umgehört, mehr über die Stärken und vor allem Schwächen der Leute in Erfahrung gebracht. Das haben sie ihnen dann möglichst witzig hingerieben, damit die anderen Gäste was zum Lachen haben und man sieht, was die Betroffenen aushalten. Über diese oder jene, die viel einstecken und über sich selber lachen konnten, ist geschmunzelt worden und über andere, die schnell und hörbar eingeschnappt waren, wurde herzlich gelacht. Die haben dann mit rotem Kopf die Zähne zusammengebissen; manchmal ist allerdings auch gleich ein Maßkrug geflogen oder es ist jemand wütend aufgestanden und heimgegangen. Aber ein eher grundlos Beleidigter oder überempfindlicher Großkopfeter hatte das Gerede und auf ihn traf dann das abgewandelte Sprichwort zu: »Wer den Schaden hat, spottet jeder Beschreibung.«

»Absichtlich beleidigt wird beim Derblecken sowieso keiner – damals so wenig wie heute«, stand dann 1986 auch noch im vorgetragenen Text, *»weil es sich ja hier wie dort um geladene Gäste handelt.«* Vereinsvorstände, Hochzeiter oder sonstige Veranstalter waren jedoch früher stets daran interessiert, dass möglichst auch wirklich niemand beleidigt war, schon gar nicht mächtige Leute im Dorf, noble Spender der Vereine oder wichtige Erbonkel und reiche Tanten der jungen Brautleute. Denn verantwortlich gemacht wird für eine Beleidigung nicht der angeheuerte Derblecker, sondern der einladende Gastgeber. Daraus leitet sich auch das Recht der Brauerei ab über die einzuhaltenden Grenzen zwischen

Derblecken und Beleidigen zu wachen. Kabarettisten sehen so etwas als Zensur ihrer künstlerischen Freiheit an. Aber es ist eben ein wesentlicher Unterschied, ob ein masochistischer Politiker oder ein sonstwie Prominenter freiwillig in ein Kabarett geht und dann riskieren muss, dass er dort scharf rasiert wird, oder ob einer als Gast der Brauerei eingeladen und dann dem beliebigen Witz eines Kabarettisten ausgesetzt wird.

Die Salvatorprobe ist daher nicht einfach bayerisches Brauchtum, sondern eine in ihrer Art einmalige und außerhalb Bayerns auch kaum vorstellbare Veranstaltung: Die Prominenten aus Politik, Wirtschaft und Kultur sind eben hier persönlich geladene Gäste der Brauerei, die deren Veranstaltung die Ehre geben. Mit ihrer Anwesenheit machen sie zugleich Werbung für das Frühjahrs-Starkbier der Brauereien, nicht nur für den Salvator der Paulaner. Man kann sie also nicht nach Belieben beleidigen oder politisch angreifen ohne die Möglichkeit sich zu verteidigen oder zurückzuschießen. Die echt bayerische Art der Satire beherzigt nämlich auch den Grundsatz »Leben und leben lassen« sowie das Fairness-Gebot: dass man auf Besiegte, die schon am Boden liegen, zum Beispiel auf die mit frischen Wunden blessierten Verlierer einer Wahl, nicht noch ätzenden Hohn und Spott gießt, sondern eher den Salvator als Balsam, nämlich einen leicht ironischen oder spöttisch verharmlosenden Trost. Bei den Erklärungen hieß es dann in Sedlmayrs Text weiter: »*Es stimmt auch nicht, was der Dieter Hildebrandt immer verbreitet, nämlich dass das Derblecken in Bayern nur die gröbere Variante der Schmeichelei wär. Weil – was kann denn ich dafür, wenn ich zum Beispiel zum Herrn Staatssekretär Stoiber sag, er könnt leicht im Freischütz die Wildsau spielen – und dann fühlt sich der noch als Opernstar geschmeichelt? Und, Herr Stoiber, wenn ich zu Ihnen sagen würde, ›Sie sind der Boris Becker der Bayerischen Staatsregierung‹, dann würden Sie sich sofort für ein As halten. Derweil wollt i Eahna ja damit nur hinreibn, dass Sie immer scho z'ruckschlagn, bevor de andern herg'schossen habn! Aber beleidigt soll ja auch niemand werden und das macht es für mich so schwierig: Weil – Beleidigungen wüsst ich ja eine Menge – gegen Sie auch, Herr Everding. Aber ich muss Sie halt wieder schonen, weil – sonst hätten wir ja gar keine Kultur mehr in Bayern!*«

Und über das indirekte Derblecken, wo wie beim Billard nur eine einzige Kugel direkt angestoßen, aber andere mitgetroffen werden, hieß es: »*Indem man dem einen schmeichelt, haut man dem anderen automatisch indirekt eine herunter.*« In manchen Jahren wurde das Politiker-Derblecken auf dem Nockherberg in einigen Medien kräftig verrissen oder abfällig heruntergemacht mit dem Grundtenor, das sei viel zu wenig scharf und weit von einem politischen Kabarett entfernt gewesen. In anderen Jahren oder von jeweils anderen Organen wurde die Salvator-Festrede auch als »gut gepfeffert« hoch gelobt und hat dann mitunter als vermeintlich allerhöchste Anerkennung die Einstufung erhalten, das sei ja »schon beinahe richtiges politisches Kabarett« gewesen. Ob freundliches oder herablassendes Lob der Kollegen, ob boshafte oder nur abschätzige Kritik – am politischen Kabarett gemessen ist beides falsch.

Der bayerische Brauch des einmal milderen, dann wieder etwas schärferen Derbleckens anwesender Gäste ist etwas anderes als das hämische Verspotten und Durch-den-Kakao-Ziehen abwesender Menschen im Kabarett. Der schwergewichtige und intelligent-witzige Allzweck-Kabarettist Ottfried Fischer, nicht so engstirnig links fixiert wie viele andere satirische Polemiker in diesem Fach und inzwischen als Schauspieler weitaus populärer, gibt ein gutes Beispiel dafür ab. Für seine Mitarbeit beim Salvatorspiel habe ich mich lange eingesetzt, er hat dann auch als Mitautor des Spieltextbuches viele gute Ideen eingebracht. Doch er ist dort dreimal selbst mit einer Solonummer der kabarettistischen Art aufgetreten. Beim ersten Mal wurde er von Boulevardzeitungen geradezu triumphal als »neuer Star am Nockherberg« gefeiert, aber beim zweiten und dritten Mal kam er schon im Saal nicht mehr rüber und erhielt nur mäßigen Höflichkeits-Beifall. Der lautlose Untergang des neuen Sterns wurde dann wegen seiner sonstigen Beliebtheit von den Medien kaum mehr erwähnt. Ottfried Fischer hat dann nicht mehr mitmachen wollen, denn er war selbstkritisch genug um zu erkennen, dass dies von den ganzen Voraussetzungen her nichts für einen Kabarettisten ist und dass weder die Prominenten im Saal noch das einfache Volk vor dem Fernseher ein typisches Kabarett-Publikum sind, das vorwiegend links eingestellt, politisch überdurchschnittlich gut informiert, auf feinste Insider-Anspielungen präpariert und ansonsten wild entschlossen ist, bei jeder Kunstpause sofort zu lachen um nicht für unintelligent gehalten zu werden.

Doch die Salvatorprobe ist eben etwas ganz anderes, das spezielle Politiker-Derblecken dort ist zwar aus einem alten Brauch hervorgegangen, hat aber selbst noch nicht einmal 50 Jahre Tradition. Es gibt dreierlei Publikum: erstens die meist politisch gut informierten und besonders hellhörigen Gäste auf dem Nockherberg, die alles sehen und alles hören. Zweitens die Zuhörer am Radio, die nichts sehen, aber alles live mithören und manches erklärt bekommen. Und drittens das Fernsehpublikum, das sehen und hören kann, aber nur gekürzte Ausschnitte, weil das Bayerische Fernsehen für seine beliebteste Sendung mit den höchsten Einschaltquoten des Jahres nicht mehr als 70 Minuten erübrigen kann.

Dennoch gibt es bei diesem dreifachen Publikum der bayerischen Salvatorprobe längst feste Vorstellungen und Erwartungen vom Politiker-Derblecken und eine starke Neugierde: Wie reagieren die und wer ist beleidigt? Und viele

Politiker, denen es normalerweise absolut Wurscht ist, wenn sie von irgendwelchen Kabarettisten auf deren Kleinkunstbühnen noch so bösartig diffamiert werden, sind eben bei der Salvatorprobe nur wegen der vielen Radio- und Fernsehzuschauer weitaus empfindlicher und selbst bei harmlosen Anschüssen schon eingeschnappt. Die schärfste Polemik, gegen die man sich wehren kann, ist eben nicht halb so schlimm wie das schadenfrohe Lachen der Leute und der eigenen Kollegen am Tisch, gegen das man sich nicht wehren kann ohne sich noch lächerlicher zu machen – siehe Lehrbeispiel Rothemund.

Aber was ist nun das Derblecken? Das Wort kommt von »blecken«, »die Zähne blecken« oder auch »zahnen«, was als ärgerliche Reaktion dann meist Aussprüche provoziert wie »bleckerter Teife, bleckerter!« oder »du zahnerter Holzfuchs!« Blecken heißt somit – im Gegensatz zum herzhaften lauten und offenen Auslachen – nur spöttisch aus verhaltener Schadenfreude das Gesicht verziehen, wenn man andere aufzieht oder – norddeutsch – leicht auf die Schippe nimmt, so dass man noch die Zähne »blecken« sieht. Als sich ein Freund sein Schienbein einmal kräftig am Tischfuß angeschlagen hatte, bleckte Karl Valentin in gespieltem Mitleid: »Gell, des taatst nimmer!« Derblecken bedeutet auch, ironisch und erheiternd über Pech und Pannen, Schwächen und Streiche anderer mit spitzen Bemerkungen, scheinheiligem Lob, krassen Übertreibungen oder mehrdeutigen Anspielungen leicht zu spötteln.

Am beliebtesten ist das Derblecken, wenn man Obrigkeiten, mächtige und höher gestellte Honoratioren oder eingebildete »Wichtelmänner«, die eben auch jeder kennt, etwas hochnimmt, freundlich-hinterkünftig »steigen lässt«. Weil man da mit kleinen Bosheiten oder witzig verpackter Kritik die Betroffenen zum schmerzlichen Schmunzeln zwingt und die Zuhörer zum Lachen bringt. Dies gilt auch für die Großkopferten untereinander, die sich natürlich am meisten amüsieren, wenn es jeweils über die anderen – möglichst die noch Höheren – etwas zum Blecken gibt. Aus diesem Grunde haben wir immer betont: »'naufg'schossen werden nur die Starken, denen man es zutraut, dass sie was aushalten.« Darum fürchtet ja mancher, wenn er nicht derbleckt wird, er könnte entweder noch nicht wichtig und prominent genug sein oder etwa gar nicht zu den Starken zu gehören.

Aktiv blecken oder passiv mitblecken tut man aber eher über milde Spottverse, nicht so sehr über vernichtend scharfe witzige Beleidigungen. Die Vorsilbe »der-« ist in der bayerischen Sprache eine Form der Verstärkung, die deutlich machen will, dass man etwas bis an die äußerste Grenze tut – wie zum Beispiel derbröseln, derstessn, derrenna oder derwuzeln. Man sagt auch »Liaber derstunka wia derfrorn!« und »Des konnst bloß no derbeten« oder »Des is ja gar nimmer zum derzahln!«

Derblecken heißt daher auch in etwa »beim Blecken bis an die Grenze gehen«: jemandem absichtlich auf die wehen Hühneraugen tippen, dass er innerlich jodelt, aber nicht gleich den ganzen Fuß zerquetschen, ein spürbares »Hirnbatzl« verpassen, aber nicht gleich köpfen. Der Derbleckte soll selber noch mitlachen können und nicht einfach wehrlos vor anderen gedemütigt werden. Ziel dieser bayerischen und etwas menschlicheren Art der Satire ist es, jemandem zwar etwas Kritisches oder etwas nicht so gern Gehörtes hinzureiben, aber ihm dabei auch noch die Möglichkeit zu geben, über sich selbst und seine angesprochenen Fehler und Schwächen, Pannen oder Streiche mitzulachen und vielleicht, wenn er klug ist, am Beifall abzulesen, dass er manches Verhalten danach vielleicht besser korrigieren sollte. Dies trifft umso mehr zu – und hat dann auch politische Wirkungen –, wenn die Fakten stimmen und der Autor politisch gut informiert ist, so dass beispielsweise ein betroffener Minister weiß: Aha, so redet man über mich in der Partei oder in der Fraktion!

Sinn des bayerischen Derbleckens ist es aber nicht, politische Gegner »fertig zu machen«, mit tödlichem Spott öffentlich hinzurichten, zu diffamieren oder Dauerwahlkampf nach einer Richtung zu betreiben – so wie es die meisten deutschen Kabarettisten tun und es viele Journalisten auch von uns beim Salvator fordern.

Für einen Demokraten sind Politiker bei aller notwendigen Kritik schließlich immer auch noch Menschen mit Stärken und Schwächen, keine »Klassenfeinde«. Sie sind auch in Bayern wie in Deutschland nicht durch Panzereinmarsch an die Macht gekommen, sondern von Menschen gewählt worden, die ihnen vertrauen und die von allem Hohn und Spott über ihre Volksvertreter im Parlament indirekt mitbetroffen sind. Wenn ich ständig einen Bundeskanzler oder einen Ministerpräsidenten unfair lächerlich mache, den mehr als 50 Prozent der Bürger gewählt haben, dann fühlen sich doch auch die als Wähler eines Trottels mitbeleidigt!

Darum zeigen wir in der Salvatorprobe zwar die Schwächen unserer Regierenden auf und teilen Spott nach allen Seiten aus, wogegen Kabarettisten meist in allen nicht linken Politikern nur noch korrupte Volksfeinde oder überbezahlte Deppen sehen. Die gibt es natürlich auch, aber es sind nicht in der einen Partei lauter anständige und gescheite, aber in der anderen Partei nur dumme und korrupte Politiker. Das mischt sich vielmehr immer wieder neu. Wir – die Paulaner-Brauerei wie die Autoren und Darsteller (mit Ausnahme des 1997 noch unerfahrenen Erich Hallhuber vor seinem ersten Auftritt) – fühlen uns beim Salvator nicht als rechte oder linke Missionare, sondern verstehen die Veranstaltung zur Eröffnung der Starkbier-Saison vor allem als volkstümliche Unterhaltung und – wenn es uns gelingt – als eine Gaudi, nach der sich die derbleckten Spitzenpolitiker aller großen Parteien auf der Bühne zuprosten und die Hand geben. Es war der frühere SPD-Partei- und Fraktionsvorsitzende Hans-Jochen Vogel, der mir auf dem Nockherberg das »Du« anbot und dazu sagte: »Diese Kunst über die anderen und auch über sich selber zu lachen und dem politischen Gegner als Mensch zu begegnen – das gibt es nur bei uns in Bayern, das wäre anderswo in Deutschland unvorstellbar.«

Wir haben uns – jedenfalls solange ich beim Politiker-Derblecken die Texte der Festrede schreibe – immer bemüht die Sieger von Wahlen im Übermut zu dämpfen und die Verlierer wieder aufzuheitern und mit nur mildem Spott eher zu trösten. Sicher ist es nicht immer gleich gut gelungen. Absichtlich abgewichen von dieser selbst gesetzten Regel sind wir dagegen nur, wenn jemand schon vor der Wahl zu große Sprüche geklopft hat – wie etwa Renate Schmidt 1994: Die hatte sich bei einer Ausgangsposition von zuletzt 26 Prozent für die SPD quasi schon zur Ministerpräsidentin ausgerufen und ganze vier Tage für die absurde Entscheidung gebraucht, dass sie sich doch nicht als Kanzlerkandidatin für die SPD zur Verfügung stellen wolle, weil sie den Bayern im Wort stehe hier Ministerpräsidentin zu werden. Auch eine eventuelle Koalition mit der wegen ihrer angeblichen »Amigo-Affären« bereits abgeschriebenen CSU hatte sie von vornherein zu Gunsten von Rot-Grün abgelehnt und der CSU ständig eine unsoziale Politik zugunsten einer »Zweidrittel- Gesellschaft« vorgeworfen. Dann aber hat sie gerade mit Ach und Krach das andere Drittel mit 30,0 erreicht (die Grünen 6,1 Prozent).

Ja, so jemand fordert dann natürlich auch boshaften Spott heraus als jemand, der bescheiden und realistisch auftritt wie der damalige SPD-Fraktionsvorsitzende Albert Schmid, der von Haus aus erkannt hat, dass die Bayern wahrscheinlich gern der CSU einen Denkzettel verpasst hätten, aber nicht mit einer rot-grünen Koalition sich selber bestrafen wollten. Schmid hatte allen Genossen, die es nicht hören wollten, auch vorgerechnet, dass die addierten Ergebnisse von Rot und Grün nie mehr als rund 36 Prozent erbracht haben – was die bayerische SPD unter ihrem Vorsitzenden Volkmar Gabert auch allein schon gehabt hatte. Bei der nächsten Salvatorprobe im Frühjahr 1995 sagte Max Grießer als Bruder Barnabas darum:

Ein undankbares Volk, diese mündigen Bürger! Wo Sie doch extra noch für Bayern auf die Kanzlerkandidatur verzichtet haben, Frau Schmidt. Darum sprechen wir Ihnen heute Trost zu, salben Ihre Wunden mit Salvator-Öl und bauen Sie mit einfachen Rechnungen wieder auf: Mit nur einem Drittel der Gesellschaft kommen Sie nie auf 50 Prozent. Aber wenn Sie von den anderen Parteien bei den nächsten fünf Landtagswahlen auch wieder vier Prozent dazugewinnen, ha-

ben Sie schon in 20 Jahren die absolute Mehrheit geschafft.«

Die mehrfach am Nockherberg verkündete Praxis, den Salvator gewissermaßen als Bremsöl für die einen und als Wundbalsam für die anderen einzusetzen, gilt vor allem für jene Salvatorproben, die schon wenige Tage oder Wochen nach Wahlen im Winter oder Frühjahr stattfanden – wie zum Beispiel in den Jahren 1983 und 1987 zum Bundestag. Ähnlich war es 1996 bei der Kommunalwahl in Bayern: Da hat die SPD, deren Stärke früher gerade ihre pragmatischen Kommunalpolitiker in vielen Städten waren, die größte Niederlage der gesamten Nachkriegszeit einstecken müssen, ihre Oberbürgermeister in fast allen bayerischen Städten verloren; und auch die grünen Verhinderer haben schlecht abgeschnitten. Da muss man beim Politiker-Derblecken dann schon auch ein paar wahrscheinliche Ursachen als Hinweise auf die Schwachstellen der unpopulären rot-grünen Ideologie satirisch verarbeiten dürfen:

»Darum ist es gut, dass der Joschka Fischer jetzt nach München kommt zum Kondolenzbesuch bei den bayerischen Grünen. Aber auf die Frage, ob es für Rot-Grün noch eine Zukunft gibt, tät Ihnen ja ein ehrlicher Oberpfälzer wie der Albert Schmid eine so einfache Antwort geben wie der brave Soldat Schwejk: ›Melde gehorsamst, dass nein!‹ Aber Sie als tapfere rot-grüne Hoffnungsträgerin, Frau Schmidt, Sie denken da nicht so einfach wie der Albert. Mit Ihrem Ziel Rot-Grün hat die SPD zwar schon 1994 in Bayern einen Denkzettel gekriegt und jetzt in Nürnberg, Regensburg und Augsburg wieder – auch wegen München. Da machen Sie sich jetzt bestimmt bittere Vorwürfe wegen Ihrer Drohung den Herrn Ministerpräsidenten vor sich herzujagen. Weil – aus lauter Angst vor so einer Powerfrau hat der Edmund Stoiber nicht nur Sie schon fünfmal überrundet, sondern auch gleich sich selber.«

Dass Frau Schmidt und der nicht zur Wahl gestandene Herr Ude da ungern mitlachen, ist schon verständlich. Allerdings können wir bei allem Bemühen um politische Balance auf dem Nockherberg auch die Zeugnisse, die das Volk verteilt hat, nicht einfach übersehen und die Schuld nur den »dummen Wählern« geben. Etwa nach dem Motto jener SPD-Politiker, die nie sich und ihre Politik für Niederlagen verantwortlich machen, sondern nur die Unfähigkeit der sonst immer »mündigen« Bürger die richtige Politik zu begreifen: »Es ist uns offenbar wieder nicht gelungen unsere Politik beim Wähler rüberzubringen.« Ein Unterschied wird aber doch auch von jenen Medien gern gemacht, die ständig unsere Salvatorprobe am härteren Biss von politischen Kabaretts messen: Von keinem Kabarettisten ist jemals politische Neutralität oder gar »Ausgewogenheit« bei Spott und Kritik verlangt worden, bei uns dagegen immer. Das ist zu einem gewissen Grad auch richtig, weil wir ja nicht nur die jeweils Regierenden, sondern auch die Repräsentanten der Opposition zur Salvatorprobe einladen und der besondere Reiz dieses Derbleckens gerade darin besteht, dass nicht nur die einen über die anderen lachen können, sondern auch umgekehrt, und dass keiner sicher sein kann, bei wem es einschlägt.

Dies gelingt einem freilich aus vielerlei Gründen nicht immer gleich, wie man halt überhaupt als Autor nicht bei jedem Text gleich gut sein kann; aber auch, weil man nicht in jedem Jahr zum Derblecken geeignete Personen oder Themen hat. Einseitig oder gar ungerecht parteiisch mag aber die Salvatorrede in manchen Jahren auch deshalb erscheinen, weil man vor allem die Wirkung einer geschriebenen Pointe im Vortrag und in der Reaktion des Publikums im Saal nicht sicher vorhersehen kann. Oder weil die zum Derblecken in direkter Anrede vorgesehenen Politiker zuerst zu- und dann kurzfristig wieder abgesagt haben. Man kann aber einem anwesenden Derbleckten weit härtere Attacken ins Gesicht sagen, weil da jede Übertreibung viel deutlicher als Spaß erkennbar wird und er dazu lachen kann. Die inhaltlich gleichen Sätze über einen Abwesenden zu sagen, wirkt plötzlich viel böser: »Sie sind doch der größte Gauner von allen, Herr Sowieso« findet der im Saal Sitzende eher lustig, wenn er aber nur irgendwo liest, »der Herr Sowieso ist der größte Gauner von allen«, wirkt es für ihn ohne Zusammenhang unverständlich und daher eher beleidigend. Darum kann man mit dem Schreiben der Salvatorreden nicht schon im Januar anfangen, wie viele meinen, sondern eigentlich erst, wenn die meisten Zusagen der Spitzenpolitiker da sind. Die lassen sich oft sehr lange damit Zeit und dann sagen manche erst noch ein oder zwei Tage vorher wieder ab und man muss nicht nur die Passagen über diese Leute streichen oder umschreiben, sondern auch die Überleitungen vorher und nachher anpassen.

Ein typisches und natürlich auch sofort kritisiertes Beispiel: 1996 hatten sowohl Rudolf Scharping als auch Joschka Fischer zugesagt und dann zwei Tage vor der Salvatorprobe wieder abgesagt. Im Anschluss an eine Bemerkung über

Lafontaines damalige Angriffe auf die deutschen Aussiedler hatte es ursprünglich geheißen: »*Das missbilligen Sie natürlich, Herr Fischer, weil Sie würden ja lieber noch ein paar Millionen Deutsche von hier hinaussiedeln, damit bei uns wieder Platz wird für noch mehr Einwanderer!*« Wäre er unten gesessen, hätte er über diese starke Übertreibung mitlachen oder scherzhaft dem Redner mit der Faust drohen können. So aber – wegen der thematischen Anschlüsse vorne und hinten – hieß es dann: »Der Herr Fischer missbilligt das, denn die Grünen wollen ...« Das klingt wie eine falsche Sachinformation, aber man merkt es oft erst beim Vortrag.

Zum anderen darf man beim Thema »politische Ausgewogenheit« auch nicht übersehen, dass zum Beispiel aus den bürgerlichen Parteien (CDU, CSU und FDP) in den meisten Jahren mindestens 25 bis 30 Bundes- und Landesminister, Staatssekretäre, Partei- und Fraktionsvorsitzende sowie diverse Präsidenten und Vizepräsidenten der Parlamente im Saal saßen – und natürlich auch gern erwähnt werden wollten. Die konnte man zumindest überhaupt derblecken, sofern einem über sie was einfiel, weil die meisten davon auch das vor Radio und Fernseher sitzende Volk wenigstens kannte. Aus der Bonner SPD hingegen kam seit dem Ausscheiden von Hans-Jochen Vogel kein Spitzenpolitiker mehr zu so einer exotischen bayerischen Veranstaltung. Und von der bayerischen SPD kennt man außer Renate Schmidt sowie dem in Ungnade gefallenen und dann in die Oberpfalz verbannten Albert Schmid kaum mehr als zwei oder drei. Dazu gehört wiederum der Vorsitzende des DGB Bayern, Fritz Schösser, dessen Bekanntheitsgrad ich auch seit einigen Jahren beim Salvator zu erhöhen versuche um wenigstens ein paar bekannte linke Ansprechpartner zu haben. Da er aber – ähnlich wie Albert Schmid – mit Sachverstand wirtschaftlich denkt, hat er sofort bei der Aufstellung der Liste für den Bundestag von der eigenen Partei als »zu weit rechts stehend« einen »Denkzettel« erhalten. Wie aber soll man denn zum Beispiel stellvertretende Partei- und Fraktionsvorsitzende freundlich oder auch boshaft derblecken, wenn kaum ein Zuhörer weiß, wer das überhaupt ist, geschweige denn, was die treiben?

Von den anderen Parteien kennt man im Volk auch höchstens noch zwei. Das war bisher Manfred Fleischer von den Grünen, bevor die ihn voller Neid aus der Partei hinausgebissen haben; und von der FDP ist es nach dem Rücktritt der Justizministerin Leutheusser-Schnarrenberger gerade noch der Landesvorsitzende Max Stadler.

Dieser sympathische niederbayerische Richter aus Passau war gleich so ehrlich und direkt, dass er mich angerufen und gefragt hat: »Könnten S' mich net beim Salvator erwähnen, Herr Burger, damit ich bei de Leut besser bekannt werd?«

Daraufhin habe ich ihm geraten: »Sorgen Sie dafür, dass der Klaus Kinkel kommt, und dann setzen Sie sich neben den hin. Jedes Mal, wenn der Außenminister und Vizekanzler als Ranghöchster im Saal angesprochen wird, sind Sie auch mit im Bild. Und wenn Sie dann einmal selber erwähnt werden, wissen alle: Ach, der neben dem Kinkel – des is der Stadler Max!«

Max Stadler hat sich daran gehalten und immer den FDP-Außenminister Kinkel zum Salvator mitgebracht, so dass der Bekanntheitsgrad des FDP-Landesvorsitzenden wenigstens über die Starkbierprobe gesteigert werden konnte. Aber nach dem dritten Mal konnte ich es mir dann doch nicht verkneifen den Spieß umzudrehen und diesen Trick im Text einfach – nach einem alten Papstwitz – andersherum anzuwenden: »*Der Außenminister kommt ja nur zum Salvator, damit er auch bekannt wird. Der Herr Kinkel ist schlau: Er setzt sich einfach neben den bekannten Landesvorsitzenden der FDP, damit alle Leut fragen: Wer is denn der nette Herr neben dem gefürchteten Stadler Max aus Passau?*«

Unabhängig davon, ob ich in den Medien von Kollegen geprügelt worden bin oder nicht, habe ich mich – in Übereinstimmung mit dem jeweiligen Salvatorprediger und der Brauerei – immer darum bemüht, unbeabsichtigte Härten gegenüber einzelnen Opfern und erst während oder nach der Veranstaltung bemerkte parteipolitische Einseitigkeiten in der Wirkung gleich im nächsten Jahr wieder gutzumachen oder wenigstens auszugleichen.

Weil 1989 fast alle erwartungsgemäß geschrieben haben, es sei eben jetzt auf dem Nockherberg mit den schwachen Nachfolgern nimmer das, was es unter Strauß noch war, habe ich 1990 dann versucht, mit einigen recht scharfen Formulierungen auch andere Regierungsmitglieder so zu derblecken, dass die Salvatorprobe nicht wieder als zu harmlos kritisiert werden könnte.

Ausgerechnet 1990, im ersten Wahljahr nach der Ära Strauß und dem Jahr der Wiedervereinigung, war der Text daher ziemlich hart gegenüber einigen CSU-Politikern im Kabinett ausgefallen und es hat damals nicht nur überhaupt extrem viele Beleidigte aller Farbierungen gegeben, sondern insbesondere viele Schwarze darunter. Hintergrund war, dass der CSU-Chef Theo Waigel mich informiert hatte, er wolle Streibl dazu bewegen, im Herbst nach der Wahl sein noch fast unverändert von Strauß übernommenes Kabinett zu verjüngen!

Dass in dieser Richtung eines größeren Revirements irgendetwas im Gange war, ahnten alle im Kabinett. Und weil sie nicht genau wussten, ob ich nicht eventuell mehr wusste als sie, darum waren sie in diesem Jahr so besonders hellhörig und überempfindlich. Das galt sowohl die positiv wie für die negativ Betroffenen, beispielsweise:

»*Nach der Landtagswahl wird das Kabinett ja stark verjüngt. Jetzt wetzen Sie doch nicht schon gleich wieder Ihre Hosen durch, Herr Gauweiler! Halten Sie lieber den Thomas Goppel zurück! Ihr werds schon noch Minister, ihr zwei, sobald ihr nicht mehr unters Jugendschutzgesetz fallts. Außerdem sind noch andere junge Ehrgeizlinge da. Wenn ich hier nur die Staatssekretäre Beckstein, Sauter und Spitzner nenne – mei, die kennt doch kein Mensch.«*

Wie es der Zufall und meine gut informierte Prophetengabe wollte: Thomas Goppel und Peter Gauweiler wurden im Herbst 1990 Minister (Europa und Umwelt), Beckstein erst 1993 unter Stoiber und die Staatssekretäre Sauter wie Spitzner bis jetzt noch nicht, weshalb alle drei seither alle Hoffnungen auf Stoiber setzten und heftig gegen Streibl und gegen Waigel wetterten oder intrigierten.

Da sich diese Kabinettsmitglieder der CSU aber nicht vor Kameras und Mikrophonen so ausgeweint haben, wie es die gekränkten SPD-ler meist tun, wurden die Reaktionen auf meine Prophezeiungen von den sonst immer auf Ausgewogenheit pochenden Medien weder wahrgenommen noch wurde der Text als zu einseitig kritisiert; geschweige denn, dass mir Rundfunk oder Presse zu Hilfe gekommen wären, wenn mich etwa Josef Schörghuber wegen dieser Beschwerden als Nockherberg-Autor einfach abserviert hätte. Schüsse auf CSU-Politiker – ob gerecht oder ungerecht – werden von den meisten Journalisten sowieso nicht beanstandet, sondern als selbstverständlich betrachtet, weil sie diese Einseitigkeit ja von allen Kabaretts her gewohnt sind. Dann steht aber der Autor allein.

Der Mehrheitseigentümer und Aufsichtsratsvorsitzende hat mich damals lediglich zusammen mit Friedrich Schneider, dem Paulaner-Vorstandsvorsitzenden, zu einem Gespräch über die letzte Probe gebeten, hat mir von den Beschwerden erzählt – zum Teil über seinen Medizinprofessor lanciert – und auf seine gelassene bayerische Art nur gesagt: »Dann hören wir halt die Salvatorproben auf, wenn die Politiker bloß immer beleidigt sind.«

Wir haben ihm diese Absicht dann mit vereinten Kräften wieder ausgeredet und ich habe ihn mit mehreren Beispielen davon überzeugt, dass niemand willentlich und ganz gezielt beleidigt wird und dass man es daher auch nie vorausberechnen kann, wer wohl in diesem Jahr wieder einschnappen und als beleidigte Leberwurst heimgehen wird. Beispiele ließen sich dafür wahrlich genug finden.

Ziemlich säuerlich schaute beispielsweise Umweltminister Alfred Dick drein: erstens, weil ihm »sein saudummer Müll schon bis zum Hals stehen« soll und zweitens, weil es im Text außerdem hieß: *»Der ist dem Streibl sowieso noch beleidigt, weil er ihm seine schöne Wiederaufbereitungsanlage in Wackersdorf weggenommen hat.«*

Landwirtschaftsminister Simon Nüssel, der noch einen Tag vor der Salvatorprobe bei mir hat anfragen lassen, was denn über ihn so gesagt würde, war verständlicherweise genauso wenig begeistert, als es dann hieß, er habe überhaupt keine Probleme, wenn er nicht mehr ins Kabinett käme: *»Der wechselt einfach von der Landwirtschaft wieder auf die Gastwirtschaft zurück. Da kann er den Bauern dann alles Geld wieder vorn herausholen, das er ihnen bis jetzt hinten reingesteckt hat.«*

Aber weder Dick noch Nüssel haben sich irgendwo beschwert, sie waren erst im Herbst darüber gekränkt, dass sie tatsächlich beide nicht mehr ins Kabinett kamen, dem jeder rund 20 Jahre angehört hatte. Aber nur aus Altersgründen ausscheiden zu müssen, ist ja schließlich auch keine Schande.

Noch kurz vor dieser Salvatorprobe 1990 hatte mir der SPD-Fraktionsvorsitzende Karl-Heinz Hiersemann den Tip gegeben: »Weißt du, den Rudi Schöfberger brauchst du gar nicht mehr zu erwähnen, der wird im Herbst sowieso abgesägt, dann kommt die Renate Schmidt!« Angesichts der ständig von Hörfunk und Fernsehen beklagten Länge der Festrede war ich dankbar für jeden, den ich einfach weglassen konnte. Darum habe ich Schöfberger als Landesvorsitzenden der bayerischen SPD nicht erwähnt – was keinem auffiel außer ihm selbst und Hiersemann. Der fiel mir nach der Probe im Bräustüberl fast um den Hals und schwärmte: »Jedes Mal, wenn ich drankam, hat sich der Rudi schon gespannt die Krawatte zurechtgerückt – haha – und dann kam er nicht dran!« Schöfberger fand das offenbar nicht so lustig, sondern war sauer und teilte der Presse mit: »So geschmacklos wie heuer war es noch nie!«

Ein besonderer Fall war der nächste Beleidigte: Bundesjustizminister Hans Engelhard von der Münchner FDP. Ihn hatte ich, seit ich ihn kannte – immer mit Schirm, Charme und Melone – immer nur wegen seiner sehr bedächtigen Redeweise und seiner Langsamkeit derbleckt: zum Beispiel einmal, dass so langsam und elegant wie er noch keiner von der FDP umgefallen sei, und ein andermal, dass er halt Schwierigkeiten beim Unterschreiben der Gesetze habe, »weil ihm ständig der Stundenzeiger seiner Tischuhr den Füller aus der Hand schlägt«. Als FDP-Bundesminister sollte er eben doch erwähnt werden, aber er war ein freundlicher Mensch, der niemandem etwas zuleide tat und nichts anstellte, also was sollte mir über ihn groß einfallen?

Im Zusammenhang mit dem roten Faden bei der Rede von 1990 – nämlich die Wiedervereinigungs-Euphorie zu bremsen und sich doch mit der deutschen Einheit mehr Zeit zu lassen, weil sie uns sowieso noch das letzte Hemd kosten wird – blieb ich daher auch beim bereits traditionellen Spott über die Langsamkeit Engelhards mit der harmlosen Bemerkung: »*Unser Justizminister ist da ganz vorbildlich: Der denkt lang nach, dann sagt er lang gar nix – und wenn er was sagt, dann gaanz, gaanz langsam. Ja, machts doch den Herrn Engelhard zum Minister für Wiedervereinigung, dann geht's wenigstens nicht gar so schnell!*«

Dass Engelhard seit einiger Zeit eine schwere Krankheit hatte, die offenbar seine Bewegungen noch weiter verlangsamte, war mir nicht bekannt – sonst wäre das Thema selbstverständlich tabu gewesen. Aber der Minister beschwerte sich – via gleichen Leibarzt – bei Schörghuber, wir hätten ihn diesmal wegen seiner Krankheitssymptome verspottet. Ein ungerechter Vorwurf, den man nicht gerne auf sich sitzen lässt.

Nach diesen und anderen Beispielen, die wir uns gegenseitig erzählten, sagte ich zu Herrn Schörghuber: »Wenn Sie mich vorher gefragt hätten, wer denn heuer beleidigt sein könnte, hätte ich auf keinen von diesen getippt, sondern auf den derzeitigen bayerischen Wirtschaftsminister Gustl Lang, weil des war ziemlich gschert – vor allem, weil alle schallend g'lacht habn.« Lang – zuvor bereits Innen- und Justizminister sowie Fraktionsvorsitzender der CSU im Landtag – war bei der Probe nicht anwesend. Aber den einzigen Satz über ihn hatte ich trotzdem nicht herausgestrichen: »*Der Gustl Lang ist unentbehrlich als Allzweck-Minister. Der muss nur alle zwei Jahre das Ministerium wechseln, damit der Schaden gleichmäßig über das Land verteilt wird.*« Josef Schörghuber sagte daraufhin: »Der Gustl Lang? Ja, der war ganz bestimmt beleidigt! Bloß nicht Ihnen, sondern mir. Weil ich hab erst vor zwei Monat' einen Streit mit ihm g'habt und jetzt denkt der sicher, ich hätt Ihnen des über ihn ang'schafft!«

Jenseits der Grenze eines menschlichen Spottes bei der bayerischen Art des Derbleckens ist aber ein öffentliches Auspeitschen und Verhöhnen am Pranger, wie es zum Beispiel einige Münchner Zeitungen beim Salvator 1994 nach einem Jahr der sogenannten »Amigo-Kampagnen« und teilweise sogar frei erfundenen »Affären« von mir gegenüber Max Streibl und Peter Gauweiler verlangt hatten: »Was hätte es da für Stoff als herrliche Vorlagen zum Verwandeln und Abwatschen gegeben, die nicht genutzt wurden!«, hieß es in einer Zeitung vorwurfsvoll. Die beiden mit Hilfe der Presse und zum Teil aus der eigenen Partei abgeschossenen CSU-

Politiker hatten zwar selbst Fehler gemacht, waren aber erstens bereits über ein Jahr lang von einigen Medien abgewatscht, jedoch weder von einem Gericht noch von einem der vielen Untersuchungsausschüsse im Landtag verurteilt worden. Beide waren zudem bereits zurückgetreten und ohne Amt im Staat.

Daher war ich im Redetext für Max Grießer – und auch auf dessen Wunsch – eher schonend mit beiden Verlierern umgegangen und dies nicht wegen »Affinität nach rechts«, sondern nur mit der Begründung: »Wir treten nicht noch auf Leute, die schon am Boden liegen.« So viel Fairness hat uns die Münchner Presse da sehr verübelt, hingegen nie, dass wir etwa den wegen Geld-Schiebereien mit alten kommunistischen Genossen aus der SED verurteilten Münchner SPD-Abgeordneten und früheren Leiter der SPD-Landesgruppe im Bundestag, Manfred Schmidt, wegen dieser Millionen-Affäre auch nicht verspottet hatten. Er wurde zu Haft verurteilt und hat keine Politik mehr gemacht – da muss man nicht zur Gaudi anderer noch nachtreten – egal, ob rechts oder links.

Die besondere Wirkung des Politiker-Derbleckens liegt nicht im Verspotten und Lächerlichmachen Besiegter, sondern gerade darin, dass – von Ausnahmen abgesehen – die Mehrheit der Angesprochenen in einer politischen Position und persönlich anwesend ist und dass ihnen die boshaften Anspielungen ins Gesicht gesagt werden. Der Spott muss also möglichst so dosiert sein, dass er zwar die empfindlichen Hühneraugen trifft und etwas schmerzt, aber nicht allzu grob verunglimpft, damit die Opfer selbst noch mitlachen können – und auch wiederkommen. Es gibt ja bisher keinen Artikel in der bayerischen Verfassung, der etwa politische Mandatsträger oder Mitglieder der Regierung dazu verpflichten würde, sich bei einer Starkbiergaudi öffentlich abwatschen zu lassen und sich ohne Gegenrede wehrlos dem Gespött der Medien auszusetzen. Wenn der Ministerpräsident und sein Kabinett oder die Bonner Spitzenpolitiker wegblieben, wäre die Veranstaltung schnell so tot wie die bei Löwenbräu.

Eine ganze Reihe von Schauspielern, die sich als Redner oder für die Mitwirkung als Parodisten beim Salvatorspiel geeignet hätten, haben dies trotz guter Gagen abgelehnt mit der Begründung, ihr Herz schlage eben links, sie würden deshalb nicht den Mächtigen und Großkopferten den Hofnarren spielen und diese beim Freibier erheitern. Die prominenten Gäste sind ja in der Tat gewissermaßen Nachfolger jenes Hofstaates, der früher den Kurfürsten zur Salvatorprobe bei den Paulanern in die Au begleitet hat. Und das im Vergleich mit politischem Kabarett ja gewiss mildere Derblecken hat durchaus einen Hauch von Hofnarrentum.

Doch schon mit Walter Sedlmayr, mit dem ich dieses Problem unseres Selbstverständnisses öfters diskutiert habe, war ich mir einig: Unser eigentliches und weitaus wichtigeres Publikum als die Prominenz im Saal sind doch die einfachen Bürger vor dem Radio oder Fernseher, denn jeder Volltreffer des Hofnarren erfolgt da vor einem breiten Querschnitt der Bevölkerung. Dieses Publikum wollen wir vor allem unterhalten und für dieses spielen ja auch die Politiker im Saal wiederum selbst als Hofnarren mit, über die das Volk sich dann amüsieren kann.

Außerdem war es ja auch früher oft gerade der Hofnarr, der den Mächtigen vor aller Ohren in witziger Form und fein gespitzter Umschreibung jene Wahrheiten offen ins Gesicht gesagt hat, wofür anderen der Mut fehlte. Da es aber als Spaß getarnt war, musste der Herrscher oder ein getroffener Vasall wohl oder übel mitlachen und konnte doch – trotz Fußtritten für den frechen Hofnarren – hinterher über den im Witz versteckten Ernst nachdenken.

Die Kabarettisten können viel einseitiger und sie müssen viel schärfer sein, aber sie erreichen immer nur die Anhänger ihrer politischen Richtung und bringen sie zum Lachen über die Regierenden, bewirken aber nichts.

Hätte die Salvatorprobe keine Wirkung und würde sie nicht auch gelegentlich Anstöße geben oder da und dort ein Nachdenken auslösen, würde es doch nicht so viele Aktivitäten von Pressereferenten im Vorfeld geben, keine Einladungen zum Essen und sonstigen Kontaktbemühungen, keine bereitwilligen Informationen über Pannen der Konkurrenten oder Fehler der Gegner und andere Versuche der Einflussnahme.

Zum Thema »beleidigte Leberwurst« gehört auch die von Walter Sedlmayr am Nockherberg ausgegebene Maxime: »Wer nichts anstellt, kommt nicht vor!« Das ist zwar richtig, aber es gilt auch: »Nicht jeder, der irgendwas angestellt hat, muss auch vorkommen.« Nicht erwähnt zu werden ist heute schon lange keine Beleidigung mehr. Bei rund 20 Mitgliedern des bayerischen Kabinetts, jeweils 5 bis 7 Ministern und Staatssekretären aus Bonn und dazu noch einem guten Dutzend Partei- oder Fraktionsvorsitzenden sowie diversen Parlamentspräsidenten wäre es allein von der Zeit her unmöglich alle einzeln zu erwähnen und über jeden etwas Witziges zu sagen.

Manchmal waren auch beleidigte Politiker gar nicht über zu scharfe Formulierungen im Text erbost, sondern über relativ harmlose, die ihnen nur gerade zu dem Zeitpunkt nicht passten oder die falsch – und somit meist schärfer – verstanden wurden oder über die im Festsaal besonders laut gelacht wurde. Spott mit Publikums-Gelächter wirkt eben stärker als jede polemische Kritik. Außerdem verändern sich ja fast jedes Jahr die Grundstimmung im Volk, die Hysterie in den Medien, die allgemeine Gereiztheit und Empfindlichkeit der Politiker sowie die aktuellen politischen

Schwerpunkt-Themen. Dies wirkt sich meist für eine politische Seite positiv aus, für die andere eher negativ – dann sind die natürlich beleidigt. Entsprechend werden dann auch Pointen subjektiv als besonders witzig oder ausgesprochen falsch und gemein empfunden, als mutig oder feig. Wehe aber, man schreibt dann nach Feigheits-Vorwürfen wieder etwas schärfer und erwischt dabei im nächsten Jahr zufällig – der aktuellen Themen wegen – stärker die Linken als die Rechten! Dann sind linke Journalisten erheblich mehr stellvertretend beleidigt und empört als die betroffenen Politiker selbst.

Es gibt auch für die bayerische Art der Satire eine Reihe von natürlichen Tabu-Themen, über die man nicht bei einem Bierfest Witze reißen kann: Krankheiten von einzelnen und allgemeine Krankheits-Themen wie Krebs, Aids, Alzheimer und dergleichen, ebenso Eheprobleme von Politikern oder die Auseinandersetzung um das Abtreibungsgesetz. Hinzu kommen Tabu-Themen, bei denen man sehr leicht Beifall von der falschen Seite bekommen kann, beispielsweise bei Seitenhieben auf Asylbewerber, Ausländer allgemein, Arbeitslose, Sozialhilfe-Empfänger und dergleichen. Die Schwierigkeit liegt darin, dass diese Themen zum politischen Alltag gehören, aber es im Rahmen einer Salvator-Festrede kaum Chancen gibt Probleme zu differenzieren.
Dazu kommen aber dann allerdings auch noch neuere Tabu-Themen, die vor allem von der linken Szene dazu erklärt wurden und deshalb nach deren Vorstellung dann auch nur in ihrem Sinne behandelt werden dürfen. Andernfalls handelt man sich stigmatisierende Etiketten ein wie: frauenfeindlich, ausländerfeindlich, minderheitenfeindlich, randgruppenfeindlich und dergleichen Feindbilder mehr. Man dürfte zum Beispiel nie über Farbige oder andere Nationen so boshaft und abfällig Witze reißen, wie es beispielsweise in nord- und westdeutschen Rundfunkanstalten permanent über das Volk der Bayern geschieht – man würde sich sonst sofort als Rassist unmöglich machen. Hier kommt die politisch geprägte Unterhaltung insgesamt an eine Grenze, an der sich jede Satire aufhört, weil nur noch missionarische Verkündigung linker Positionen zulässig ist.

Je mehr zum Beispiel Frauen die Gleichbehandlung auf allen Gebieten fordern, je mehr sie in politische und wirtschaftliche Führungspositionen aufrücken, desto mehr müssen sie auch für die satirische Form der Kritik Zielscheiben sein dürfen und sich ähnlich angreifen oder derblecken lassen wie die Männer. Die auch sagen müssen: Das war falsch oder das war gschert und ungerecht, die sich aber nicht einfach nur beklagen dürfen: »Das war männerfeindlich!« Aber im Austeilen gern als männermordende Emanzen aufzutreten und beim Einstecken satirischer Kritik an ihrer Politik dann voller Wehleidigkeit das arme hilf-

ben oder sonstigen Minderheiten auch nur in mildem Spott gesagt wird? Ein Beispiel für diese militanten, aber selbst hochempfindlichen Kämpfer aus diesem geschützten »Käseglocken-Reservat« ist OB Udes bunt gemischtes Regenbogen- oder Randgruppen-Bündnis im Münchner Rathaus. Wer so oft, gern und gut austeilen kann wie der Münchner Amateur-Kabarettist Christian Ude, sollte auch Humor beim Einstecken haben und nicht bei jeder Kritik an seinem Sammelsurium von politischen Gruppen sofort lauthals über Randgruppen-Diskriminierung zetern.

Die Salvatorproben haben als traditionelle bayerische Gaudi weniger Probleme mit einzelnen Beleidigten, die es irgendwann einmal auf einem empfindlichen Hühnerauge erwischt hat. Die größere Gefahr für die Tradition des Politiker-Derbleckens kommt von immer mehr allgemeiner Humorlosigkeit und einem als »political correctness« getarnten tierischen Ernst bei Mimosen in Medien wie in der Politik. Immer farbloser und angepasster sind unsere Persönlichkeiten in der Politik, weil die Medien heute echte Originale nicht mehr dulden. Das Messen der »Ausgewogenheit« mit der Apothekerwaage der Parteien und zugleich die zunehmende Respektlosigkeit der Medien gegenüber den vom Volk gewählten Repräsentanten – das macht einen unterhaltsamen Brauch wie das Politiker-Derblecken auf dem Nockherberg langsam, aber systematisch kaputt.

lose Weibchen zu spielen, dem Uncharmantes widerfahren ist, und alles einfach als »frauenfeindlich« abzutun, hat mit Gleichberechtigung nichts mehr zu tun.

Ähnliches gilt für politisch aktive Homosexuelle beiderlei Geschlechts, die sich heutzutage nicht nur in den Medien ihrer Neigungen rühmen, sondern für ihre Interessen öffentlich eintreten, gesellschaftspolitische Forderungen erheben oder sogar eigene Parteien dafür gründen. Nichts dagegen einzuwenden! Wenn sie aber ihr gutes Recht in Anspruch nehmen, wieso muss dann alles gleich als Diskriminierung tabuisiert werden, was zu diesen Schwulen, Les-

Wie kommt man da rein, wie kommt man gut raus?
Von »Bestechungsversuchen« und anderen Einflussnahmen

Wer bestimmt denn eigentlich, welche Politiker beim Derblecken auf dem Nockherberg »drankommen«, das heißt, in der Rede erwähnt oder im Spiel parodiert werden, welche überhaupt nicht erwähnt werden, wer dabei als begossener Pudel schlecht aussieht und wer gut aus der Salvatortraufe herauskommt? Das werde ich nicht nur bei Autorenlesungen und Diskussionen, sondern auch bei vielen privaten Unterhaltungen immer wieder gefragt. Ebenso interessiert es viele Salvatorfreunde: Wer gibt die Direktiven zu Streicheleinheiten oder Watschen und wie versuchen es die Politiker, selbst auf die Texte Einfluss zu nehmen?

Dazu gibt es viel Freiheit für den Autor, einige wenige ungeschriebene, sehr einfache Spielregeln und gewisse Pflichtübungen. Doch bevor ich die kurz erkläre, zuerst noch ein paar Beispiele, wie solche Versuche, entweder auf den Inhalt der Rede Einfluss zu nehmen oder sich halt nur in gute Erinnerung zu bringen, in der Zeit meiner Mitwirkung abgelaufen sind.

Eines schönen Märztages kam aus heiterem Himmel ein Anruf in das WELT-Büro in München: »Hier ist das Bundesjustizministerium in Bonn – sind Sie der Hannes Burger?«

Bei so einem Anruf durchzuckt einen sofort ein gehöriger Schreck, vor allem, wenn man sonst beruflich fast nie mit dem Justizbereich zu tun hat. Man geht im Geiste blitzartig sämtliche Sünden durch, die einem gerade noch einfallen: Was habe ich bloß angestellt, was habe ich denn zuletzt alles geschrieben, und wegen welcher politischen Geschichte können die was von mir wollen, dass sich gleich das Justizministerium einschaltet?

Nachdem ich zugegeben hatte, dass ich der Gesuchte bin, und gerade hinzufügen wollte: »Ja, aber ich bin unschuldig!«, sagte die Vorzimmer-Sekretärin: »Moment, ich verbinde Sie gleich mit dem Minister.«

Es war Justizminister Hans Engelhard, den ich nur flüchtig kannte von der einen oder anderen FDP-Veranstaltung oder Pressekonferenz. Aber was verschaffte mir die Ehre eines Ministeranrufs aus Bonn?

Es gab gottlob überhaupt keinen konkreten Anlass, sondern dem Justizminister hatte mein heutiger Artikel besonders gut gefallen und er wollte mir doch schon lange unbedingt einmal sagen, wie gern er immer meine Artikel liest, wie er meinen glänzenden Stil und meine klare Sprache liebt; überhaupt fand er mich einfach so toll, dass ich ihm beim besten Willen unter Aufbietung aller falschen Bescheidenheit nicht widersprechen konnte. Darum habe ich halt verlegen herumgestottert, weil man auf solche seltenen Lobreden halt schlecht sagen kann: »Da haben Sie völlig Recht, Herr Minister. Sie haben aber einen guten Geschmack, Herr Minister. Lesen Sie mich weiter so, das bildet ungemein, Herr Minister!«

Bei aller journalistischen Eitelkeit konnte ich es immer noch nicht so recht glauben, dass ein Bundesminister mich nur deshalb aus Bonn anruft, weil er mir beim gemütlichen Plaudern den Bauch für meine Artikel pinseln will.

Doch kurz vor den Verabschiedungs-Floskeln kam dann ganz beiläufig die Bemerkung: »Ja, das wollte ich Ihnen jetzt nur nach dem heutigen Artikel einmal persönlich sagen – aber wir sehen uns ja wahrscheinlich sowieso bald in München, gell.«

Ich stand immer noch auf der Leitung. Engelhard: »Sie schreiben doch sicher schon wieder an den netten Texten für den Salvator. Da bin ich auch wieder dabei und da freu ich mich schon recht drauf. Also – bis in zwei Wochen!«

Jetzt wusste ich es. Die Botschaft hieß im Klartext: Er kommt zum Salvator, ich solle ihn nicht übersehen, sondern auch erwähnen, und da er ein großer Fan von mir ist, auch gut behandeln. Worüber er sich dann hernach beschwert hat, habe ich bereits im vorigen Kapitel beschrieben.

Grundsätzlich bin ich der Meinung, dass es überhaupt nichts Unanständiges ist, wenn Politiker versuchen, in den Medien oder bei populären Veranstaltungen positiv erwähnt zu werden. Wer nicht einfach aus langfristig gesicherter Position heraus vorübergehend in ein Kabinett oder sonstiges politisches Amt berufen wird, sondern als Abgeordneter in einer Demokratie von den Bürgern alle paar Jahre ins Parlament gewählt werden muss, der hat Eigenwerbung nötig und bei so einem gehört eben das Klappern zum Handwerk.

Die traditionsreiche Salvatorprobe ist nun einmal sehr populär im breiten Wählervolk, hat viel Echo in der Presse, hohe Einschaltquoten und selbst das – im Vergleich zu Wahlkämpfen – überwiegend relativ milde Derblecktwerden dort ist beim Volk noch »positiv besetzt«. Da ist es nur natürlich, dass Politiker gern dabei sein und angesprochen werden wollen. Selbst wenn sie bereits einen hohen Bekanntheitsgrad erreicht haben, können sie ja immerhin noch ihre Beliebtheit steigern. Darum sind auch manche schon enttäuscht oder gar gekränkt, wenn sie in einem Jahr einmal – und das gar nicht aus demonstrativer Missachtung – nicht erwähnt werden. Andere sind besorgt, dass sie vielleicht mit einer witzigen Passage verlacht werden, was sich angesichts der anwesenden Parteioberen nachteilig auf ihre Karriere auswirken könnte.

»Wer das ganze Jahr über nicht – ja nicht einmal unangenehm – aufgefallen ist«, habe ich einmal in den Redetext geschrieben, *»kann auch beim Salvator nicht plötzlich der Vergessenheit entrissen werden.«* Aber die meisten sehen es lieber umgekehrt: Ein Staatssekretär, der auf dem Nockherberg schon mehrmals erwähnt wurde, ist womöglich schon so gut wie minstrabel und ein Minister, der dort mehrfach nicht aufgefallen und registriert, aber auch von niemandem dabei vermisst worden ist, könnte eigentlich schon pensioniert werden, denn er bringt der Regierung meist auch sonst keine Pluspunkte mehr.

Selbstverständlich reißen daher die Versuche von Politikern nicht ab, den Autor, den Darsteller oder die Brauerei daran zu erinnern, dass sie auch noch da sind, und darüber hinaus möglichst noch Einfluss auf den Text der Salvatorrede zu nehmen. Weil man da von einem »Herrn Dings«, den keiner über seinen Wahlkreis hinaus kennt, zu einem Herrn mit Namen werden könnte. Die Bemühungen, mich als Autor inhaltlich zu präparieren, gegen andere Politiker zu munitionieren oder freundschaftlich zu stimmen und dabei über interne Hintergründe aufzuklären, sind genauso oft von der SPD und anderen Oppositionsparteien in Bayern gekommen wie von der CSU.

Es ist völlig klar und bedarf keiner Beratung bei Paulaner, dass sich von den Spitzenpolitikern, auf deren Anwesenheit am Nockherberg die Brauerei großen Wert legt, keiner selber um eine Erwähnung in der Rede oder im Spiel bemühen muss. Das heißt: Je höher die Funktion, desto selbstverständlicher ist es, dass diese prominenten Politiker, mit denen man sich ja schmücken und die man im Fernsehen herzeigen möchte, auch drankommen.

Das bringt für mich schon die erste Schwierigkeit, nämlich dass man eine Einleitungs-Idee braucht, mit der man in einem möglichst schnellen Durchlauf die prominentesten Salvatorgäste ganz kurz erwähnen kann, damit die Fernseh-Zuschauer bei der Übertragung des Zusammenschnitts sofort wissen, welche wichtigen Leute diesmal dabei waren, und gespannt bleiben. Darum werden immer gleich am Anfang beinahe in protokollarischer Reihenfolge erwähnt: der Ministerpräsident, der Vizekanzler und die bekanntesten Bundesminister, früher Fritz Zimmermann, jetzt meist der CSU-Vorsitzende und Bundesfinanzminister Waigel sowie schließlich auch noch – ein von Waigel mühsam angeworbener und vor Angst völlig verschüchterter Bundesminister aus der CDU.

Die anderen Bundesminister kommen erst später, aber sicher dran, die bayerischen Staatsminister dagegen kommen sicher später dran, aber ohne Garantie für jede und jeden einzelnen. Folglich hätte sich Bundesjustizminister Engelhard nicht so abmühen müssen, wogegen bei Landesministern ein Wettbewerb im Auffallen Not tut.

Sicher, aber freundlich derbleckt wird zum Beispiel einer, wenn er gerade unter starkem Beschuss steht und Unterstützung braucht. Das Gleiche gilt, wenn einem in seiner Politik etwas Originelles eingefallen ist, denn wenn die Leute das gut finden, dann merken sie sich das auch, selbst wenn man über diese Idee ein paar Witze macht. Man erwähnt natürlich auch alle, von denen man weiß, dass aus aktuellen Gründen heraus etwas Zunder für sie gut täte. Wenn einer irgendeinen Blödsinn angestellt hat, garantiert eine kleine Watschn für ihn großen Beifall im Saal.

Manchmal ist ein Politiker aber auch gerade unbeliebt, weil er etwas unbedingt Notwendiges, aber Unpopuläres machen musste, beispielsweise uns lieb gewordene Leistungen oder Ansprüche nicht mehr finanzieren kann. Das sind dann meist die Themen, die von vielen Leuten erwartet werden, die einem auch immer wieder nahe gelegt werden, so in dem Stil: »Na, heuer habt ihr ja wohl genug Stoff für den Nockherberg.« Auch wird in solchen Fällen hinterher gern von Teilen der Presse verständnislos kritisiert, genau dies habe gefehlt, wo es doch gar so leicht gewesen wäre. Für dergleichen ist aber zumindest mir der Beifall zu billig.

Abgesehen davon, dass Sparmaßnahmen und Reformen immer Opfer erfordern und bei den Betroffenen selten populär sind, ist es auch von der Sache her – wegen meist fehlender Detailkenntnisse beim Publikum – furchtbar schwierig, über so heikle und komplizierte Themen wie Gesundheits-, Renten- oder Steuerreform etwas Witziges zu sagen ohne nur die primitive, aber eingängige Polemik der jeweiligen Gegner zu übernehmen.

Staatssekretäre, egal ob in Bonn oder in München, werden nur in Ausnahmefällen erwähnt: entweder, weil sie noch eine andere Funktion haben – wie Monika Hohlmeier als eine der stellvertretenden Parteivorsitzenden –, weil man sie aufwerten und schon als mögliche neue Minister vorstellen will oder weil man mit ihrer Hilfe – wie beim Eishockey über die Bande – die Scheibe indirekt auf einen Minister schießen kann. Die Mitglieder des Bundestags-, Landtags- oder Senatspräsidiums, die von ihrer Funktion her im Volk kaum bekannt sind und vor allem selten überhaupt etwas anstellen können, was fürs Derblecken geeignet ist, werden meist höflichkeitshalber mit maßvollen Scherzen erwähnt, aber auch nicht immer.

Um den zu erwartenden Kontrast zu zeigen, kommen auch die höchsten anwesenden Repräsentanten der SPD gleich ziemlich am Anfang dran – also früher Hans-Jochen Vogel, jetzt Renate Schmidt, weil von den Bonner Spitzen der Partei seit Vogels Ausscheiden keiner mehr auf den Nockherberg gekommen ist.

In diesem Zusammenhang ist vielleicht eine der Öffentlichkeit bisher unbekannte Geschichte interessant, die zeigt, wie die Salvatorprobe bis in die Bonner Politik hineinspielt: 1996 hatten Rudolf Scharping und Joschka Fischer endlich einmal zugesagt erstmals zusammen zum Salvator nach München zu fliegen. Und da dies in einer Sitzungswoche in Bonn war, hatte ihnen der Leiter der CSU-Landesgruppe, Michael Glos, sowohl eine Mitflug-Gelegenheit angeboten als auch ein sogenanntes »Pairing«: Das heißt, dass man bei Abstimmungen im Bundestag übereinkommt jeweils für fehlende Gegner ebenso viele eigene Abgeordnete zurückzuziehen. Außerdem hatte Glos als stellvertretender Fraktionsvorsitzender durchgesetzt, dass an diesem Donnerstag ein Frauenthema auf die Tagesordnung kam, damit die Männer für ein paar Stunden aus Bonn verschwinden konnten und nur die arme Frauenministerin Nolte ihre Zusage in München annullieren musste.

Als aber dann die beiden Fraktionsvorsitzenden der Opposition, Scharping und Fischer, zwei Tage vorher wieder absagten, löste dies eine Art Alarm in der Koalition aus: Kohl befürchtete wegen der knappen Mehrheit der Regierungsparteien einen hinterlistigen Handstreich der beiden Fraktionsvorsitzenden von der rot-grünen Opposition: nämlich zu warten, bis alle rund 15 Salvatorbesucher aus CDU, CSU und FDP nach München abgeflogen sind, und dann im Plenum des Bundestages einen Dringlichkeitsantrag einzubringen, bei dem die Koalition die Abstimmung verliert. Dann hätte das Fernsehen am Abend über die Niederlage der Regierung berichten können und zugleich anklagend aufzeigen, dass die bei einer »Schicksalsfrage der Nation« fehlenden Bundespolitiker derweil verantwortungslos in München vor dem Salvator-Maßkrug gesessen sind und sich amüsiert haben.

So hat die kurzfristige Absage von Scharping und Fischer die Anordnung des Bundeskanzlers ausgelöst, dass von der Union nur Waigel, Rühe und Glos fliegen dürfen, weil auch von der FDP noch Klaus Kinkel, Frau Leutheusser-Schnarrenberger und Max Stadler zum Nockherberg unterwegs waren. Seehofer, Bötsch und Spranger sowie alle Staatssekretäre mussten – zum Teil schon auf dem Weg nach München – umkehren und die Mehrheit sichern.

Für mich bedeutete das, dass ich von einer wahren Massen-Absage erst kurz vor Beginn der Veranstaltung erfahren habe und nichts mehr umschreiben konnte, so dass Grießer mehrmals Passagen über Abwesende vortragen musste. Die hat das Fernsehen dann auch noch – deswegen, weil kein »Gegenschuss« der Kamera zum Betroffenen möglich war – ohne Rücksicht auf die Überleitung zu den jeweils Nächsten herausschneiden müssen.

Die Zeitungen haben aber nur berichtet, wer da war oder auffallend gefehlt hat, jedoch nicht, was sich da vorher für eine »Hintergrund-Diplomatie« abgespielt hat.

Über Prominente aus allen Bereichen, von denen die Bevölkerung weiß, wer sie sind und was sie so im Großen und Ganzen tun, kann man halt leichter »allgemein verständliche« Scherze oder Pointen anbringen als über Leute, bei denen man zuerst erzählen muss, was sie machen, bevor man sagen kann, was sie falsch machen oder anders machen sollten. In allen Zweifelsfällen wird in den Vorbesprechungen über die ersten Textentwürfe auch zwischen Brauerei, Autor und vortragendem Schauspieler erörtert, ob jemand in der Rede noch fehlt, ob man welche ganz weglassen oder problemlos wieder streichen kann, nur weil keinem etwas Lustiges über die oder den einfällt.

Oft sind übrigens die Spitzenbeamten um einen Minister herum viel hellhöriger und empfindlicher als dieser und teilweise auch stellvertretend beleidigt. Landwirtschaftsminister zum Beispiel muss man oft eher den Bauern zuliebe derblecken, die das erwarten, als um den Minister selbst zu ärgern. Den braven und harmlosen mittelfränkischen Landwirtschaftsminister Hans Maurer habe ich zweimal in der Salvatorrede aus Aggressionshemmung nur milde und mit mäßigem Witz angeschossen, beispielsweise mit der Frage, ob die Landwirtschaftsämter jetzt nur noch die Beerdigungsinstitute für das Bauernsterben seien und ob die Flurbereinigung nur dazu so viel Geld brauche, um den Schaden in der Landschaft wieder gutzumachen, den sie vorher selber angerichtet hat.

Monate später wurde Maurer an einem Sommervormittag im Informationszentrum des Nationalparks Bayerischer Wald erwartet und rief von unterwegs an, dass er etwas verspätet dran sei. Ich habe das gegenüber dem Leiter des Nationalparks im Vorbeigehen auf meine lockere Art mit der Bemerkung kommentiert, auf die Ansprache des Ministers könnten wir ja leichter verzichten, wenn sie wenigstens das Bierfass schon anzapfen würden. Da schnappte der neben ihm am Tisch sitzende Ministerialdirektor für die Forstpartie bissig wie ein Krokodil zurück: »Gehört das auch zu der Kampagne, die sie gegen unseren Minister führen?«

Jetzt könnte ich hier natürlich noch eine ganze Reihe von Beispielen der vorher erzählten Minister-Schmeicheleien aufzählen. Jedoch möchte ich damit erstens keinen Politiker bloßstellen, der noch im Amt ist, sonst ruft mich ja keiner mehr an und lobt mich über den Schellenkönig. Und zweitens würde ich sonst den nahe liegenden Verdacht noch verstärken, ich wolle mich nur furchtbar wichtig machen.

Doch im Gegenteil: Diese und die folgenden Geschichten sollen eher zeigen, wie wichtig die Politiker selbst unsere Unterhaltungs-Veranstaltung nehmen. Und während mir immer wieder Journalisten-Kollegen mangelnde Schärfe und Angriffslust gegenüber den Regierenden vorwerfen und linke Schauspieler oft Abscheu vor einer solch harmlosen Hofnarrenrolle gegenüber den angeblich Mächtigen haben, zeigen die Politiker nahezu aller Parteien höchste Sensibilität hinsichtlich ihres Erscheinungsbildes im Text der Festrede wie im Salvatorspiel. Die legen oft jeden Satz auf die Goldwaage und messen die Schärfe jeder Pointe im Vergleich zu anderen mit der Schublehre nach. Die Politiker selbst halten die Pointen meist nicht für so harmlos oder einseitig wie manche Lokalberichterstatter, weil sie nicht nur die groben Scherze, sondern auch feinere Ironie, verdeckte Fouls und einige Insider-Anspielungen verstehen. Meist geht es dabei um innerparteiliche Spannungen – etwa zwischen Waigel und Stoiber, Frau Schmidt und Herrn Schmid – und dergleichen ist natürlich nicht zu begreifen, wenn man nur die ideologische Rechts-Links-Schablone anlegt.

Die vorn erzählten Beispiele für Versuche der Einflussnahme aus dem Regierungslager sind freilich nur eine Variante, und eine harmlose dazu, von den Methoden, mit denen viele Politiker immer wieder versuchen vor dem Weg zum Nockherberg für gutes Wetter zu sorgen. Mindestens ebenso häufig waren früher Bemühungen aus der SPD, durch vorherige Gespräche mit politischen Bewertungen und Hintergrundinformationen – auch mit Insider-Tips aus der eigenen Partei – auf den Text der Salvatorrede oder auch den politischen Trend beim Salvatorspiel Einfluss zu nehmen. Im Gegensatz zum Vorgehen von CSU-Politikern, die sich allenfalls bei Brauerei- und Konzernvorständen oder bei Josef Schörghuber selbst beschwert haben, gab es seitens der SPD-Politiker auch mehrmals besonders hinterhältige Bemühungen einzelner roter Rundfunkräte mit dem Ziel, beim Bayerischen Rundfunk und Fernsehen gegen mich zu intrigieren um meine berufliche Mitarbeit dort zu verhindern. Das gelang allerdings nur teilweise.

In den Erinnerungen an die Ära Strauß auf dem Nockherberg habe ich bereits ausgeführt, dass Strauß selbst sich nie eingemischt hat und dass es bei Streibl lediglich einmal einen Versuch der Vorzensur durch seinen Pressereferenten gegeben hat. Dies muss ergänzt werden: Weder der Staatssekretär noch der Innenminister noch der Ministerpräsident Edmund Stoiber hat jemals versucht, vorher direkt oder indirekt auf mich Einfluss zu nehmen, noch hat er sich hinterher in einer Weise beschwert, dass mir für das nächste Mal irgendwelche Vorgaben gemacht worden wären – etwa mit der Sorge: »Sonst kommt er uns nicht mehr her!«

Zusammen mit Theo Waigel, den ich zuerst als legeren und liberalen CSU-Politiker eher gefördert und später – wegen bereits ausreichender Gemeinheiten aus der eigenen Partei – immer geschont habe, gehört Edmund Stoiber zu den ganz wenigen Politikern, die seit meiner Autoren-Tätigkeit von 1982 bis heute immer auf dem Nockherberg in hoher politischer Funktion dabei waren. Und wie aus vielen Beispielen in diesem Buch deutlich hervorgeht, ist keiner und keine so hart und so boshaft angegangen worden wie gerade Stoiber. Man kann mit ihm über manches verschiedener Meinung sein, aber hier kann man ihm den Respekt nicht versagen: Er ist nicht nur stark im Austeilen, sondern zeigt auch professionelle Härte im Nehmen und Wegstecken – und das, im Gegensatz zu einigen Vertretern der SPD, ohne Revanche im Alltag!

Der stellvertretende Ministerpräsident, Kultusminister Hans Zehetmair, hat mich nur einmal vor der Salvatorprobe ohne ersichtlichen Grund zum Mittagessen eingeladen und mir seine Kulturpolitik erklärt: Er fand sie ausgezeichnet, aber sie war damals gerade kein Thema für breite Bevölkerungskreise. Aber als 1992 die Frau Schmidt zum ersten Mal als neue SPD-Landesvorsitzende auf dem Nockherberg dabei war, hat Zehetmair mit seinem Hofrats-Nasal an den Tischnachbarn Schörghuber hingenörgelt, Renate Schmidt sei viel zu oft und zu positiv erwähnt worden und die würde doch dadurch nur allzu populär gemacht. Diese Beschwerde habe ich von Frau Schmidt wiederum noch nie gehört, aber stark beeindruckt hat sie mich auch von Zehetmair nicht, zumal da Josef Schörghuber mir nur kommentarlos, aber schmunzelnd davon berichtete, weil er wusste, dass ich sonst ständig unter öffentlichem Beschuss der Linken bin.

Über die wechselnde Rolle der SPD-Repräsentanten auf dem Nockherberg wird ein eigener Beitrag ausführlich berichten. Hier geht es nur um die Art, wie SPD-Politiker mit mir als Nockherberg-Autor umgegangen sind um Einfluss auf die Salvatorprobe zu nehmen. Wegen der bis in die linken Medien hinein berüchtigten Humorlosigkeit und der Nachhaltigkeit ihrer Feindbilder kann ich leider nicht erzählen, wer mir alles welche Insider-Informationen aus der SPD erzählt hat und wer mir sogar unbeabsichtigt gute Tips zum Derblecken zugetragen hat. Denn erstens haben diese Interna hinterher meist die größte Säuernis bei den Betroffenen ausgelöst – und die klammheimliche Freude der anderen wurde nie öffentlich registriert. Zweitens würde ich diesen Informanten noch bis zum Delegierten-Parteitag am Jüngsten Tag in ihrer Karriere schaden.

Voraussetzung für »Informations-Sponsoring« ist allerdings, dass man die Informanten selbst für integer hält und für glaubwürdiger als die davon Betroffenen und dass man sie beim Derblecken – nicht nur aus Dank – freundlicher behandelt.

Mit Helmut Rothemund hatte ich während seiner Amtszeit als Fraktionsvorsitzender überhaupt keinen persönlichen Kontakt, weil ich bis zur Mitte der achtziger Jahre als SZ-Korrespondent in Wien lebte. Doch zu seinem Nachfolger Karl-Heinz Hiersemann hatte ich dann seit meiner Rückkehr nach München zuerst ein freundliches, später ein freundschaftliches persönliches Duz-Verhältnis. Ein paar Mal hat er mich zum Essen eingeladen – aber nicht nur kurz vor der Salvatorprobe – und hat mit mir ganz allgemein über die Probleme der bayerischen SPD gesprochen, die ich dann mehrmals in den Salvatorreden als Thema gebracht habe. Nämlich: Wie könnte die SPD so bayerisch werden, wie es die Konkurrenz einfach war, auch ohne sich ständig »die Bayern-CSU« zu nennen?
Bald nach dem Tod des zuvor schier unbesiegbar erscheinenden Ausnahmepolitikers Strauß, also bereits Anfang des Jahres 1989, witterte Hiersemann eine reelle Chance, die CSU könne nun mit dem gemütlich-biederen Landesvater Max Streibl als Ministerpräsidenten in Bayern und dem gegenüber Kohl und der CDU viel zu weichen Parteichef Theo Waigel in Bonn bei der nächsten Landtagswahl die absolute Mehrheit verlieren. Die SPD hätte dann in Bayern – ähnlich wie 1969 in Bonn – über eine große Koalition wieder zu einer Regierungsbeteiligung kommen, mit ihren Ministern durchs Land repräsentieren und sich als staatstragende bayerische Partei präsentieren können, wegen der die Wirtschaft nicht zusammenbricht. Diese Vision hat er mir bereits 1989 – im Gespräch bei einem ausgezeichneten Italiener – für die Salvatorrede vermitteln wollen. Sie war ja auch nicht völlig falsch, denn mit einem Rückschlag für die CSU rechneten damals noch viele, nicht zuletzt in der Partei selbst; an eine Wiederkehr der FDP in den Landtag nach der Wahl 1990 glaubte kaum mehr jemand, einen Einzug der unter dem demagogisch begabten Franz Schönhuber deutlich erstarkten Republikaner hielten dagegen die meisten für wahrscheinlich. Im Falle des tatsächlichen Verlustes der absoluten Mehrheit hätte die CSU sich entscheiden müssen zwischen einer Koalition mit der SPD oder den Republikanern. Beides hätte der SPD sehr geholfen und ich wusste aus Insider-Gesprächen, dass die SPD in Bonn auch deshalb eine längst fällige Reform der Asylgesetze ständig verzögerte, weil sie glaubte, die Konkurrenz mit den dadurch erstarkten ausländerfeindlichen Republikanern werde die CSU zerreißen. In solchen kritischen Zeiten sind politische Hintergründe und Zusammenhänge so wichtig, dass die Salvatorprobe tatsächlich sehr politisch

wirkt – weil sie eben in Bayern doch Trends setzen kann.

Aus Gesprächen mit Waigel wusste ich damals zwar, dass er – wie übrigens auch Stoiber – strikt gegen eine Zusammenarbeit mit den Republikanern auf Landesebene war. Aber bei Max Streibl, der sich dazu nie klar äußerte, waren auch viele in der CSU im Zweifel: Würde er dem Druck, den die ländliche Parteibasis aller Wahrscheinlichkeit nach zugunsten der Republikaner ausüben würde, nicht doch nachgeben und wäre er für Koalitionsgespräche mit Schönhuber nicht zumindest anfällig? Nicht umsonst hat Franz Schönhuber den Kontakt zu Streibl gesucht und später zeitweise tatsächlich gefunden.

Und der Republikanerchef hat sofort mich angerufen, als er von Streibl – »wegen Gleichbehandlung mit anderen Europa-Abgeordneten« – erstmals wieder zu einem Neujahrsempfang eingeladen wurde: »Du wirst sehen, heuer werde ich auch beim Salvator wieder mit dabei sein! Kannst dich darauf einstellen, wennst dich traust.« Einmal war er dann wirklich dabei, wurde aber von mir absichtlich nicht erwähnt, und ein andermal wurde er zuerst eingeladen und dann auf peinliche Weise vom Paulaner-Vorstandschef Lämmerhirt kurzfristig wieder ausgeladen.

Franz Schönhuber kannte ich ja samt seinen politischen Slalomfahrten bereits seit Anfang der siebziger Jahre recht gut und bei seinem Rauswurf als tz-Chefredakteur hatte ich ihn damals in einem SZ-Kommentar gegen den Vorwurf verteidigt, er sei zu links! Er hat mich bis zu seinem Ausscheiden aus der Politik noch öfter angerufen – auch um in der Salvatorprobe wieder erwähnt zu werden. Er hat mir von seinen angeblich noch recht guten Kontakten zu CSU-Politikern erzählt. Mehrmals hat er dabei dem Sinne nach gesagt: »Die SPD wird der CSU in Bayern niemals die absolute Mehrheit abjagen, sondern nur wir Republikaner. Und die Kommunalpolitiker an der CSU-Basis, die ja unsere Leute persönlich kennen, wollen doch nichts mit den Sozis anfangen, die sie seit 40 Jahren bekämpft haben. Die sagen offen zu mir: Ihr Republikaner seid doch in vielen Fragen gar nicht so weit von uns weg! Aber das wirst du dir halt wieder nicht zu sagen trauen bei der Salvatorprobe.«

Um diesem für Bayern verheerenden Gerede von einer denkbaren Koalition zwischen CSU und Republikanern, das im Volk umging, etwas vorzubeugen, auch um in dieser Frage Waigel und Stoiber zu unterstützen – und zugleich Hiersemann beim lauten Nachdenken über eine Große Koalition zu helfen – hatte ich mir schon in der Salvatorrede 1989 doch getraut einiges über Franz Schönhubers Karriere in Erinnerung zu rufen. Ich erfüllte deshalb seinen Wunsch, auf dem Nockherberg erwähnt zu werden – allerdings nicht gerade so, wie er es sich wohl erhofft hatte.

Das erste gemeinsame Auftreten von

Waigel und Streibl nach Strauß beim Politischen Aschermittwoch in Passau hatte ich zum Einfädeln genommen: Von Rednertalent Schönhuber im angekündigten Wettbewerb um mehr Zuhörer »aufs Glatteis gelockt« habe die CSU-Doppelspitze eine »eindrucksvolle rhetorische Paarlaufkür« hingelegt mit der »dreifach verschlungenen Todesspirale vom Theo mit dem eingesprungenen Maxl«. Dann hieß es, um wie viel Streibl »manche Überhebe-Figur noch leichter gefallen« wäre, wenn er auf diesem Eis noch »den starken SPD-Spitzentänzer Hiersemann in einer Großen Koalition dabei gehabt hätte«. Nun folgte die Überleitung zu Hiersemann – Sedlmayr erklärte, wie er auf eine große Koalition komme:

»Sie werden doch nicht glauben, dass ich glaube, was Sie glauben, Herr Hiersemann: nämlich dass Sie es schaffen der CSU die absolute Mehrheit abzujagen. Das schaffen doch höchstens die Republikaner! Weil – denen ihr Anführer ist ja nicht bloß ein Spitzenkandidat wie Sie, sondern sogar der Gipfel von einem Kandidaten!«

Nun folgte ein gespieltes Suchen nach dem Namen und dabei die nicht allen angenehme Erinnerung, wer Schönhuber früher als Strauß-Intimus hofiert hatte und bei welchen Medien der Ober-Republikaner schon als Star gearbeitet hatte. Originalton Sedlmayr:

»Geh, wie heißt denn der gleich wieder? Sie kennen ihn bestimmt. Der war ja schon einmal Redakteur beim Vorwärts, bei der tz ist er als Chefredakteur rausgeflogen, weil er zu links war, und mit seiner Frau, einer SPD-Stadträtin, hat er gegen Hans-Jochen Vogel gekämpft, weil ihnen der damals zu rechts war. Drum ist er dann als verfolgter Linker auch gleich zum Vorsitzenden vom Bayerischen Journalistenverband gewählt worden.

Aber Sie von der CSU kennen ihn auch, den Herrn, der nachher in der Abendzeitung so eine rechte Kolumne als Strauß-Fan geschrieben hat, dass er von euch gleich direkt im Stabhochsprung zum Hauptabteilungsleiter beim Bayerischen Rundfunk und später zum Chefredakteur vom Fernsehen gemacht worden ist.

Und wenn er nicht grad noch rechtzeitig in einem Buch das Bekenntnis abgelegt hätte, dass er auch die SS praktisch erfunden hat, dann hätt ihn der Rundfunkrat bestimmt noch zum Intendanten gewählt. Ja, wie heißt denn der gleich wieder? So ähnlich wie der CSU-Huber, bloß schöner. Es muss ein ganz Radikaler sein, weil hier ist er vor mir auch schon ein paar Mal gestanden und hat die Festrede gehalten. Also – wenn ich mich so umschau im Saal: Viele sind nicht da, die an dem unschuldig sind. Sie haben da schon Recht gehabt, Herr Waigel, in Passau: Der war schon überall dabei, hat aber nirgends was dazugelernt.«

Die Münchner Zeitungen haben am nächsten Tag wieder spaltenweise »Sprüche vom Nockherberg« zitiert, aber wie es der Zufall wollte, war darunter kein Wort aus der Passage dabei, wo Franz Schönhuber schon überall gearbeitet und sich auch bei ihnen seinen hohen Bekanntheitsgrad aufgebaut hatte.

Auch im Frühjahr 1990 hatte der »rot-grüne Rübezahl« Hiersemann noch die feste Hoffnung, die CSU könne im Herbst nach dem Verlust der absoluten Mehrheit die SPD zum Regieren brauchen, wenn die Partei aus Rücksicht auf die bundesweite Empörung nicht mehr daran denken darf, mit den Republikanern zu koalieren. Zu diesem Zeitpunkt konnte Hiersemann noch nicht wissen, dass seine eigene Partei sich im Sommer massiv gegen eine große Koalition aussprechen würde, was aber dann sowieso bedeutungslos wurde, weil Max Streibl mit über 55 Prozent die absolute Mehrheit in Bayern halten konnte und auch Waigel für Bonn klar über dem Ziel »50 Prozent plus X« lag. Karl-Heinz Hiersemann wusste, dass ich gern Schafkopf spiele, und hatte mich des Öfteren im Vorbeigehen auf irgendeinem Empfang darauf angeredet. Plötzlich rief mich – knapp drei Wochen vor der Salvatorprobe – eines Montags der persönliche Referent Hiersemanns aus dem Landtag an: »Herr Burger, Sie wollten doch schon lange einmal mit dem Fraktionsvorsitzenden Schafkopf spielen! Er könnte Ihnen jetzt einen Termin anbieten. Übermorgen hätte er zufällig einen Abend frei.«

Wenn es nun schon einmal solche Zufälle auf der Welt gibt, dann muss man auch dabei mitspielen. Mit Müh und Not konnte ich bei uns zu Hause kurzfristig ein paar Kollegen zusammentrommeln, die Schafkopf spielen konnten und auch noch mitten in der Woche dazu bereit waren. Und es kam, wie es der Zufall wohl vorgesehen hatte: Beim Abendessen und hernach bei jedem Spiel zwischen Mischen und Geben der Karten redete der gewichtige und wortgewaltige SPD-Fraktionschef ständig auf mich ein. Er zählte alle Spitzengenossen auf, die er für »Arschlöcher« oder Ähnliches hielt, empfahl mir, das SPD-Auslaufmodell Rudi Schöfberger gar nicht mehr zu erwähnen, und erklärte mir, er stelle sich den Wahlausgang im Herbst so vor, dass er dann eine große Koalition personell von der SPD-Seite her ungefähr so besetzen wolle: »Der wird dies und die wird das – und der Kolo wird dann zwar Umweltminister, aber er wird sich wundern, wen ich ihm da als Staatssekretär reinsetze …« Ich ließ mich in der Tat von einer solchen Möglichkeit beeindrucken und um ihm zu helfen spielte ich dieses Thema dann auch in der Rede von 1990 so an:

»*Wie die nächste Staatsregierung ausschaun wird, hängt aber möglicherweise auch vom Herrn Hiersemann ab. Falls der sanfte Riese mit der gebremsten Schlagkraft in Bayern auch so heftig Wahlkampf macht wie derzeit in der DDR, dann erzwingt er vielleicht noch eine große Koalition. Das würde Ihnen ja aus einer Riesen-Verlegenheit helfen, Herr Streibl, die schon den Strauß geplagt hat, nämlich: Wie wird man seine Minister los? Drum versteh ich überhaupt nicht, warum Sie sich so abstreibeln, damit Sie die absolute Mehrheit erhalten. Dann bringen Sie ja wieder keinen los von Ihren Ministern!*«

Freilich liefen Versuche vorher Einfluss zu nehmen nicht nur über mich, sondern auch über die Paulaner-Brauerei, den Schörghuber-Konzern oder den jeweiligen Festredner: Da wurden Themen, Personen, Stichworte als Anregungen lanciert, aber meist so, dass man es schwer identifizieren konnte, wann und wo von wem welche Hinweise weitergegeben worden waren. Sedlmayr gab sich dabei immer sehr geheimnisvoll, er habe da neulich etwas gehört und dort habe man über dies geredet – »und da sollt' ma fei scho was drinhabn, weil des ja doch de Leit interessiert – und da werd vui g'schimpft.«

Grießer war da offener – egal, ob er sich etwa aus persönlicher Zuneigung oder nur aus Fairness für jemanden einsetzte: »Gell, an Bäda müäß ma fei heier scho anständig behandeln, an Gauweiler Bäda, weils' alle so gschert zu eahm san und a so gega eahm hetzen!« Außerdem flog er wegen seiner Rolle als Bayer vom Dienst bei der RTL-Sendung »Wie bitte?« fast jede Woche für drei Tage nach Köln und traf dann beim Hinflug am Montagvormittag immer bayerische Bundestagsabgeordnete.

Die von der CSU, die ihm bekannt waren, impften ihn da in den Wochen vor der Salvatorprobe gerne mit »wichtigen Tips« und »guten Informationen«, wobei sie ihn teils nur aufzogen, teils stark gegen bestimmte andere CSU-Politiker – vorwiegend dann aus der Landespolitik – motivierten.

Er gab alles getreu an mich weiter und ich kannte dadurch das innerparteiliche Wunschkonzert der CSU-Landesgruppe recht gut.

Als Autor hat man zwar ein gewisses Erstgeburtsrecht beim Entwurf des Redetextes und auch eine persönliche, selbstverständlich von subjektiven Kenntnissen, Vorlieben und Abneigungen mitgeprägte Handschrift; denn bei allem Bemühen um sachliche Informationen über politische Themen, Motive und Hintergründe – so etwas wie ein objektives Politiker-Derblecken kann es ebenso wenig geben wie eine objektive Satire. Man muss sich damit abfinden, dass man es nicht allen recht machen kann und manchmal auch zu Unrecht oder zu hart getroffene Opfer darunter sein können, mit deren Verspottung man Beifall und Lacherfolge erzielt hat.

Es wäre doch nicht nur unehrlich, sondern auch unglaubwürdig, abzustreiten, dass man einfach gegenüber manchen Politikern Aggressionshemmungen hat, weil man die schon sehr lange kennt oder halt menschlich gut leiden kann. Vielleicht auch, weil diesem oder jener von anderen Politikern und von den Medien gerade viel Unrecht getan worden ist, das man nicht verstärken, sondern eher ausgleichen möchte. Wenn man sie aber einerseits erwähnen und ihnen andererseits möglichst nicht wehtun will, dann wird dieser Text selten witzig, sondern meist ebenso fad, wie wenn man über brave Politiker redet, die halt korrekt ihre Pflicht tun und ihre Ressorts verwalten, aber weder etwas bewegen noch etwas anstellen.

Es gibt jedoch andere, die man persönlich für Windbeutel, Scharlatane, falsche Fuchziger, karrieregeile Machiavellisten, feige Schufte, borniere Ideologen oder schlicht für Flaschen oder fehl am bestimmten Platz hält und am liebsten gleich ein für allemal im Starkbier versenken möchte – so wie jene, die einen sehr geärgert haben oder einem ohne erklärbaren Grund einfach persönlich oder politisch unsympathisch sind. Aber auch dann kann man dort nicht seine privaten Abrechnungen halten, und wenn man sich da nicht schon selbst am Riemen reißt, sondern einem vielleicht einmal dank zu viel Hintergrundwissen der Gaul durchgeht, dann funktioniert gottlob das Korrektiv durch jene, die den Text vorher mitlesen oder die ihn vortragen sollen.

Das habe ich im Gegensatz zu einigen Kabarettisten, die ich von der Arbeit her kenne, nie als Vorzensur empfunden, weil in all den Jahren niemand versucht hat mir etwas zu herauszustreichen oder gar etwas hineinzuschreiben, sondern man hat diskutiert, argumentiert und bessere Lösungen gesucht.

Ein Schlüsselerlebnis war für mich zum Beispiel, als ich einmal den ehrgeizigen Gerold Tandler – damals CSU-Generalsekretär – dadurch ärgern wollte, dass wir ihn überhaupt nicht erwähnen. Sofort kam ein scharfer Einspruch des für die Gastronomie zuständigen Paulaner-Vorstandsmitglieds: »Des können S' von mir aus mit andere machen, aber fei net mit dem Tandler – weil des is a Paulaner-Wirt im Altöttinger Hotel Post!«

Zum anderen wird der Text in einigen wichtigen Themen und politischen oder personellen Trends vorbesprochen, dann vom ersten Entwurf und mehreren Überarbeitungen bis zur vorläufigen Endfassung Satz für Satz und Wort für Wort mit dem Schauspieler, dem Brauereivorstand oder einem Vorstand des Konzerns durchdiskutiert und kritisiert, da noch ausgefeilt, hier abgeschwächt oder dort zugespitzt und schließlich in einer für alle Beteiligten vertretbaren Kompromiss-Fassung dem Schauspieler zum Einstudieren überlassen. Der kommt aber dann auch oft noch bis zum letzten Tag wieder mit einer neuen Idee für irgendeine Passage daher oder dem Autor selbst fällt über Nacht noch eine bessere Pointe zu etwas ein, was Brauereivorstand oder Darsteller nicht vom Sitz gerissen hatte.

Wirklich lukrative Bestechungsversuche hat es bisher von keiner Seite gegeben, denn so wertvoll ist eine Erwähnung beim Politiker-Derblecken dann auch wieder nicht. Es wäre halt nur zu schön, wenn man stolz darauf hinweisen könnte, was man schon geboten bekam und wie heroisch man der Versuchung widerstanden hat. Aber erfahrene Politiker wissen halt schließlich auch, dass man politische Journalisten in der Regel nicht mit Geld und Wertsachen korrumpiert, sondern durch Kitzeln ihrer Eitelkeit und vermeintlichen Wichtigkeit oder mit gut verwertbaren Informationen über andere Politiker besticht. Selbst Reise-Einladungen, für die man von Kollegen beneidet wird, sind in Begleitung von Politikern kein Vergnügen, sondern meist nur stressig, geben selten eine gute Reportage her und müssen auch noch durch Schreiben in der Zeitung abgearbeitet werden. Das höchste der Bestechungs-Gefühle waren daher Essen-Einladungen, die einem aber in den letzten drei Wochen vor der Salvatorprobe nicht nur verdächtig vorkommen, sondern auch Zeit kosten und das Gewicht versauen. Deshalb nimmt man sie in dieser Zeit nur an, wenn man von jemandem unbedingt noch etwas über die Beziehungen und Streiche anderer erfahren muss.

Nachdem Albert Schmid als Vorsitzender der SPD-Landtagsfraktion Nachfolger von Karl-Heinz Hiersemann geworden war, setzte er dessen Gepflogenheit fort, sich mit mir zum Essen zu treffen, aber ohne Schafkopfen. Es war genau zwei Wochen vor der Salvatorprobe, aber beim ersten Gesprächsversuch wollte ich nicht gleich ablehnen und wir haben uns dann beim Weißwurstessen im Franziskaner sehr gut unterhalten. Unser erster Austausch von Einschätzungen über SPD, Grüne und CSU hatte mir für die Salvatorrede viele Anregungen und auch Hintergrund-Kenntnisse gebracht, aber offenbar scheint ihm das offene und nicht unkritische Gespräch auch zugesagt zu haben. Denn am Ende meinte er: »So, das war doch jetzt recht nett, das sollten wir öfter machen.« Daraufhin sagte ich: »Ja, gern, aber bitte nicht wieder erst zwei Wochen vor der Salvatorprobe. Wir können uns auch sonst unterm Jahr gelegentlich treffen.«
Dies prägte sich bei ihm ein und er gab seiner Sekretärin den Auftrag neue Weißwurst-Termine mit mir zu verabreden, die wir auch meist einhielten.

Mit der SPD-Landesvorsitzenden Renate Schmidt hatte ich mich auch schon vorher einmal zum Essen und auch sonst getroffen. Als sie dann nach der Landtagswahl 1994 Albert Schmid auf ziemlich demütigende Weise aus dem Fraktionsvorsitz verdrängt hatte, erbte sie auch dessen Büro, Dienstwagen und Sekretärin.

Daraufhin spielte sich 1995 Folgendes ab: Die frühere Sekretärin des Herrn Schmid im SPD-Fraktionsvorstand rief mich im Auftrag von Frau Schmidt bereits Ende Januar an und wollte mich zum Mittagessen einladen. Da schon bekannt war, dass ich mich nicht so gezielt beeinflussen lassen wollte, hatten sie sich etwas ganz Raffiniertes ausgedacht: Renate Schmidt wisse schon, dass ich es nicht schätze kurz vor der Salvatorprobe eingeladen zu werden, sagte sie, deshalb wolle sie mit mir am 4. April zum Essen gehen.

Dadurch wusste ich nun wenigstens sechs Wochen vor der Salvatorprobe, dass ich eingeladen bin und vier Wochen danach der Frau Schmidt wieder in die Augen sehen muss.

Doch dann hatte ich für meine Zeitung Anfang April den Minister Spranger auf einer Südamerikareise zu begleiten und musste den im Januar verabredeten Essentermin am 4. April absagen. Daraufhin war Frau Schmidt offenbar so eingeschnappt, dass sie mich jedenfalls bis Herbst 1997 über zwei Jahre lang nicht mehr zu einem Hintergrundgespräch eingeladen hat.

Eine der lustigsten Nockherberg-Geschichten zum Thema versuchte Einflussnahme betrifft den Senat, genauer gesagt, zunächst den früheren, sehr kämpferischen und höchst umstrittenen Senatspräsidenten Schmitt Glaeser. Nachdem der gewählt war, hat mich der höchste Beamte im Senat, mein alter Studienfreund, Senatsdirektor Hans Steininger, angerufen und angefragt, ob ich denn seinen neuen Präsidenten nicht irgendwie in der Rede erwähnen könne, denn der sei halt so ehrgeizig. Ich versprach Hans Steininger: »Jetzt schaugn mir amal, dann sehgn ma's scho, was sich da macha lasst.«

Da ich damals weder Schmitt Glaeser kannte noch seine späteren Streiche, mit denen er die Frage nach der Notwendigkeit eines Senats erst richtig in Gang gebracht hat, vorausahnen konnte, ist mir auch zum neuen Senatspräsidenten nichts Besonderes eingefallen. Ich versuchte dann über die vielen SPD-Politiker mit allen Variationen des Namens Schmidt und Schmied auf ihn zu kommen. Und dann habe ich in der Rede 1994 mit nur leichter Übertreibung einfach das als Witz dargestellt, was sich wirklich abgespielt hatte. Max Grießer sagte also:

»Mein Gott, was kann denn ich dafür, dass bei der SPD inzwischen vom Ex-Kanzler runter fast alle Oberen Schmidt heißen! Aber jetzt heißt auch noch der Präsident vom Bayerischen Senat a so – Schmitt Glaeser. – Der passt doch da nicht rein, der Schmitt Glaeser, weil das gar kein Sozi ist,

sondern ein noch Konservativerer als sein Vorgänger Weiß, der in Wirklichkeit schwärzer war als die andern. Wia is jetzt der Burger Hannes bloß auf diesen Glasl-Schmied komma? – Ja mei, da werdn scho dem seine Beamten wieder an den Hannes hinbettel habn: ›Geh, bittschön, erwähnts auf'm Nockherberg unsern neien Ehrgeizling, sonst hamma wieder Hundstag' im Senat!‹«

Es hat viel Beifall, aber keine Reaktion und keine Beschwerde gegeben. Aber im nächsten Jahr kam auf die Einladung zum Salvator hin vom Senatspräsidenten eine Absage, was niemanden sehr schmerzlich getroffen hat. Aber mich erreichte dann ein Anruf von einem Beamten des Landtags: »Herr Burger, wissen Sie, dass der Senatspräsident Schmitt Glaeser heuer nicht auf den Nockherberg kommt?« – »Ja, ist mir aber auch Wurscht.« – »Aber wissen S' warum? – Weil der Herr Schmitt Glaeser noch wegen dem Glasl-Schmied vom letzten Jahr beleidigt ist!«

Mit den grundlos Eingeschnappten ist es ähnlich wie mit bockigen Kindern: Sie reizen besonders dazu, dass man sie weiter tratzt, bis sie aufhören, weinen oder davonlaufen. Außerdem passte das mit dem beleidigten Präsidenten nun wieder ganz gut in mein Konzept von 1995. Dort hieß es dann in der Aufzählung stellvertretender Fraktionsvorsitzender und Landtagspräsidenten unter anderem kurz und bündig: *»Der Herr Senatspräsident ist bereits letztes Jahr grundlos erwähnt worden und sowieso noch beleidigt. Das muss auch für eine Amtsperiode reichen.«*

Im nächsten Jahr kam er wieder nicht, aber es waren bereits nicht nur Diskussionen um seinen vorzeitigen Rücktritt im Gange. Vielmehr liefen bei dieser günstigen Gelegenheit mit ständigen Negativ-Schlagzeilen um den Präsidenten auch schon erste vorsichtige Bemühungen den ganzen Senat abzuschaffen – sei es im Rahmen einer Verfassungsreform oder durch einen Antrag der Opposition im Landtag und dann – bei zu erwartender Ablehnung durch die CSU – per Volksbegehren.

Darum tratzte ich nicht nur den Präsidenten weiter, sondern schrieb 1996 in den Text der letzten Festrede Max Grießers einen Absatz über den Senat. Er stand im Anschluss an einen sehr guten Rat an Ministerpräsident Stoiber, er solle doch nicht alles selber machen, sondern seine Minister arbeiten lassen und auch an seine Gesundheit denken: *»Gehn S' einfach weniger zu Gipfeltreffen und wandern S' dafür mehr in die Berge – mit Ihrer Frau und den Waigels – zum Beispiel auf eine Doppelspitze! Rasten S' dort unter einem staatlich angeordneten Kreuz aus und schaun S' herab auf unser schönes Bayern – wie es der liebe Gott vor 50 Jahren mit Hilfe der CSU geschaffen hat. Und wenn alle Sorgen von euch abgefallen sind, dann träumts davon, wie schön ihr es erst haben könntet – wenn jeder von euch ein bayerischer Senator wär.*

Diese Bonner da – wissen die überhaupt, was das ist – ein bayerischer Senator? Der ist nämlich sehr alt, geistig sehr stark und trotzdem kein Starkbier. Nein, Senator ist kein Salvator für Senioren! Die 60 ehrwürdigen Brüder des Senats bringen miteinander leicht 3600 Jahre Erfahrung mit. Aber auch wenn die Ansichten vom Herrn Präsidenten Schmitt Glaeser oft noch viel älter sind – keine Sorge! Wir lassen den Senat nicht abschaffen! Bayern braucht seine Senatoren – so dringend wie seine Wolpertinger. Wir wissen zwar oft auch nicht, wozu wir sie haben, aber wir lassen sie uns nicht von den Preußen wegnehmen!«

Dieses Spiel mit dem Thema bayerischer Senat habe ich dann 1997 fortgesetzt und – nach erfolgter Abschaffung per Volksentscheid – stünde meinem Lösungsvorschlag mit einer Privatisierung nichts mehr im Wege:
»Den bayerischen Senat, den wollen die Grünen gar nicht reformieren lassen, sondern gleich wegwerfen wie ein altes Handtuch. Die SPD rennt dabei wieder hinterdrein und will ihn auch abschaffen, der Alois Glück muss deshalb in der CSU die Handbremse anziehen, damit der Senat nicht gleich rückwärts wegrollt.
Ja, Herr Präsident Thallmair, machen Sie's bei der Senatsreform halt auch so wie der Herr Ministerpräsident: Privatisieren! Senator ist doch ein schöner Titel. Den kann man doch leicht für teures Geld verkaufen. Hier im Saal wären da schnell 20 Senatoren. Und außerhalb Bayerns machert der Titel ja noch viel mehr her – wie der Bayerische Verdienstorden für die Preußen. Den Professoren sponsern das die Banken, den Kommunalpolitikern die Sparkassen, den Künstlern die Brauereien und die großen Verbände haben selber genug Geld dafür. Wer sich keinen Senator um mindestens 250 000 Mark leisten kann – ja, der ist gesellschaftlich sowieso nicht relevant. Und wenn diese Senatsreform dann gute 15 Millionen einbringt, dann ist es doch Wurscht, wie viele Senatoren dort nichts zu bestimmen haben.«

Wir, die Autoren, Schauspieler und Mitwirkenden auf dem Nockherberg – ich sage das als persönliche Einschätzung ohne Auftrag von den anderen – wir ärgern uns manchmal darüber, wenn die Salvatorprobe von vielen Politikern und ihren Mitarbeitern, aber auch von manchen Zeitungen so ungeheuer ernst genommen wird. Denn trotz aller gleichzeitigen Vorwürfe der Harmlosigkeit und der mangelnden Schärfe wird uns unlogischerweise ein großer Einfluss auf die Politik, auf das Politiker-Image und die Wähler unterstellt. Das erschwert eine unverkrampfte und doch politisch-hintergründige Unterhaltung und das verdirbt einem mitunter sogar den Spaß an der Gaudi. Der Erfolg der Salvatorprobe liegt ja in Wirklichkeit eher in einer Art Dampfablassen im Volk wegen zu wenig Humor und zu viel Polemik in der Politik.

Oft werde ich gefragt, welche Direktiven ich für den Text bekomme, ob die Rede vorher zensiert werde und welche Auflagen es für wohlwollende oder bissige Behandlung dieses oder jenes Politikers gebe. Da kann man nur pauschal sagen: ganz wenige und die hatten kaum mit Rücksichten auf die gastgebende Brauerei zu tun, sondern eher mit den Bau-Interessen des Schörghuber-Konzerns.

Solange die rot-grüne Mehrheit in der Stadt München unter OB Georg Kronawitter nahezu allen Wohnungsbau und auch sonstige Bauprojekte – unter dem Beifall der Münchner Lokalpresse – ständig verhindert, verzögert und blockiert hat, solange konnten der Oberbürgermeister und sein Rathaus-Bündnis nach Belieben hart angegangen werden. Seit aber Christian Ude – wieder unter dem Beifall der Lokalpresse – versucht die Politik Kronawitters umzudrehen, die Strangulierung der Wirtschaft zu lockern und auf brachliegendem Bauland Siedlungen entstehen zu lassen, muss der Oberbürgermeister wieder mit Glacé-Handschuhen behandelt werden, wozu ja auch die Berufung von seinem linken 68er-Spezi Hallhuber dienen sollte.

Der inzwischen verstorbene Besitzer der Brauerei, Mehrheitsaktionär und Aufsichtsratsvorsitzender Josef Schörghuber, kam nur ein einziges Mal in die Versuchung, als Hausherr auf dem Nockherberg direkt mit Weisungen in die Salvator-Probe eingreifen zu wollen. Doch dies ließ er sich – murrend und grollend, aber zum Glück für die Brauerei – von mir wieder ausreden.

Es war einige Wochen vor der Kommunalwahl 1984, als in München der 1978 von der SPD nicht mehr aufgestellte Ex-OB Georg Kronawitter nach sechs Jahren Wahlkampf-Spaziergängen an der Parteibasis – mit rund 10 000 Mark Pension im Monat – gegen den Amtsinhaber Erich Kiesl antrat, den ersten CSU-Oberbürgermeister in München. Kronawitter, den ich einmal beim Salvator mit einem schönen Kompliment versehen habe – »der Schorsch hat zwar den Neid net erfunden, aber er hat was draus g'macht!« – arbeitete im Wahlkampf immer mit der gleichen Masche: nämlich der populären Klischee-Rolle – der tapfere Ritter Schorsch kämpft für die armen »kleinen Leute« und gegen die »Superreichen und Spekulanten«. Dazu brauchte er für eine medienwirksame Feindattrappe jeweils einen »Milliardär«: 1982 war das der Löwenbräubesitzer Baron August von Fink und 1984, sowie nochmals 1990, musste der »Bau- und Braulöwe« Josef Schörghuber herhalten. In diesem Streit ging es um die Affäre mit dem sogenannten »Bauland-Geschenk«.

Eines Tages Anfang Februar wurde ich in die Brauerei gebeten und ich merkte schon an den langen Gesichtern von gleich vier versammelten Paulaner-Vorständen, dass irgendwo der Hut brannte. »Schörghuber verlangt«, so wurde ich als Autor mit seiner Anordnung konfrontiert, »dass Kronawitter entweder gar nicht zur Salvatorprobe eingeladen oder dort einmal ordentlich hergehaut wird.«

Als ich sagte, das gehe doch unmöglich, und meine Argumente vorbrachte, zuckten sie nur zustimmend mit den Schultern und Herr Schneider sagte: »Aber der ist unser Aufsichtsratsvorsitzender, dem gehören 80 Prozent der Brauerei!« Mein Gegenvorschlag: »Dann lasst doch mich mit ihm reden!«

Daraufhin trafen wir uns dann mit Josef Schörghuber in seinem Büro, wo er schon alle das »Bauland-Geschenk« betreffenden Pläne ausgebreitet hatte um mir die »Dummheit« von Erich Kiesl und das »Schurkenstück« von Georg Kronawitter zu erläutern.

Soweit ich das noch in Erinnerung habe, ging es in der Sache darum, dass Oberbürgermeister Kiesl Schörghuber gebeten hatte, mit einem Baurecht, das er auf einem großen Grundstück hatte, von einer bestimmten Geschoßzahl aus städtebaulichen Gründen freiwillig um ein Stockwerk herunterzugehen. Auf einem anderen Grundstück, wo es nicht störte, genehmigte er ihm dafür eine höhere Anzahl von Geschoßen. Das eine hätte Kiesl ohne das andere nicht gekriegt und für jeden gesunden Hausverstand war der finanziell in etwa ausgeglichene Handel nach dem Prinzip »Gibst du da nach, geb ich dort nach« auch gerecht. Aber formalrechtlich ist es offenbar nicht erlaubt ein Kopplungsgeschäft mit zwei verschiedenen Projekten zu machen. So war Kiesl gezwungen, das erweiterte Baurecht auf dem zweiten Grundstück offiziell als getrennten Akt zu deklarieren.

Nachdem jemand aus der Stadtverwaltung Kronawitter die Sache zugetragen hatte, nützte der das »Bauland-Geschenk« propagandistisch aus, indem er immer nur den zweiten Fall herausstellte, wo Schörghuber an Bauwert gewonnen hatte, und von dem anderen Projekt, wo Schörghuber sein höheres Baurecht abgetreten hatte, keinen Ton sagte.

Josef Schörghuber schäumte vor Wut und war auf beide stocksauer: auf Kiesl, weil er das vorher hätte wissen müssen, und auf Kronawitter, weil er ihn in den OB-Wahlkampf hineingezogen hatte. Jedenfalls war es sehr schwer Josef Schörghuber von einer falschen Gegenreaktion aus Wut abzubringen. Er verstand mein Zögern nicht, Kronawitter auf dem Nockherberg eins drüberzubraten. Für ihn schien es klar, dass Kiesl die Wahl gewinnen werde. Deshalb müsse man bei der Salvatorprobe am übernächsten Donnerstag – also 10 Tage nach dem Wahlsonntag – doch auf den bereits abservierten Kronawitter keine Rücksichten mehr nehmen.

Dem hielt ich nun eine Risiko-Vision entgegen: »Wenn Kiesl aber nicht im ersten Wahlgang gewinnt, findet die Salvatorprobe genau drei Tage vor einer Stichwahl statt. Und wenn wir dann Kronawitter nicht einladen oder unfair abwatschen, dann wird er in allen Zeitungen zum Märtyrer und gewinnt am Ende noch gerade wegen Ihnen die Wahl. Oder die Salvatorprobe ist für immer kaputt, weil sie einmal für Wahlkampfzwecke missbraucht worden ist. Und außerdem: Im Falle einer Stichwahl würde ich Kiesl den Fehler zutrauen so um sich zu hauen (wie er es dann tatsächlich getan hat), dass er am Ende wirklich verliert, und Sie müssen mit Ihrer Baufirma samt Ihren Brauereien danach wieder mit dem zuvor abgewatschten Kronawitter zusammenarbeiten!«

Josef Schörghuber fand meine Analyse der Risiken so weit hergeholt und absurd, dass er schließlich das Gespräch mürrisch brummelnd abbrach und nur sagte: »Dann machan Sie's halt von mir aus, wia S' moanan! Vielleicht könna S' ja besser schreiben als reden.«

Dies forderte natürlich meinen ganzen Ehrgeiz heraus, vor allem nachdem dann Kiesl keine ausreichende Mehrheit erhalten hatte und die Stichwahl feststand. Aber es dauerte noch einige Zeit, bis mir plötzlich in der Badewanne eine Lösung des Problems einfiel.

Jedenfalls, als schließlich meine – ja nur als Möglichkeit prophezeite – Variante haargenau eintraf und Kronawitter doch wieder Oberbürgermeister wurde, war Josef Schörghuber sicher froh darüber, dass er, trotz aller Verärgerung, auf dem Nockherberg im Wahlkampf Neutralität hatte wahren lassen und nicht auch noch an der Niederlage Kiesls schuld war. Er hätte das natürlich nie zugegeben. Aber ich hatte andererseits durchaus den Eindruck, dass ich mir in dieser heiklen Situation mit meiner Standhaftigkeit jenen unter Altbayern üblichen

Respekt bei ihm erworben habe, der mir bis zu seinem Tod völlige Freiheit als Autor der Salvatorrede eingebracht und weitere Einflussnahmen erspart hat. Schließlich hat er mich sogar beauftragt für die Feier seines 70. Geburtstags im Haus der Kunst seine letzte persönliche Dankesrede für ihn zu schreiben.

Die Passage über die OB-Wahl in Sedlmayrs Festrede 1984 lautete:

»Ja, des mit dera Stichwahl am Sonntag in München, des war mir anfangs scho sau-z'wider. Z'erst wollt ich halt bloß einem von den zwei Kandidaten a tröstliche Nachred halten. Jetzt verabschied ich euch doch sicherheitshalber alle beide, und zwar mit einem Sternderl dran, gell – so einem wie auf eure Formulare. Des heißt dann für die Zuhörer: Nichtzutreffendes bitte am Sonntagabend streichen! Also:

Auf Wiedersehen, Herr Kronawitter! Sie Glücklicher! Nach einem so schönen Ach-

tungserfolg am 18. März ist nun doch der Kelch der sauren Rathausarbeit an Ihnen vorübergegangen. Sie können sich nun wieder auf Ihre geliebte Basis zurückziehen und sich ganz der Basis widmen. Bloß eines: Ich find ›Basis‹ so ein unschönes Wort für Ihre Frau.

Ja, und wenn S' also jetzt an dera Basis weiterarbeiten, dann machen Sie sich beruflich keine Sorgen. Natürlich, beim Arbeitsamt wird's schwierig, weil die sagen vielleicht – wie Ihre Partei vor sechs Jahren –, Sie wären ›nicht mehr vermittelbar‹. Aber Kopf hoch: Z'erst tät ich's amal bei der Marine probieren – als U-Boot-Kommandant. Weil so lang wie Sie haben die Münchner Linken noch keinen auf Tauchstation halten können. Und in einer Firma steht immer eine Tür für Sie offen: beim Josef Schörghuber! Nein, nicht nur nach auswärts! Der Herr Schörghuber hat Ihre Fähigkeiten schätzen gelernt – drum werden Sie ja auch bei ihm bestimmt nie Bauland-Referent. Weil da müsst ma scho a bissl besser rechnen könna.

Und jetzt – zur Auswahl: Pfüat Eahner Gott, lieber Herr Kiesl! Sie tragisches Opfer des Frühlingswetters! Nur weil die Münchner Schwarzen auch am Wahltag immer disziplinlos ins Grüne streben und weil die Roten und Grünen alle net Skifahren können und daheim wählen gehen – nur durch diese unglückliche Verkettung von Wetterkatastrophen haben Sie Ärmster die Wahl verloren.

Aber Sie müssen jetzt auch das Positive daran sehen, weil beruflich können S' doch auch völlig unbesorgt sein – Sie als ›Mann der Tat‹. In Berlin wird doch allerweil wieder amal a Bürgermeisterposten frei! Und die freun sich immer, wenn einer aus München kommt. Sie haben zwar g'sagt, Sie möchten net als Frührentner spazieren gehen und auf am Bankerl rumsitzen. Na ja, aber vielleicht auf ana kloana Sparkasse? So was hat de CSU schon oft amal für'n politischen Austrag vergebn.

Also, jeder hat noch eine echte Chance und jeder hat einen großen Auftrag zu erfüllen. Wenn Sie wieder der Oberbürgermeister werden, Herr Kronawitter, dann muss es Ihre erste Aufgabe sein, dass Sie allen Münchner Linken endlich 's Skifahren lernen lassen. Sonst sitzen die ja in sechs Jahr' wieder daheim rum und wähln Eahner aus lauter Langeweile.

Und Sie, Herr Kiesl, wenn Sie Oberbürgermeister bleiben, dann machen S' bittschön nie wieder an Wahlkampf! Wenn Sie nämlich auch einfach Skiurlaub g'macht hätten statt dauernd zum Kadi z' renna, dann wärn S' jetzt vielleicht scho wieder gewählt.

Was mich betrifft, so hab ich mich halt mit dera Stichwahl abgefunden und ich glaub dabei auch an dem Kardinal Ratzinger sei' ›Sensation des Guten‹. Vor allem seit ich zufällig von zwei Münchner Wirt' einen sicheren Tipp für'n Sonntag aufg'schnappt hab: ›Reg di net auf‹, sagt der eine, ›am Sonntag g'winnt scho der Unser.‹ – ›Ja, aber – welcher is denn der Unser?‹, fragt der andere. – Meint der erste: ›Ja eben – immer der, wo g'winnt!‹«

»Die sind überhaupt nicht rot – die sind doch völlig farblos!«
Die Leiden der SPD am Nockherberg

Um gleich allen falschen Behauptungen vorzubeugen: Es gibt tatsächlich auch viele Sozialdemokraten, die lachen können! Zum Beispiel, wenn ihre linken Kabarettisten auf Parteitagen oder Wahlkampfveranstaltungen tolle Witze über diese lächerlichen politischen Gegner reißen. Da gibt es schallendes Gelächter. Aber wenn jemand sich über die SPD selbst, ihre Spitzenfunktionäre oder gar ihre Politik lustig machen will, dann hört für viele der Spaß auf und es gibt darüber absolut nichts mehr zu lachen. Die Minderheit unter den Sozialdemokraten, die auch über sich selbst und ihre Partei lachen kann – Willy Brandt war so einer, Horst Ehmke oder Hans Apel auch, und in Bayern gehören am ehesten Peter Glotz, Karl-Heinz Hiersemann und Albert Schmid dazu –, die ist vom Aussterben bedroht und steht auf der Roten Liste.

1996 waren es genau 20 Jahre, dass die CSU in den berühmten »Kreuther Beschlüssen« für die Trennung von der CDU und für bundesweites Auftreten votierte. Max Grießer hat aus diesem Anlass in Wildbad Kreuth vor der CSU-Landesgruppe im Bundestag als vom Himmel geschickter Franz Josef eine von mir geschriebene Parodie auf eine Strauß-Rede an seine politischen Erben vorgetragen. Landesgruppenchef Michael Glos hatte auch den anwesenden Journalisten, darunter viele aus Bonn, erlaubt an diesem geselligen Abend im Rahmen der Klausurtagung teilzunehmen.

In dieser Strauß-Rede wurden aber nicht nur die politischen Gegner der CSU, sondern auch ihre eigene Politik und ihre Spitzenpolitiker durch den Kakao gezogen. Danach kam ein der SPD zeitlebens sehr nahe stehender Bonner Kollege auf mich zu und sagte: »Wir haben Tränen gelacht – nur schade, dass so was in der SPD einfach unvorstellbar ist!«

Humor im Austeilen haben noch viele von ihnen, Humor im Einstecken nur ganz wenige Sozialdemokraten. Aber die allerwenigsten haben die Begabung aus dem wohlmeinenden Spott und milder satirischer Kritik auch jenes Körnchen Wahrheit herauszuhören, über das einmal ernsthaft nachzudenken sich vielleicht doch lohnen würde. Diese Art von »Hofnarren-Funktion«, nämlich in witziger Verpackung den Oberen hinzureiben, was die Unteren denken, hat immer nur bei der CSU gewirkt, weil die SPD sich immer irrtümlich selbst zu den Unteren gezählt hat und außerdem meist ideologisch im Glauben an ihre Politik gefestigt war.

Als ich 1982 erstmals als Redenschreiber für Walter Sedlmayr bei der Salvatorprobe mitgewirkt habe, passierte sofort die Sache mit der – nur wegen der humorlosen Reaktion Rothemunds – bis heute noch berühmtesten Pointe über »den bekannten Herrn Dings«. Wie schon in den Erinnerungen an Sedlmayr beschrieben, führte die zum völlig unbeabsichtigten und auch unvorhersehbaren, aber hörbaren Einschnappen des SPD-Vorsitzenden Helmut Rothemund. Diese humorlose Reaktion machte Schule in der bayerischen SPD und so kam es dann 1983 zu einem recht lächerlichen Vorstoß der SPD-Rundfunkräte gegen die Fernsehübertragung der Salvatorprobe. Damals war die gesamte Mannschaft des Salvatorspiels von Olf Fischer, Walter und Gerd Fitz bis Franz Mesner und anderen so einseitig zur CSU orientiert und in vollkommener Strauß-Verehrung befangen, dass ich in der Festrede immer bewusst gegengesteuert und die hochempfindliche SPD ausgesprochen milde derbleckt habe. Ihr prominentester Vertreter, Hans-Jochen Vogel, ist immer gut weggekommen. Denn erstens waren wir froh, dass wenigstens ein bekannter Roter aus Bonn herkam, und zweitens musste man ihn ja in den siebziger und frühen achtziger Jahren immer gegen linke Systemveränderer in der SPD – à la Juso-Chef Gerhard Schröder – in Schutz nehmen. Er wurde daher stets eher als Musterknabe, Einser-Jurist und perfektionistischer Rechthaber derbleckt.

»Was kann man einem Hans-Jochen Vogel schon nachsagen? Der macht vielleicht Fehler, aber er hat keine«, habe ich Sedlmayr 1984 in die Salvatorrede geschrieben. Dann habe ich ein landespolitisches Problem der bayerischen SPD – dass die jahrzehntelang Oppositionspartei war – auch auf die Bundespolitik übertragen. Damals – so kurz nach der Wende von 1982/83 – konnte noch niemand ahnen, dass in der gesamten Zeitspanne, in der ich die Salvatortexte schreiben sollte, die Sozialdemokraten auch in Bonn nicht mehr an die Macht kommen würden. Aber trotzdem habe ich bei den Roten voll ins Schwarze getroffen mit dem weiteren Text:

»Auf einen Fehler möcht ich Sie aber schon aufmerksam machen – in aller Freundschaft und nur zum Besten Ihrer Partei. Sagen S' amal, Herr Vogel, warum wetterts ihr in eurer Fraktion im Bundestag dauernd so gegen die Apartheidpolitik in Südafrika? Sie sollten doch im Gegenteil und in eurem eigenen Interesse geradezu fordern, dass die Apartheid auch in Bayern eing'führt wird. Des wär doch die einzige Chance für die

bayerische SPD endlich auch wieder amal an die Macht zu kommen – wenn die Schwarzen nimmer wählen dürfen.«

Hans-Jochen Vogel ist seit seiner Zeit als Münchner Oberbürgermeister in den sechziger Jahren ein treuer und meist auch begeisterter Salvatorgast gewesen. Auch war er intelligent genug um – wie Strauß – zu begreifen, dass trotz kleiner Bosheiten das Derblecktwerden in Bayern nur seine Popularität fördern kann. Er war bis zu seinem Ausscheiden aus dem Bundestag – mit ganz wenigen Ausnahmen – immer bei der Salvatorprobe dabei. Und das in wechselnden Funktionen: als Bundesstädtebauminister und zeitweiliger Landesvorsitzender der SPD, als Bundesjustizminister, Regierender Bürgermeister von Berlin, Fraktionsvorsitzender der SPD im Bundestag und schließlich auch zusätzlich SPD-Bundesvorsitzender.

In all diesen Jahren war er immer der prominenteste Sozialdemokrat auf dem Nockherberg, weil andere SPD-Bundespolitiker aus höheren Funktionärskreisen trotz zahlreicher Einladungen nie erschienen sind. Ganz im Gegensatz zu Theo Waigel und Michael Glos, die immer kräftig Salvator-Werbung auch bei der CDU und FDP, ja sogar bei der Fraktionsführung der SPD gemacht haben, hat Vogel nie großes Interesse gehabt etwa einen roten Ministerpräsidenten oder gar einen von den ehrgeizigen »Brandt-Enkeln« mitzubringen, der ihm dann die Schau hätte stehlen können. Und wenn wir einen von denen – zum Beispiel den Filou Lafontaine, den er am wenigsten mochte – durch den Kakao gezogen haben, dann hat er sich mit gespielter Empörung gerade so gefreut wie Franz Josef Strauß bei jedem bösen Spott über Helmut Kohl.

Darum wurden von uns bis einschließlich 1990 fast alle auch die SPD mitbetreffenden bundespolitischen Themen über Hans-Jochen Vogel angespielt. Er kam dabei nicht nur selbst immer ziemlich gut weg, sondern seine Anwesenheit bot uns auch die Möglichkeit Bonner Spitzenpolitiker der Union oder der FDP – speziell Kohl, Genscher, Strauß – im Vergleich mit Vogel indirekt zu derblecken. Natürlich konnte man aber mit Hilfe von Hans-Jochen Vogel nicht nur seine Kontrahenten ansprechen, sondern auch seine Konkurrenten in der SPD treffen.

Wann immer mir jemand heute Rechtslastigkeit in der Salvatorrede vorwirft, frage ich zurück: »Welchen prominenten Spitzenpolitiker der SPD sollen wir denn in Abwesenheit abhandeln, wo wir als einzige bekannte anwesende SPD-Politiker nur Renate Schmidt oder gerade noch Albert Schmid im Bild zeigen können? Und wen von den Stellvertretern der Renate Schmidt in Partei und Fraktion hätten Sie denn gerne erwähnt?«

Gewisse Schauspieler, die sich als große Linke aufblasen, kennen meist keine und keinen davon. Und selbst Journalisten, sofern sie nicht zufällig im Landtag arbeiten, haben da ihre Schwierigkeiten. Albert Schmid hat ein paar Mal vergeblich versucht seinen Freund Gerhard Schröder auf den Nockherberg zu locken und angeblich bemüht sich auch Renate Schmidt um Verstärkung durch prominente Sozis aus Bonn. Ich hatte sie aber bisher eher im Verdacht, sie wolle – wie Vogel – gar nicht höhere Funktionäre als sie selbst als Konkurrenz auf dem Nockherberg sehen. Darum habe ich ihr dies von Grießer 1996 einmal so hinreiben lassen:

»*Die Herren Albert Schmid und Fritz Schösser sind nicht nur die Lieblings-Sozis der Wirtschaft, sondern auch die der Kirchen. Die Renate Schmidt mag weder Schmid noch Schösser, aber sie ist ja auch sehr christlich. Die SPD-Landesvorsitzende pocht nur immer vorwiegend auf das erste Parteigebot: Du sollst keine fremden Götter neben mir haben!*«

Die erste Sedlmayr-Festrede im März 1982 fiel noch in das letzte Jahr der sozial-liberalen Koalition unter Bundeskanzler Helmut Schmidt. Im Herbst kam die Wende im Bundestag mit Kanzler Kohl und im Frühjahr 1983 begann nach der Bundestagswahl – sie fand am Sonntag vor der Salvatorprobe statt – die Ära Helmut Kohl mit Außenminister Genscher und Innenminister Zimmermann. Kohls Rivalität mit CSU-Chef Strauß blieb uns erhalten und hat uns mit Themen jahrelang reichlich versorgt. Wäre Helmut Kohl freilich einmal selbst zur Salvatorprobe erschienen, so hätten wir den Bundeskanzler natürlich viel freundlicher behandeln und auf viel Lacherfolg mit bösen Pointen über ihn verzichten müssen. Mit der Abfolge von Kohls SPD-Gegenkandidaten – Hans-Jochen Vogel, Johannes Rau, Oskar Lafontaine (beinahe noch Björn Engholm) und Rudolf Scharping – spiegelt sich in den Salvatorproben das Verhältnis der bayerischen SPD zu den ständig wechselnden Führungsspitzen der Bonner SPD wider.

»*Mit der Nachfolge von Helmut Schmidt möcht ich mich net lang aufhalten*«, hieß es in meiner ersten Salvatorrede, die ich 1982 für Sedlmayr geschrieben habe, »*obwohl ich ja in meinem bayerischen Patriotismus unter allen Roten immer noch am liebsten einen weißblauen seh, gell, Herr Vogel. Na ja, Sie haben ja auch ein Riesenglück gehabt in Ihrem Pech! Weil durch des, dass Ihre Partei Sie als Bundesjustizminister grad noch zu einem neuen Himmelfahrtskommando nach Berlin geschickt hat, san S' noch rechtzeitig vor dem bevorstehenden Schiffsuntergang in Bonn unbeschädigt auf sichere Tauchstation kommen.*«

Nachdem sich Vogel dann im Frühjahr 1983 in ziemlich aussichtsloser Position als SPD-Kanzlerkandidat opfern hatte müssen und – wie vorhersehbar – die Bundestagswahl verloren hatte, wurde er von Sedlmayr mit dem Salvator als Balsam getröstet:

»*Drum hat mir das ja eigentlich recht imponiert, dass der Hans-Jochen Vogel da net lang rumg'redt hat – Sie wissen schon, wie's* halt sonst immer heißt, gell: ›Immerhin das fünftbeste Ergebnis seit 1973 und beachtliche Gewinne am Taunus-Osthang.‹ Nein, der hat gleich g'sagt: ›Wir haben die Wahl verloren.‹ Respekt! Und grad bei uns in Bayern gilt ja da der faire Grundsatz: Geschlagene Gegner werden nicht vernichtet, sondern geschont. Man braucht sie ja noch zum Derblecken.«

Der erste Bundestagswahlkampf nach der »Wende« war im Frühjahr 1983 von beiden Seiten mit großer Härte und Verbitterung geführt worden. Die Salvatorprobe fand gleich am Donnerstag nach dem Wahlsonntag statt und die Wahlkämpfer saßen sich auf dem Nockherberg noch erschöpft und verkrampft gegenüber. Kein Mensch hätte jetzt schon einen Wahlkampf-Nachtarock ertragen können, schon gar nicht die von der Macht verdrängten Sozialdemokraten. Daher bemühte ich mich um eine über die Parteigrenzen reichende Auflockerung der Stimmung und eine leichte Entspannung nach all der gegenseitigen Polemik. Ich sammelte aus den Zeitungen alle Beschimpfungen, die ich finden konnte – egal, von welcher Seite sie kamen –, und schrieb Sedlmayr folgende Begrüßung in den Text, die geradezu einen befreienden Lachsturm im Saal auslöste:

»Wegen der großen Leiden und Strapazen, die Sie auch erdulden haben müssen, möchte ich im Namen aller Nicht-Politiker, also namens der Leidtragenden dieses Wahlkampfes, die anwesenden Politiker bevorzugt und möglichst namentlich begrüßen.

Wo hab ich denn diese Namen, die sie sich selber im Wahlkampf gegeben haben, damit Sie unser Vertrauen gewinnen? – Ah, da: ›Sehr geehrte Herren Verbrecher und Verleumder! Werte Lügnerinnen und Lügner! Liebe müde und kalte Krieger, blutige Stümper, Dilettanten und Gaukler! Hoch geschätzte geistige Bürgerkrieger, Brandstifter und Brunnenvergifter! Ehrenwerte Erpresser, Klimaverpester und Klassenkämpfer von oben! Liebe Handlanger Moskaus und Speichellecker Washingtons, opportunistische Abstauber, Schaukelpolitiker und sesselklebrige Erbhofbauern, mittelmäßige Spießbürger und reaktionäre Maulhelden, linke Landsknechte und rot-grüne Chaoten! Ich begrüße Sie alle voll Hochachtung, auch in Begleitung ihrer ahnungslosen Engel und nützlichen Idioten.‹«

Die direkte Abhandlung des ziemlich erfolglosen SPD-Wahlkampfes erfolgte dann wieder über Hans-Jochen Vogel, richtete sich aber, um ihm nicht noch mehr wehzutun, stärker auf Nebenschauplätze wie die Wahlwerbung, die aus dem Typ eines immer korrekten Juristen und höheren Verwaltungsbeamten plötzlich einen hemdsärmelig kämpfenden Arbeiterführer und Volkstribun hatte machen wollen:

»Herr Dr. Vogel, ham S' übrigens Ihr Jopperl schon wieder g'funden? Ihr Jackett? Ja? Gott sei Dank – er hat's an. Ich hab mir nämlich schon Sorgen gemacht, weil er auf so vielen Wahlplakaten immer nur im Hemd dagestanden ist. Ich mein diese Schwarz-Weiß-Plakate mit den vielen Sprechblasen – praktisch Stummfilm mit Untertiteln.

Des muss wieder so einem intellektuellen Trachtenpreißn in Ihrer Partei als strategische Idee eing'falln sein, dass man Sie unbedingt in Hemdsärmeln als volkstümlich verkaufen muss. Grad a so, als ob Sie sich net als Bundeskanzler, sondern als Manager für a Kegelbahn beworben hätten!«

Der Rest waren dann bei diesem für die SPD nach ihrem Machtverlust ganz besonders schmerzlichen Salvatoranstich mehr Trost- als Spottworte für den gescheiterten Kanzlerkandidaten. Zum Beispiel:

»Überall, wo seine Genossen zuvor eine haarsträubende Politik g'macht habn, da hat dann unser armer Vogel Hansi einfliegen müssen – München, Berlin, Bonn – Figaro hier, Figaro da! Und immer habn s' ihn viel zu spät geholt: Wo der SPD schon die letzten Haar' ausganga warn, hätt er als Friseur noch auf der Glatze Löckerl drehen solln!«

Was damals als Trost gemeint war, sollte schließlich zur Prophezeiung werden, weil Vogel dann auch nach den Niederlagen anderer Kanzlerkandidaten der SPD aus der Opposition nicht mehr herauskam:

»Aber jetzt wird's ruhiger, Herr Vogel, jetzt sind S' Oppositionsführer – des is a Dauerstellung. Natürlich mit Aufstiegsmöglichkeiten! Schaun S', Sie habn ja doch Freunde in der Fraktion – Gott schütze Sie vor Ihren Freunden! Und schaun S' her: Wie lang hat der Helmut Kohl warten müssen! Und wer hat's ihm alles net zutraut, gell, Herr Strauß! Aber jetzt gönnt's ihm ja wirklich jeder. Na ja, sagn ma: fast jeder.

Er ist ja auch ein selten sympathischer Mensch, der Herr Kohl. Und der könnt noch viel beliebter sein, wenn ihm nicht diese fixe Idee kommen wär, dass er ausgerechnet Bundeskanzler werden muss. Na, jetzt lass' ma's ihm halt a Zeit lang spielen, weil's ihm a solche Freud macht. Und trösten Sie sich – der hat ja bekanntlich auch Freunde!«

In der Landespolitik gab es Mitte der achtziger Jahre nicht nur Nachfolge-Gerangel hinter Franz Josef Strauß, sondern auch bereits Scharmützel um den etwas weniger attraktiven, aber hierzulande einzig erstrebenswerten Posten für SPD-Politiker, nämlich die Nachfolge vom Fraktions- und Landesvorsitzenden Helmut Rothemund. Ich habe dies als eine von mehreren Gelegenheiten benutzt der SPD in Bayern hinzureiben, wie wenig bayerisch sie ist, habe aber dabei den dialektfrei sprechenden Böhmen Peter Glotz fälschlicherweise als Nordlicht eingeordnet (was er danach sofort richtig gestellt hat):

»Geh, Herr Rothemund, mir zwoa müaßen doch jetzt z'sammhalten – gegen eahm da, den Peter Glotz! Der moant nämlich, er kannt Eahner den Posten vom bayerischen SPD-Vorsitzenden wegschnappen. Und mir hätten dann no an Preißn mehr im Landtag! Aber wie ein Mann stehen sie ja alle hinter Ihnen, Ihre tapferen Getreuen von der zutiefst bayerischen SPD mit ihren klingenden bayerischen Namen: die Schmolkes und Warneckes, die Hiersemänner, Böddriche und Kolos.«

Nachdem ich dann im Text die Strauß-Diadochen und die schwächsten Figuren seines Kabinetts derbleckt hatte, schwenkte ich wieder zur Landtags-SPD zurück:

»Wie soll sich im Schatten dieser großen CSU-Matadore noch eine Opposition profilieren? Noch dazu, wo die weißblauen Genossen auch noch dauernd diffamiert werden – als Rote! Derweil is des gar net wahr. Ich hab die angeblich so gefährlichen Leute hinter dem Herrn Rothemund genau beobachtet und muss sie heute einmal in Schutz nehmen: Die sind doch nicht rot, die sind völlig farblos!«

In der Salvatorrede 1985 schloss ich fast nahtlos an den Spott über die schwachen Nachfolger Rothemunds an und deutete auch an, wie ihm bereits mehr und mehr die Gefolgschaft versagt wur-

de, weil man wusste, dass er bald aufhört. Da hieß der Text dann so:

»Der Napoleon Süßmeier hat auf der Wiesn sein Waterloo erlebt. Aber des ist scho a schönes G'fühl, wenn man sieht, wie alle Wirte-Kollegen immer geschlossen hinter einem stehen – jedenfalls, wenn von vorn g'schossen wird. Des is doch bei Ihnen net anders mit der Solidarität, Herr Rothemund – oder? Gell, wenn Sie bloß die Genossen alle schon hinter sich hätten, die wir in der bayerischen SPD noch vor uns haben, Sie – des wär a Rückhalt!«

Die bayerische SPD hat die CSU immer unterschätzt und deren Erfolg nur dem außergewöhnlichen Wundermann Strauß zugeschrieben. Darum haben sich dann Bayerns Sozialdemokraten ständig eingeredet, dass Strauß schon stark nachlässt und es mit der CSU bald dahingeht – und sie wurden von linken Journalisten der Landtagspresse in diesem Irrglauben bestärkt und auf dem falschen Weg ermuntert. Über ein Beispiel haben wir uns dann einmal im Salvatortext lustig gemacht:

»Aber traun tun Sie sich schon was, Herr Rothemund! Wia Sie neilich unsern Ministerpräsidenten einen ›zahnlosen Löwen‹ g'hoaßen habn – Sie, wiar i Eahner da g'hört hab, heuer am Aschermittwoch, da is mir sofort de G'schicht eing'falln von dera Maus, die nach'm dritten Schnaps sagt: ›So, jetzt geh i 'naus und schmier dem Kater a paar!‹ I woaß zwar net, wia vui Schnäpse Sie scho g'habt habn, aber eines weiß ich, was Sie mit dem Herrn Strauß gemeinsam

haben, Herr Rothemund – und das ist die Ungeduld eurer Nachfolger.«

Hier konnte man dann wieder auf die Bundespolitik zurückschwenken, wo in der SPD immer wieder hinter vorgehaltener Hand die Frage aufgeworfen wurde, ob Willy Brandt nicht doch bald den Parteivorsitz abgeben sollte. Die einen wollten mit Vogel wieder mehr Dynamik und eine straffere Parteiorganisation, die anderen wollten den nicht gerade charismatisch begabten Bayern noch so lange wie möglich verhindern. Einer seiner Genossen sagte einmal zu mir: »Der Vogel ist doch nur ein Jurist, aber kein Politiker!«

Nachdem wir uns nach der Bundestagswahl 1987 zuerst darüber lustig gemacht hatten, wie lange Bundeskanzler Kohl »wie eine Bruthenne über seinem Kabinetts-Gelege gesessen und dann doch wieder alle Windeier und faulen Eier als Minister dringelassen hat«, schwenkte ich im Text zur Bundes-SPD rüber:

»Herr Vogel, da dürfen Sie jetzt nicht mitlachen, weil – sonst müsst ich jetzt Sie fragen, wie lang das mit der Nachfolge vom Willy Brandt noch dauert! Wenn Sie schon

übern Eierhandel von der Koalition lachen, dann müsst man auch über die seltsame Geflügelzucht von der SPD reden – über de Emanzen-Gäns', de Polit-Anterer und de rotgschopferten Kampf-Gickerl! Bei euch dreht sich immer alles um die Flügel: Da gibt's einen rechten Flügel, einen linken Flügel, einen grünen Flügel und einen Kanalarbeiter- oder Gewerkschaftsflügel – ja, was soll denn das?

Ihr Sozis züchtets da ein vierflügeliges Parteihendl her, aber als Kanzlerkandidaten habts dann doch nur noch Einflügler: Der Rau ist mit dem rechten Flügel auf die Nasen gefallen, und jetzt hebt der Lafontaine bald mit seinem linken Flügel zum nächsten Blindflug ab. Der zielt forsch auf die Grünen und fliegt ins Blaue, der Anfänger! Nur er, der erfahrenste Vogel der SPD, kreist schweigend mit breiten Schwingen über der gackernden Schar der Parteihühner wie ein alter Steinadler und wartet, bis der Ruf der Partei in seine einsame Höhe dringt.«

Der spätere Nachfolger Rothemunds als Fraktionschef der SPD im bayerischen Landtag, Karl-Heinz Hiersemann, wollte gerne, dass auch die SPD vom Volk als bayerische Partei akzeptiert wird, ohne dass ihre Spitzenpolitiker ständig – wie außer mir noch viele andere spotteten – »als Trachtenpreußen in weißblauen Unterhosen« auftreten, mit bayerntümelnden Plakaten werben oder bei allem »die Bayern-SPD« dazuschreiben müssen. Es war jedoch nicht so leicht möglich, an dem in Mittelfranken lebenden Ostpreußen Hiersemann selbst etwas Bayerisches zu finden. Einmal habe ich das versucht:

»Herr Hiersemann – Respekt! Seit Sie der Spitzentänzer vom Oppositions-Ballett sind, hat auch die SPD-Fraktion wieder einen altbayerischen Namen, der von Ihnen abgeleitet wird: ›die Querschädeln von der SPD‹. Weil – was der Hiersemann, dieser preußisch-fränkische Bud Spencer der bayerischen Landespolitik, da im Landtag ständig anzettelt, des is ja scho mehr als wia bloß a Revolution – des grenzt ja schon direkt an den Ausbruch von Demokratie in Bayern!«

Die bayerische SPD hatte damals schon so eine Art »Doppelspitze«, bloß noch nicht diesen Namen dafür. Das war wieder eine der zahllosen Konstellationen, wo die Rechts-Links-Schablone nicht greift: Mit dem gutmütigen »Francopreußen«, Fraktionschef Karl-Heinz Hiersemann, verstand ich mich gut und wollte ihm helfen, gegenüber dem krachert bajuwarisierenden, stramm sozialistischen Sprüchereißer, dem SPD-Landesvorsitzenden Rudi Schöfberger, hatte ich große Vorbehalte. Aus dieser rein subjektiven Einstellung heraus wurden meine Texte über Schöfberger meist automatisch boshafter als die über Hiersemann. Diese Diskrepanz steigerte sich mit den Jahren bis zum Höhepunkt 1990, als ich Schöfberger auf Wunsch von Hiersemann durch Nichterwähnen beleidigte. Noch 1989 sagte zum Beispiel Sedlmayr zuerst an die CSU, dann an die SPD gerichtet:

»Unser angebliches Derblecken auf dem Nockherberg ist doch die reinste Schmeichelei – wenn man des vergleicht mit dem, was sich da Parteifreunde gegenseitig an den Kopf werfen. Ja, ja, ich hab schon ›Freunde‹ gesagt, aber das gilt auch für euch von der SPD, denn selbst Genossen können ja in Ausnahmefällen auch Freunde sein. Herr Schöfberger, ich mein damit nicht Sie persönlich. Sie haben ja unter Ihren Genossen keinen Freund.«

Bei der ersten Landtagswahl nach Rothemund sackte die bayerische SPD unter dem fast miteinander verfeindeten Gespann Schöfberger-Hiersemann auf nur noch 27 Prozent, ein Ergebnis, das die beiden dann 1990 noch um ein weiteres Prozent unterboten – der absolute Minusrekord. Nach der Wahl 1987 hieß es dazu im Salvatortext:
»Also, da tut man zuerst alles, damit der Herr Rothemund groß rauskommt, und dann schickt er uns gleich zwei Nachfolger in den Wahlkampf, die miteinander noch weniger bringen wie er selber. Herr Schöfberger und Herr Hiersemann, gell, Sie haben wahrscheinlich so gerechnet: Wenn wir uns möglichst nichts anmerken lassen, dass wir zusammengehören, dann kriegt jeder von uns 25 Prozent – und schon haben wir miteinander die absolute Mehrheit!«

Im nächsten Jahr hatten wir zuerst Finanzminister Streibl gefragt, ob die drei Millionen Mark Abfindung für den von Strauß nicht mehr erwünschten und vorzeitig abgelösten Landesbank-Präsiden-

ten Ludwig Huber denn jetzt eher ein Schmerzens- oder ein Schweigegeld gewesen seien. Und dann haben wir den Ministerpräsidenten direkt an einer empfindlichen Stelle derbleckt. Er werde Wirtschaftsminister Jaumann ewig nicht los, wo er doch Gerold Tandler als Dank »für seine großen Verdienste« mit diesem Posten versorgen wolle. Da Schöfberger und Hiersemann darüber sicher hämisch lachen würden, kam hier die sofortige Überleitung zu ihnen. Die beiden SPD-Chefs in Partei und Fraktion hatten als Konsequenz aus der Wahlniederlage über neue Strategien nachgedacht und neue Zielgruppen als SPD-Wähler ausgemacht. Das haben wir auf dem Nockherberg dann auch gelobt, aber wiederum mit unterschiedlichen Akzenten für Hiersemann und Schöfberger:

Da muss ich jetzt natürlich gleich fragen, wie es denn mit den Verdiensten unserer Arbeiterpartei steht. Hab ich Arbeiterpartei gesagt? Ja? Ah, drum hat sich da keiner betroffen gefühlt. Ich hätt sagen sollen, die Partei mit der technischen Intelligenz, gell, Herr Hiersemann, das ist die neue Zielgruppe.

Da frag ich mich bloß, warum sie dann im Landtag immer so schrein? Weil technische Intelligenz kennt doch schon Mikrophon und Lautsprecher! Aber immerhin, Herr Hiersemann, der neue Maßanzug – Hut ab! Da hat er auf meine damalige Kritik an seinem Schlapperanzug auf den Wahlplakaten großartig reagiert. Und ich hab's Ihnen ja immer schon gesagt: Ein neuer Anzug kommt viel billiger als eine Abmagerungskur!

Ein fesches Äußeres, das ist halt auch wichtig, vor allem, wenn man von einer Arbeiterpartei umsteigen will zu einer Partei der sozialen Aufsteiger. Das ist aber, glaub ich, mehr Ihre Zielgruppe, Herr Schöfberger. Und da kann man auch nur höchste Anerkennung aussprechen: Ihnen ist der soziale Aufstieg auf Anhieb gelungen – ja, vom Politiker zum Schauspieler!

Also einzigartig, was der neulich beim Politischen Aschermittwoch in Vilshofen für Rollen gespielt hat: Einmal war er der Filser, dann der Abraham a Santa Clara, einmal der Savonarola und dann wieder der Weiß Ferdl – jedenfalls so, dass man den Schöfberger Rudi völlig vergessen hat. Ob mit verstellter Stimme oder mit verdrehten Augen – Sie haben alle an die Wand gespielt, sogar sich selber!«

Bei der Salvatorprobe 1988 brauchte ich den noch relativ neuen SPD-Bundesvorsitzenden Hans-Jochen Vogel wieder als eine Art Billard-Bande für indirekte Schüsse auf den Bundeskanzler. Anlass war, dass wir erstens als roten Faden verkündet hatten, diesmal würde auf dem Nockherberg niemand derbleckt, sondern alle nur »rücksichtslos« gelobt, und zweitens, dass Vogel wegen irgendwas Helmut Kohl öffentlich gelobt hatte. Sedlmayr:

»Die Idee mit dem Loben stammt sogar von Ihnen, Herr Vogel. Ja, das wundert Sie jetzt selber, gell, wo es doch immer heißt, Sie wären nicht originell. Aber san S' amal ehrlich, Herr Vogel, Ihnen hat doch schon keiner mehr zugehört, wenn Sie tagaus, tagein den Bundeskanzler immer nur kritisiert haben. Führungsschwächen hier, Peinlichkeiten da und Wachsfiguren-Kabinett dort – ja mei, des wissen ja alle, aber ihm gefällt's halt!

Darum war das ja auch so eine glänzende Idee von Ihnen, dass Sie neulich den Kanzler endlich einmal gelobt haben. So was ist originell. So was fällt aus dem Rahmen und gibt einem Publicity! Aber ein Verdienst von Ihnen muss ich schon auch lobend hervorheben: So eine Disziplin wie seit dem letzten Jahr hat es in der SPD noch nie gegeben. Die Leut fragen schon dauernd: Was ist denn mit den Sozis los, die streiten ja plötzlich nimmer – die werden doch nicht krank worden sein?

Bloß einen mag er halt gar nicht recht loben, der Herr Vogel, naa, da lobt er lieber er den Kohl zweimal, bevor er ein gutes Wort für den Lafontaine rausbringt, diesen roten Kater von Saarbrücken, der immer mit zwei Füß' direkt in den Milchnapf der Partei 'neitritt und dabei no am Vogel Hansi 's Haferl ausschütt'. Lassen S' halt gleich den gescheiten Oskar amal vor! Natürlich ist der nicht so gescheit wie Sie – nur – wer könnt das schon sein? Aber, Herr Vogel, bekanntlich soll doch der Gescheitere immer nachgeben. Und ich muss Sie warnen: Der Lafontaine hat immerhin schon das Juckpulver für die Gewerkschaften erfunden. Der erfindet am End auch das Schnupfpulver für Sie. Darum müssen Sie sich rechtzeitig auf den Standpunkt von Franz Josef Strauß zurückziehen: Mir is des doch Wurscht, wer unter mir Kanzler werd!«

Jedes Jahr einmal traf ich Hans-Jochen Vogel im Bayerischen Wald. Aber anstatt mir brauchbare Schnurren und Interna aus seiner Partei als Munition für die Salvatorprobe zu erzählen, fragte er mich meistens gleich mit geschwellter Brust und sonorer Nikolaus-Stimme: »Hast du denn unsere hervorragenden Umfrage-Ergebnisse schon gelesen?« Einmal habe ich ihm darauf eine Antwort gegeben, die hat mir selber so gut gefallen, dass ich sie gleich in der nächsten Salvatorrede so verarbeitet habe: *»Mit dem Hans-Jochen Vogel hat der Helmut Kohl eine ganz korrekte und saubere Arbeitsteilung: Immer in der Mitte der Legislaturperiode, wenn die Regierung grad ihre größten Schweinereien ... – nein, was hab ich vorhin g'sagt? – ja, den größten Saustall angerichtet hat, da ist die SPD obenauf und gewinnt alle Umfragen. Aber am Ende der Legislaturperiode, wenn d' Leut alle Beutelschneidereien wieder vergessen haben, dann ist die Union obenauf und gewinnt dafür die Wahlen. Herr Vogel, können Sie das nicht einmal umdrehen? Lassen Sie doch endlich einmal den Helmut Kohl bei einer Umfrage siegen! Vielleicht gewinnen Sie dann endlich die nächste Wahl!«*

Draußen in den bayerischen Landkreisen, unter den SPD-Orts- oder Kreisvorsitzenden und anderen Kommunalpolitikern, herrschte bei der Einführung der Quotenregelung viel Frust und Verärgerung. Dabei wurde auch oft geschimpft über diese »Nahkampf-Emanzen«, »g'schaftigen Spinatwachteln« und »greisligen Heugeign«, die über die SPD-Listen in den Bundes- oder Landtag kommen und dort den bewährten Männern die Plätze wegnehmen, die man dringend bräuchte, damit von unten wieder einer nachrücken kann. Auf diesen Karrierestau und den Ärger über »de schiachen Weiber« angesprochen, klagte damals die attraktive tz-Kollegin und modebewusste Pressesprecherin der Münchner SPD-Stadtratsfraktion, Barbara Schäfer, ihr gehe es ja auch nicht anders: Sie würde sich gerne um ein Landtagsmandat für die SPD bemühen, »aber wennst a bißl guat ausschaust und dich einigermaßen flott anziehst, hast

keine Chancen – nicht wegen unserer Männer, sondern wegen der Frauen!«
Auch diese Vorlagen habe ich auf dem Nockherberg 1989 verarbeitet – wahrscheinlich frauenfeindlich – und zwar folgendermaßen:

Die roten und grünen Politfrauen – oder Politessen oder wie die heißen – vermehren sich neuerdings nur noch nach der Quotenregel. Und zu dieser Vermehrung braucht man natürlich keine Männer mehr, sondern im Gegenteil – die stören da bloß. Aber sonst tun mir die Sozis schon irgendwie Leid. Ich mein nicht, dass es bei euch Roten keine schönen Frauen gäbe. Aber, wenn eine bloß ein bisserl flotter ausschaut, wie zum Beispiel die Münchner Stadträtin Barbara Schäfer – ja so eine wie die kesse Schäferin kann halt bei euch nicht viel werden. Die wird doch sofort von den grauen Neidgenossinnen politisch totgebissen!
Da kommt's jetzt in der SPD bei der Aufstellung sämtlicher Kandidatenlisten überall zum Quantensprung nach der Quotenregel – und damit zum Hauen und Stechen der Geschlechter. Weil – 40 Prozent Frauen rein in die Liste, das ist ja noch relativ wenig, aber 40 Prozent Männer raus aus der Liste – das ist relativ viel!«

Einige Jahre später erging es dann Renate Schmidt auch nicht viel anders: Sie wurde im Landesvorstand immer wieder niedergestimmt, aber eher noch von den Männern in der Partei unterstützt als von den Frauen. Dazu habe ich dann 1993 in den Text von Max Grießer geschrieben:

»Frau Schmidt, Sie haben leider viel zu wenig Amigos. Nicht in der Bevölkerung! Nein, da sind's der CSU schon eher zu viel. Aber in der bayerischen SPD – da sind's viel zu wenig! Bei den SPD-Frauen haben Sie ja von Haus aus keine Chance – nicht einmal als Oma. Dafür sehen Sie halt immer noch zu flott aus! Feminismus duldet nun mal keine Weiblichkeit! Können S' denn da gar nix dagegen machen? Irgendwas greißlich Emanzipiertes – wenigstens so an Doppelnama wie Renate Schmidt-Oberanger.«

Eine der schwierigsten Salvatorreden – insgesamt, aber auch die SPD betreffend – war die vom Frühjahr 1990. Es war gerade Wahlkampf in der noch bestehenden DDR und jeden Tag rief ein anderer hoher Salvatorgast an und fragte an, ob er denn seinen neuen Parteifreund aus dem Osten mitbringen dürfe: einmal Vogel für Ibrahim Böhme (Ost-SPD), einmal Waigel für Diestel (DSU). Im Herbst sollte die deutsche Einheit vollzogen werden, aber noch stand nicht fest, wie. Die CSU hatte in den neuen Ländern mitgeholfen eine DSU neu zu gründen, die CDU war darüber erbost, gleichzeitig brauchte sie die DSU, weil Kohl in seiner »Allianz für Deutschland« andernfalls lauter »Blockflöten« wie die Ost-CDU versammelt hätte. In der SPD waren viele Linke noch bemüht die Selbstständigkeit der DDR als sozialistischer Staat zu retten, die Wiedervereinigung zu verhindern und nur eine Art Konföderation der beiden deutschen Staaten anzustreben – bis Willy Brandt den befreienden Schritt nach vorne tat und sich aktiv zur deutschen Einheit bekannte.

Während Kohl vollmundig »blühende Landschaften« versprach, ohne den Zeitrahmen dafür zu nennen, und Waigel noch glaubte, die Einheit ohne höhere Steuern finanzieren zu können, wetterte Oskar Lafontaine – vor allem in Westdeutschland – gegen die ungeheuren Kosten der Einheit. Er forderte damals so etwas wie eine »Entsolidarisierung«: nämlich die massenweise zur D-Mark in den Westen Geströmten heimzuschicken, indem man ihnen einfach den Beitritt in westdeutsche Sozialsysteme verwehrt, sie also von der Nutzung der Sozialhilfe, der Renten, der Krankenkassen und so weiter ausschließt. Hans Jochen-Vogel zögerte ständig herum, denn er befürwortete statt dem Beitritt der DDR zum Grundgesetz die Ausarbeitung einer neuen gemeinsamen Verfassung um all die vielen »sozialistischen Errungenschaften«, an denen die DDR wirtschaftlich und ökologisch kaputtgegangen war, dort zu erhalten und uns zukommen zu lassen.

Viele bei uns im Westen können sich heute an die verwirrenden politischen Vorgänge vom Begrüßungsgeld bis zum Bananen-Rausch der Ossis und die Diskussion um die Einführung der D-Mark in der DDR genauso wenig erinnern wie die Ossis an die Zustände in 40 Jahren DDR hinter Mauer und Stacheldraht. Das habe ich schon 1990 einmal sarkastisch in meinem Salvatortext angesprochen: *»Die Menschen in der DDR haben vieles verloren – vor allem ihr Gedächtnis!«*

Darum musste ich hier wenigstens einige Stichworte aufzählen, weil sonst weder die besonderen Schwierigkeiten beim Schreiben des Salvatortextes 1990 noch die versuchten politischen Aussagen, geschweige denn die besonderen Empfindlichkeiten, heute noch zu verstehen sind.

Wegen der zögerlichen und teilweise fast enttäuschten Reaktion der SPD auf die einmalige Chance der deutschen Einheit habe ich diese Partei 1990 und dann auch noch später schärfer angegriffen als in den früheren Jahren. Einige Passagen sind inhaltlich dadurch begründet, dass ich damals auch die Sorge hatte, es könnte alles zu schnell gehen und dadurch falsch laufen. Daher war der Grundtenor der Rede: Nur nicht hudeln, lasst's euch Zeit! Auch wegen der schwer durchschaubaren Situation war Walter Sedlmayr gereizter und unsicherer als früher:

»Sie brauchen da nicht mitreden, Herr Vogel, Sie sind auch durchaus entbehrlich. Ich mein natürlich nicht bei uns auf'm Nockherberg. Nein! Aber drüben in der DDR – und auch droben in Bonn. Sie haben ja dank der raffinierten Doppelstrategie der SPD überall eine glänzende Vertretung: In der DDR inszeniert Ihr Ostreferent Willy Brandt die Wiedervereinigung zu Höchstpreisen. Und bei uns herüben rauft Ihr Westreferent Lafontaine darum, dass die Bun-

desrepublik kein Geld mehr an ausgerissene Zonis verschwendet.«

An anderer Stelle hieß es:

»*Das ist doch ungerecht, Herr Vogel, dem Helmut Kohl vorzuwerfen, dass er um jeden Preis als neuer Bismarck in die Geschichte eingehen will – als Kanzler der deutschen Einheit. Warum gönnen Sie denn dem Kohl diese Ehre nicht, Herr Vogel? Was ist denn schon ein Kanzler der deutschen Einheit? Die drüben haben vor uns Angst und wir herüben haben vor denen Angst. Und vor dem Einheits-Kanzler haben dann am Schluß in Europa alle Angst. Außerdem: Das Geschenk der deutschen Einheit ist ja so, wie wenn einem jemand ein kaputtes Haus schenkt. Und dann merkt man erst, wenn man es schon hat, dass außer den Reparaturkosten noch ein Haufen Hypotheken drauf sind.*«

Unsere Hauptattacken gingen aber gegen die Illusionen von den großartigen sozialen »Errungenschaften« in der DDR, die alle erstrebenswert sind, wenn man jemanden hat, der sie bezahlt. Ich habe versucht im Salvatortext einige aufzuzeigen, zu zerpflücken und durch satirische Übertreibung die Absicht Vogels als absurd zu entlarven, diese sozialistischen Träume in eine neue Verfassung zu schreiben und auch noch eine Volksabstimmung darüber abzuhalten.

»*Was hab ich da g'hört – a neue Verfassung wolln Sie, Herr Vogel? Der Einser-Jurist will auch noch Verfassungsvater werden? Vielleicht gar für diese tollen sozialistischen*

Errungenschaften, vor denen in der DDR die Leut in Scharen davonlaufen? Für was, glauben dann Sie, hat der bayerische Landtag vor 40 Jahren das deutsche Grundgesetz abgelehnt? Doch nicht, damit wir es uns jetzt wegnehmen lassen! Und was soll nachher in einer neuen Verfassung schon Besseres drinstehn, Herr Vogel? Bloß wegen dem ›Recht auf Kindergartenplätze‹ brauchen wir keine Verfassung, sondern nur mehr Kindergärten. Dass das ›Recht auf Arbeit‹ bei euch drüben hohen Verfassungsrang hat, das wissen wir auch, Herr Böhme. Aber da gibt es halt bei euch wie bei uns viele, die halten das Recht auf Arbeit gleich so hoch, dass sie gar nimmer 'nauflangen können. Die möchten lieber gleich das Recht auf gut bezahlte Arbeitslosigkeit in der Verfassung haben.

Natürlich kann's uns herüben Wurscht sein, was die drüben alles für schöne Utopien in ihre Verfassung reinschreiben – solang's net auf unsere Kosten geht. Wir wollen die Ossis doch bei nichts bevormunden, was wir nicht am Schluss zahlen müssen! Im Gegenteil! Wir hätten doch noch einen Haufen großartige Gratis-Anregungen für neue soziale Verfassungsrechte: Wo bleibt das Recht auf Freibier, Gratis-Bananen und frische Erdbeeren im Winter? Alles, was wir gern hätten, schreiben wir einfach als Anrecht in die Verfassung, dann muss es uns der Staat garantieren! Wie wär's mit dem Recht auf Vorfahrt für jeden Autofahrer und dem Recht der Bauern auf gute Ernten? Ich empfehle weiter: Das Verfassungsrecht auf eine Weihnachtsgans und für jeden frei laufende Ostereier! Ja, Sie, da wüsst ich noch viele Rechte, für die man bei einer Volksabstimmung eine satte Mehrheit kriegert. Darum gibt es noch viel zu tun, bis jeder DDR-Bürger sein verbrieftes Recht hat, dass wir anderen für ihn aufkommen müssen.«

Diese Passagen haben mir hinterher nicht nur Vogel und die gläubigen Sozialisten in der SPD verübelt. Genauso ärgerten sich diejenigen Unionspolitiker, die damals noch von der Einheits-Euphorie berauscht waren und meine bissige Satire auf den künftigen Selbstbedienungsladen DDR für zu pessimistisch gehalten haben. In vielem habe ich dann Recht behalten, in manchem nicht, aber die damalige Stimmung in der bayerischen Bevölkerung habe ich sicher besser getroffen als die der Politiker im Festsaal am Nockherberg. Und das Risiko, altes westliches und neues östliches Anspruchsdenken als sogenannte »soziale Errungenschaften« in einer neuen Verfassung einklagbar festzuschreiben, wollte gottlob schon bald niemand mehr eingehen.

Im Jahre 1991 ist bei uns wegen der Golfkriegs-Hysterie außer den Faschingsfesten leider auch die Salvatorprobe ausgefallen. Seit dem Ende des Zweiten Weltkriegs sind die militärischen Konflikte auf der ganzen Erde nie abgerissen und dennoch kam kein Mensch auf die Idee deswegen aus unbeteiligter »Betroffenheit« bei uns in Deutschland irgendein Fest abzusagen. Josef Schörghuber hat aber eines richtig erkannt: Wenn die Normalbürger keinen Vereinsfasching oder Hausball beim Wirt feiern dürfen, aber die Freibier-Gesellschaft der Großkopferten sitzt auf dem Nockherberg und amüsiert sich köstlich beim Derblecken – dann werden uns das viele ausgesprochen übel nehmen.

Bis 1992 hatte sich dann vor allem in der SPD, auch in der bayerischen SPD, einiges geändert. Renate Schmidt war nach der Bundestagswahl 1990 auf Betreiben von Hans-Jochen Vogel zur Bundestagsvizepräsidentin gewählt worden. Sie sollte als bislang in Bayern kaum bekannte Nürnberger Abgeordnete eine bessere protokollarische Ausgangsposition haben. Vogel schätzte Renate Schmidt wegen ihrer Arbeitsdisziplin und weil sie ein ebenso gehorsamer und leidensfähiger Parteisoldat war wie er. Vogel selbst hatte den Parteivorsitz inzwischen an Björn Engholm abgegeben. Renate Schmidt war Landesvorsitzende der »Bayern-SPD« geworden.

Da sie zum ersten Mal in den neuen Funktionen auf dem Nockherberg dabei war, habe ich sie auch im Salvatortext sehr freundlich behandelt. Sie hat hinterher zu Max Grießer gesagt, er habe ihr in seiner milden Art als Bruder Barnabas viel besser gefallen als früher der giftig-ironische Walter Sedlmayr. Später hat sie ihn dann nicht einmal mehr angeschaut.

Außerdem hatte sie es in der Partei nicht leicht. Die organisatorische Parteireform hat sie ohnehin nur geschafft, weil

Glotz, Hiersemann und Albert Schmid sie unterstützt haben – als die letzte Hoffnung der bayerischen SPD durfte sie nicht damit scheitern und gleich wieder alles hinwerfen. Schöfberger hatte sich aus der Poltik zurückgezogen und Karl-Heinz Hiersemann machte sich daran, die Nachfolge Rothemunds als Landtags-Vizepräsident anzutreten und die Fraktionsführung an Albert Schmid zu übergeben. Als wir uns vorher noch einmal zum Essen getroffen haben, sagte er: »Kannst du mich heuer noch einmal anständig behandeln beim Salvator? Danach bin ich sowieso aus der Schusslinie.« Max Grießer sagte dann als Bruder Barnabas salbungsvoll:

»Sie hat es doch nicht leicht, die fränkische Jeanne d'Arc der SPD. Sie kämpft ja allein auf weiter Flur. Der Schöfberger Rudi ist mit dem Fallschirm abgesprungen worden

und der Peter Glotz macht zur Wiederbelebung vom toten Sozialismus immer wieder eine neue intellektuelle Mund-zu-Mund-Beatmung. Ja, wer soll denn dann der einsamen Renate über die 30-Prozent-Marke drüberhelfen? Selbst der getreue Recke Hiersemann mag nimmer. Aber Recht habn S', Herr Hiersemann! Sie haben lange genug die undisziplinierten roten Flöhe ihrer Partei gehütet, von denen Sie dann nur gepiesackt wurden. Sie haben den baldigen Absprung in den parlamentarischen Vorruhestand verdient. Der Lateiner sagt dazu nur: ›Hic Rhodos, hic salta!‹ – ›Jetzt Roter, jetzt spring!‹«

Weniger schonend, sehr erhaben und etwas uncharmant ist Ministerpräsident Max Streibl beim Politischen Aschermittwoch in Passau mit seiner neuen Konkurrentin umgesprungen. Er hat sie halt nicht ernst genommen, einmal herablassend als »Mäuschen« apostrophiert, einmal als »Amsel« verspottet und schließlich von ihr abschätzig als von »dieser Krampfhenne« gesprochen. Er konnte die gekünstelte Aufregung darüber nicht verstehen – dabei wusste er nicht einmal, dass Renate Schmidt erst wenige Tage zuvor im Nürnberger Fasching als Henne kostümiert gewesen war. Aber Streibl hatte ja miterlebt, wie oft zum Beispiel Strauß bei ähnlichen Anlässen über die »Krampfhenne« Hildegard Hamm-Brücher geschimpft hatte, ohne dass dies außer ihr jemanden störte. Also musste ich das Thema auch beim Salvator anbringen und ließ Max Grießer gleich damit anfangen:

»Moment noch! Gleich lass ich sie raus. Was? – Ja, meine Rede natürlich! Doch nicht die Sau! Geh, außer meiner Fest- und Fastenrede tät ich doch nix rauslassen – ja, nicht einmal die harmloseste Amsel oder Maus, geschweige denn eine ... was? Eine Krampfhenne? – Nie! Eines hätten eigentlich gerade Sie wissen müssen über das katholische Abstinenzgebot, Herr Ministerpräsident: Ein christlicher Politiker nimmt doch am Aschermittwoch niemals Geflügel in den Mund! Schon gar nicht so einen zähen Dornenvogel wie eine Krampfhenne! Gut, Sie haben die zurückgenommen, jetzt können Sies' Eahna braten!«

Theo Waigel und Renate Schmidt kannten sich ja schon länger aus dem Bundestag und kamen auch besser miteinander aus. Als jedoch der CSU-Chef Waigel irgendwann etwas einigermaßen Freundliches über die SPD-Landesvorsitzende sagte, wurde ihm gleich aus der eigenen Partei – vermutlich der Umgebung Streibls – vorgeworfen, er habe sich ihr geradezu an die Brust geworfen. Dazu sagte Bruder Barnabas:

»Deswegen brauchen Sie nicht gleich noch extra rot zu werden, Frau Schmidt! Eine peinliche Befragung von euch zwei Parteivorsitzenden dazu möcht ich nämlich vermeiden. Nur ein Missverständnis möcht ich noch aufklären: Bei der nächsten Wahl erwartet niemand von euch beiden ein Brust-an-Brust-Rennen – sonst hätt ja der Theo Waigel gar keine Chance. Wir wollen ein

Kopf-an-Kopf-Rennen! Weil – dann hat er wenigstens die Augenbrauen vorn.«

Auch 1993 kam Renate Schmidt noch ausgesprochen gut weg, obwohl Hans Zehetmair beklagt hatte, wir würden sie beim Salvator zu bekannt machen. Später wurde sie dann sowieso etwas härter angegangen, aber nicht auf Wunsch des Kultusministers, sondern weil sie nicht mehr neu war. Mangels namhafter SPD-Politiker aus Bonn war sie dann zudem jahrelang die prominenteste Anwesende ihrer Partei und hat ja auch selbst gern kräftig ausgeteilt.

1993 war das Jahr der sogenannten »Amigo-Affären« in der CSU und das Jahr der falschen Hoffnungen in der bayerischen SPD. Renate Schmidt glaubte wirklich, dass man mit den mageren Vorwürfen über ein paar peinliche Vorgänge mit Reise-Einladungen oder Vortragshonoraren für Max Streibl eineinhalb Jahre Wahlkampf bestreiten könnte. Während der neue Fraktionsvorsitzende Albert Schmid das Ziel anstrebte, der CSU vielleicht die absolute Mehrheit abzunehmen um dann in eine große Koalition zu kommen, setzte Frau Schmidt voll auf Rot-Grün und sprach nur noch vom Wechsel.

Da die Landtagspresse nur über Firmen-Flugzeuge und Leihwagen für CSU-Minister schrieb, wollte ich wenigstens beim Salvator am Beispiel Hiersemann darauf hinweisen, dass es auch in der SPD einiges gäbe, was man aufklären könnte.

Deshalb hörten sich die Passagen über die Bayern-SPD dann so an:

»Frau Schmidt, obwohl Sie ja in Bayern ständig die Wechseljahre ausrufen und von vorn noch viel stärker in Max Streibls Amt als Ministerpräsident drängeln als der Herr Stoiber von hinten, pressiert's vielen Funktionären der bayerischen SPD nicht mehr gar so mit Ihnen. Sogar der Karl-Heinz Hiersemann hat in Augsburg schärfer gegen das Trio Engholm-Klose-Schmidt gewettert als gegen die Strauß-Schalck-März-Connection. Der hätt beinah noch nachträglich die Landtagswahl gewonnen. Der größte Prügelknabe, den Bayerns SPD je gehabt hat, wollt halt auch einmal vorn dran sein – bei den Siegern. Bloß warn's wieder die falschen.

Dem neuen Landtags-Vizepräsidenten hat aber doch BMW auch gern ein Vierteljahr lang einen Gratis-Leihwagen zur Verfügung gestellt. Und mit Recht. Weil – grad wie manche Minister – hat der Herr Hiersemann sich das Testauto doch auch nur deswegen aufdrängen lassen, weil er das Image der Firma verbessern und die Arbeitsplätze hat sichern wollen. Weil – diesen Autotyp können die doch jetzt auch als Lastwagen anbieten!

Ihr Nachfolger im Fraktionsvorsitz, Herr Hiersemann, der Albert Schmid, der schert sich überhaupt nichts um die 100-jährige SPD-Tradition in Bayern: Der Oberpfälzer will die nächste Wahl nämlich gewinnen. Aber eines werden Sie im Untersuchungsausschuss schon noch aufklären müssen, Herr Schmid. Nein, doch nicht, warum Sie den grad angewärmten Platz im Landtag nicht gleich nächstes Jahr wieder für die Renate freimachen wollen. Ich mein' doch ganz was anderes: nämlich wie das mit dem großzügigen Leihwagen-Service für Prominente ist: Herr Schmid, wieso leiht da Ihnen keiner ein Auto? Sie, das könnt saublöd ausschaugn – grad so, als ob Sie noch gar nicht richtig prominent wären, oder wenigstens bekannt.

Aber dass es dank der neuen SPD-Führung jetzt mit der Alleinherrschaft der CSU in Bayern zu Ende geht, das muss man der Opposition einfach glauben. Weil das prophezeien jetzt SPD und FDP wirklich sehr überzeugend – und völlig übereinstimmend schon über 30 Jahr' lang! Da ist das mit Sicherheit irgendwann einmal sehr wahrscheinlich. Und der Valentin hat gesagt: ›Sicherheit geht vor Wahrscheinlichkeit!‹«

Bundespolitisch war das Jahr eher langweilig für die SPD, denn es kamen bereits Zweifel an den Führungsqualitäten des von den Medien hochgejubelten Ministerpräsidenten und SPD-Vorsitzenden Björn Engholm auf und auch an seiner Rolle als völlig unschuldiges Opfer der Barschel-Affäre, die inzwischen schon zur »Pfeiffer-Affäre« geworden war. Da die Medien mit Ex-Kanzlerkandidat Oskar Lafontaine nun weniger schonend umgingen, wurden auch über ihn Affären behauptet. Darauf sind wir beim Salvator in Abwesenheit der beiden so eingegangen:

»*Nicht nur unser Max Streibl, sondern auch der Ministerpräsident vom Saarland hat ja treue Freunde – zum Teil sogar lebensläng-*

liche! Keine Allerwelts-, sondern Unterwelt-Amigos! Und was muss der arme Oskar Lafontaine nicht alles mitmachen, dieser derzeit Ehemaligste aller lebenden SPD-Kanzlerkandidaten. Was meinen Sie, Herr Klein – der Engholm? Nein, das ist erst der zukünftige Ehemalige!

Den Herrn Lafontaine muss ich auch verteidigen. Diesem Hoffnungsträger a. D. hat ja niemand vorwerfen können, dass er gratis ein Firmen-Flugzeug benutzt hätte. Nein, als strenger Sozialist hat er sich lieber gleich direkt aus der Staatskasse bedient. Aber – man muss zugeben: keinen Tag länger, als bis er erwischt worden ist! Außerdem wirft die Presse dem Lafontaine ständig vor: ›Er verkehrt im Rotlicht-Milieu.‹ Frau Bundestags-Vizepräsidentin, gell, Sie haben ihn auch verteidigt in Vilshofen – und mit Recht: Wo sonst soll sich denn ein Roter wie der daheim fühlen, wenn nicht im Rotlicht-Milieu? Und, Herr Huber, warum fordert denn die Union betreffs Lafontaine jetzt ständig Aufklärung? Die hätt doch schon passieren müssen, bevor der kleine Oskar allein in eine Rotlicht-Bar geht! Aber Freunde hin, Koalitionen her – auch der Björn Engholm hat welche im angeblich so kühlen Norden – und was für saubere Freunde! Die kann er bloß noch fallen lassen wie heiße Kartoffeln. Und zwar nach der holsteinischen Bauernregel:

›Gibt's was Neues im Fall Barschel, brummt dem Engholm gleich das – Pfeiferl.‹ Der Herr Engholm ist halt zu sanftmütig, dieser sympathische Schoß-Jagdhund. Jedes Mal, wenn die SPD den zur Hatz auf den Kanzler nach Bonn trägt, dann knurrt er

zwar auf Kommando der Partei, wie wenn er den alten Mast-Platzhirsch Kohl gleich zerreißen tät. Aber kaum greift ihn ein CDU-Oachkatzel an, schon geht er bedächtig rückwärts. Im Mainzer Karneval haben sie den Engholm doch glatt aus Versehen mit dem neuen US-Präsidenten Bill Clinton verglichen. So ein Blödsinn, der Clinton ist doch freiwillig an die Macht kommen!«

Nicht wegen unserer Beurteilung am Nockherberg, aber noch rechtzeitig bis zur Salvatorprobe 1994, wurde Björn Engholm dann vom nächsten »Brandt-Enkel« abgelöst – vom rheinland-pfälzischen Ministerpräsidenten Rudolf Scharping. Renate Schmidt hatte ihn als neuen SPD-Star und siegessicheren Kanzlerkandidaten sofort beim Politischen Aschermittwoch präsentiert, aber dann mit ihrer eigenen Rede die Zuhörer wieder wecken müssen, die beim langweiligen Vortrag Scharpings schon fast alle eingeschlafen waren. Darum nahmen wir so Bezug:

»Unser bayerisches Fastenbier dämpft aber ebenso den Übermut aller voreiligen Sieger. Darum tät ich gern dem SPD-Chef auch ein paar Maß gönnen. Bloß – dem brauchen Sie davon gar nichts mehr einschenken, Frau Schmidt. Der ist ja in Vilshofen auch ohne Starkbier schon bei seine eigenen Reden eing'schlaffa.«

Beim Streit der Brandt-Witwe Brigitte Seebacher mit der SPD und Wehner-Witwe Gretl habe ich mir dann auf dem Nockherberg eine Bosheit gegen die Witwe Renate Schmidt und die von ihrem linken Medienanhang verherrlichte Multi-Kulti-Masche nicht verkneifen können:

»In der SPD-Spitze denkt man aber schon darüber nach: ob man nicht auch bei uns diesen Frieden stiftenden alten Brauch aus Indien einführen soll – die Witwen-Verbrennung. Dass Sie dagegen protestieren, Frau Schmidt, das wundert mich, wo Sie doch sonst immer so fürs Multikulturelle sind!«

Mit Albert Schmid habe ich ähnlich gute Kontakte unterhalten wie zuvor mit Hiersemann und mich immer wieder mit ihm zu Gesprächen getroffen. Er war als Fraktionsvorsitzender wie als zeit-

weiliger Vize und Generalsekretär ein sachlicher und kein polemischer, sondern ein auch zum politischen Gegner menschlicher Redner – so gegenüber dem aus der eigenen Partei mit Hilfe naiver linker Journalisten abgeschossenen Max Streibl. Es fiel mir daher auch schwer etwas Giftig-Witziges über ihn zu sagen. Aber es war immer wieder die gleiche Situation, nämlich dass die Konflikte innerhalb der Parteien spannender sind als die zwischen den Parteien: »*Nichts gegen die großartige Idee vom Albert Schmid mit einer neuen Innovations-Offensive für Bayern. Aber die einzigen Erfindungen der SPD sind halt immer nur neue Untersuchungsausschüsse im Landtag. Herr Schmid, das ist zwar Ihr bewährtes Beschäftigungsprogramm um arbeitslose Hinterbänkler der SPD und linke Parteijuristen von der echten Politik abzuhalten. Bloß – warum wollen Sie denn in diesen faden Untersuchungsausschüssen künftig die Zeugen wieder vereidigen lassen? Wenn die dort nicht mehr lügen dürfen, wird es ja noch langweiliger! Herr Schmid, ich glaub, Sie suchen mit dieser Hinterfotzigkeit nicht die Wahrheit, sondern einen Weg, nämlich um die CSU von einer großen Staatspartei zu einer kleinen Bayernpartei zu machen!*« Es gehörte freilich nicht viel Prophetengabe dazu um den Konflikt zwischen ihm und seiner Parteichefin Renate nach der Wahl vorherzusagen, denn außer dem eher unpolitischen Amt des Landtags-Vizepräsidenten ist der Posten des Fraktionsvorsitzenden der einzige gut bezahlte und halbwegs gut – mit Büro,

Sekretariat sowie Dienstwagen samt Chauffeur – ausgestattete Posten der SPD im Landtag. Albert Schmid hoffte aber 1994 darauf, dass die SPD in Bonn an die Macht kommt und dass ein Kanzler oder Vizekanzler Scharping dann Renate Schmidt als Staatssekretärin dort unterbringt. Schließlich hatte sie in Bayern kaum eigene Politik gemacht oder gar bayerische Interessen vertreten, sondern hier immer nur treu die Weisungen aus der SPD-Zentrale befolgt. Darum fuhr ich nach dem obigen Text fort: »*Da lacht er noch, der Albert Schmid. Sie, was machts Ihr denn in der bayerischen SPD-Fraktion nach der Wahl mit eurem*

Showstar, der gleichnamigen Renate? Doch nicht bei der SPD auch noch eine Doppelspitze! Oder gar ein rotes Tandem! – Nein? Dann gibt's nur eines: nach dem Modell Gauweiler gleich wieder verpachten an den Scharping in Bonn! Die Renate Schmidt hat schließlich zuvor jahrelang den Vogel Hansi fehlerlos nachgepfiffen und danach den Björn Engholm auswendig runtergebetet – die wäre doch mit dieser künstlerischen Begabung auch für den jetzigen SPD-Chef Rudolf Scharping eine ideale CD-Playerin.«

Die Münchner Oberbürgermeister von der SPD sind übrigens immer ähnlich geschont und mit Glacé-Handschuhen angefasst worden wie die Ministerpräsidenten der CSU. OB Vogel war sowieso als ungeschlagener Lokalmatador ein unverzichtbarer Star auf dem Nockherberg und trotz seiner Kontroversen mit Brauereibesitzer Schörghuber ist auch der wehleidige OB Kronawitter immer nur getätschelt worden und hat nie seine verdienten Watschen gekriegt.
Erst im Herbst 1993 habe ich mit dieser Tradition gebrochen. Die Münchner Presse hatte im OB-Wahlkampf die nur teilweise wahren Vorwürfe gegen Peter Gauweiler maßlos aufgebauscht und endlos ausgewalzt, war aber bei ähnlichen Anschuldigungen gegen Ude mit dessen Dementi zufrieden ohne der Sache nachzugehen. Daher habe ich damals im Text den auch kräftig austeilenden OB Christian Ude angeschossen:
»Sie sind der Einzige, Herr Ude, der vom Peter Gauweiler auch was gelernt und seine Anwaltskanzlei abgegeben hat. Aber Sie haben ja leider nicht viel gekriegt für Ihre Kanzlei, gell, Herr Oberbürgermeister. Waren jetzt da die Mandanten zu schwach oder Sie? Oder haben Sie jetzt nur die Einrichtung verkauft und die Kanzlei selber wartet später wieder auf Sie, wenn der Beratervertrag mit dem Städtischen Krankenhaus auch ein paar neue Möbel ermöglicht? Auf jeden Fall sind die Münchner dann ja nach Grundsätzen der sozialen Gerechtigkeit verfahren – sie haben als Oberbürgermeister den Bedürftigeren gewählt.«

Nach den Bundes- und Landtagswahlen vom Herbst 1994, als Renate Schmidt trotz unglaublicher Sprüche gerade noch mit Ach und Krach 30,0 Prozent erreicht und auch Scharping in Bonn nichts gerissen hat außer der Latte, da konnte ich beim Salvator 1995 auch eine kleine Retourkutsche für die unfairen Vorwürfe absenden, im letzten Jahr sei die Rede zu »frauenfeindlich« gewesen:
»Zu unserer alten Tradition gehört es auch: Von den vorgeladenen Probeschluckern wird niemand absichtlich beleidigt. Aber wer gern freiwillig einschnappt, wird auch nicht daran gehindert. Letztes Jahr sind uns gleich zwei schlagkräftige Mausfallen eingeschnappt: die Renate Schmidt und die Sabine Leutheusser-Schnarrenberger. ›Frauenfeindlich‹ wär ich gewesen, haben sie g'sagt, die zwei Herzilein von diesem scharfen linksliberalen Peperoni-Duo! Ich, der Bruder Barnabas, weiß doch gar nicht, wie so was geht! Aber inzwischen hat es sich ja

herausgestellt, wer frauenfeindlich war: doch nicht ich, Frau Schmidt, – die Wähler!«
Die SPD-Landesvorsitzende hatte sicherlich eine Weile die tapferen Trostworte der ihr nahe stehenden Jubelpresse geglaubt, ihr sei mit dem Zuwachs um 4 auf 30,0 Prozent ein großartiger Erfolg gelungen. Schon bald hatte sie aber feststellen müssen, dass das strukturell zwischen Regierung und Opposition überhaupt nichts verändert hat. Sie hat den relativen Erfolg immerhin genutzt, um – wie sie selbst vor der Presse sagte – »aus der Position der Stärke heraus« Albert Schmid den erst zwei Jahre angewärmten Sessel des Fraktionsvorsitzenden mitsamt der matieriellen Ausstattung wegzunehmen. Aber beim Politischen Aschermittwoch in Vilshofen hat sie dann ihren Frust gegenüber dem Wahlsieger Stoiber abgelassen. Den haben wir beim Salvator 1995 ebenfalls wegen der von ihm sofort entfachten großartigen Strohfeuer ironisch bewundert. Daran knüpfte dann der Text von Max Grießer an:
»Herr Stoiber, auch die Renate Schmidt hat in Vilshofen Ihre tolle ›Knallerbsen-Politik‹ bewundert. Aber dass Ihre Erbsen nicht mehr knallen, Frau Schmidt, das wundert mich nun wirklich nicht, wenn Sie die im Wahlkampf zuerst verkochen – grüne Erbsensuppe und rote Würstel als Koalitions-Eintopf sind doch kein Knaller mehr!«
Außerdem musste ich natürlich Albert Schmid wegen der – auch aus der Bundespartei – erlittenen öffentlichen Demütigungen und seiner ersten Degradierung zum nur noch stellvertretenden Fraktionsvorsitzenden trösten und wieder aufbauen:
»Jetzt haben Sie ja einen schönen Arbeitsplatz im Landtag, Frau Schmidt – als Powerfrau an der Windmaschine. Und der Albert Schmid ist Ihr geschäftsführendes Notstrom-Aggregat. Aber eine echte Doppelspitze sind die zwei ja nicht. Weil – die Renate als die große Wahlgewinnerin hat ja gesagt: ›Aus der Position der Stärke heraus‹ muss sie vorn sitzen. Damit ist es aber ein Tandem: Die Renate lenkt vorne und der Albert denkt hinten – ob er treten soll. Und bergauf tritt sie vorne, dann muss er hinten wieder eher bremsen, damit das Tandem nicht rückwärts den Berg hinunterrollt.
Der SPD-Bundesgeschäftsführer Verheugen hat Ihnen doch nach der Wahl angedroht, dass er Sie einen Kopf kürzer macht, Herr Schmid. Sie, das war doch ein schönes Kompliment, denn damit hat der zugegeben, dass Sie noch einen Kopf haben! Den Günter Verheugen könnte man gar nicht um noch einen Kopf kürzer machen, weil der den seinen schon lang verloren hat – als PDS-gestützter Erfinder der Koalition von Sachsen-Anhalt.«
Albert Schmids Hoffnungen auf einen Wahlsieg der SPD in Bonn und eine Berufung der Landesvorsitzenden in eine SPD-Bundesregierung hatten sich nicht erfüllt. Dennoch wurde schon damals gemunkelt, Renate Schmidt wolle wieder eine Funktion in der Bundespartei übernehmen um im Falle des Falles aus der für sie ziemlich langweiligen

Oppositionsrolle im Landtag wieder in eine Bonner Position zurückkehren zu können. Aber dort mauerten längere Zeit nicht nur Scharping, Schröder und Lafontaine, sondern auch die SPD-Frauen stark. Darauf spielte ich in der Salvatorrede Grießers so an:

»*Sie sind zwar nicht Ministerpräsidentin geworden, Frau Schmidt, aber in einer anderen traditionellen Rolle sind Sie ja nun doch Nachfolgerin von Franz Josef Strauß: beim ständigen Warten auf den Ruf nach Bonn. Der Strauß hat auch immer gehorcht und gehorcht und ewig nichts gehört. Das muss an der schlechten Akustik liegen! Aber kein Mensch versteht, warum die SPD ihre Männer-Troika partout nicht mit Ihnen ausbauen will – zur Quadriga der gemischten Zugpferde. Eure Troika kann nur in drei Richtungen ziehen – eine Quadriga in vier!*«

Bei meinen gelegentlichen Gesprächen mit Albert Schmid kam regelmäßig ein Thema aufs Tapet: Er hielt den SPD-Vorsitzenden Scharping für ein zu biederes hölzernes Bengele und jedenfalls für unfähig jemals eine Mehrheit für die SPD zu erkämpfen. Dafür schwärmte er umso mehr von Gerhard Schröder, der nicht nur wirtschaftspolitisch richtig denke, sondern auch das Charisma habe um die Wähler wieder für die SPD zu gewinnen. Jedes Jahr versprach mir Albert Schmid, er werde Schröder zum Salvator mitbringen, wenn dieser nur auch eingeladen werde, und ich könne gleich einen Text über den niedersächsischen Ministerpräsidenten einbauen.

Obwohl ich Schröder eher für einen cleveren und anpassungsfähigen Opportunisten hielt, tat ich Schmid den Gefallen, nur – Schröder kam trotz Einladung (jedenfalls bis 1998) nie. Doch 1996 hatte er so viel Neues geboten – vom Opernballbesuch mit Frau Hillu bis zur Scheidung von ihr und zahlreichen Interviews über seine Leiden mit einer Vegetarierin. Da konnte man den Text über Schröder nicht mehr kurzfristig herausstreichen, aber – wie so oft bei den SPD-Bossen nach deren Absage – es wirkte natürlich manches viel bissiger, weil man es ihm nicht direkt ins Gesicht sagen und er nicht mitlachen konnte, als es hieß:

»*Die Salvatorprobe ist für einen Politiker fast so ein hartes Opfer, wie wenn einer zum Beispiel für Autoexporte auf dem Wiener Opernball herumtanzen muss! Herr Stoiber, wieso ist eigentlich Ihr Kollege heut nicht da, dieser SPD-Ministerpräsident ...? Nein, nicht der kleine, spitznaserte Makro-Ökonom von der Saar mit dem schönsten Halbtags-Job Deutschlands! Sondern der andere Ministerpräsident, der Niedersachse Gerhard Schröder, der freundliche Gastgeber der Chaostage!*
Sagen S', Herr Stoiber, ist der womöglich eingeschnappt, weil Sie ihn auf dem Opernball heuer ganz allein schuften haben lassen? Der alte Jungsozialist hat da im Kampf um die VW-Arbeitsplätze freiwillig den Frackzwang auf sich genommen, hat im Schweiße seines Angesichtes harte Wirtschaftskontakte in den Champagner-Logen gepflegt und als Aufsichtsrat ja nur Pflicht-

walzer mit Vorstands-Gattinnen gedreht – linksrum wie rechtsrum! Bei diesem Volkswagen-Service hat er in tiefe Ein- und Ausschnitte von sozialen Netzen blicken müssen – und da vielleicht seine Frau vernachlässigt, die schöne, strenge Hillu.
Sie waren ja schon früher oft genug auf dem Opernball, Herr Stoiber – damals mit Franz Josef, dem bayerischen, und mit Hans Dietrich Genscher, dem Außerirdischen. Sie wissen natürlich, dass das nur ein einziger Stress ist. Aber das wissen doch diese linken Neidhammel nicht, die jetzt auf dem Schröder herumhacken! Darum hätten Sie halt dem Schröder helfen müssen, Herr Stoiber! Gibt es denn keine Solidarität mehr zwischen euch Autohändlern unter den Ministerpräsidenten?
Bei uns war der Gerhard Schröder jedenfalls heute auch eingeladen. Die Trennung von seiner Frau Hillu hätten wir nicht einmal ignoriert und er hätt ja auch hier ein schönes Stück Fleisch gekriegt – zum Essen natürlich! Nicht bloß ein verwelktes Hasenfutter wie bei seiner vegetarischen Frau. Die hat immer gesagt: ›Wenn ich koche, verzichtet der Gerhard auf das Fleisch.‹ So leicht kann man sich täuschen!«

Die SPD löste den anhaltenden Konflikt zwischen der loyalen Scharping-Verteidigerin Renate Schmidt und dem Schröder-Befürworter Albert Schmid dadurch, dass Albert Schmid auf Druck aus der Partei von seinen Ämtern als Generalsekretär sowie als stellvertretender Landes- und Fraktionsvorsitzender zurücktreten musste. Renate Schmidt lief auf dem SPD-Parteitag in Mannheim mit wehenden Fahnen zu Oskar Lafontaine über, der dort putschartig den überraschten Rudolf Scharping als Parteivorsitzenden stürzte. Vorangegangen war aber zuerst der Triumph über CSU beim Volksentscheid über kommunale Bürgerbegehren und danach im Frühjahr kurz vor der Salvatorprobe 1996 die größte Schlappe für die SPD seit der Nachkriegszeit bei den Kommunalwahlen in Bayern: In nahezu allen Großstädten hat sie ihre Oberbürgermeister verloren und in München ist sie nur zweitstärkste Partei hinter der CSU geworden.

Renate Schmidt war schon eine Weile nach der Wahlniederlage von 1994 zeitweise in so resignativer Stimmung, dass sie einmal einige SPD-nahe Journalisten ins Münchner Hotel Königshof einlud um darüber zu diskutieren, ob sie nicht besser alles hinwerfen solle. Wie man mir erzählte, hat sie auf die Frage, was sie dann machen wolle, sarkastisch geantwortet: Am liebsten würde sie ein Lokal aufmachen und dort selber kochen. Bis zum Salvator im März hatte sie aus Frust auch im Landtag noch kein Wort gesagt. Beides habe ich eingearbeitet.

Die genannten spektakulären Ereignisse innerhalb eines Jahres bei einer Partei führen natürlich leicht dazu, dass man auch bei der Salvatorprobe in demselben Jahr mehr SPD-Themen hat. Dann kommt unterm Strich diese Partei halt unbeabsichtigt einmal ziemlich schlecht weg – so wie 1990 die CSU vor der ersten Kabinettsumbildung Streibls. Die politische Grundkonstellation mit den drei Rivalen Lafontaine, Scharping und Schröder hat sich bis zur Entscheidung über den Kanzlerkandidaten 1998 auch nicht geändert. Aber leider waren die rivalisierenden Zugpferde der SPD-Troika beim Salvator 1996 nicht anwesend, als Max Grießer den Spott darüber schon vortrug:

»Kohl ist ein selbst ernannter Adenauer-Enkel, aber er hat selber keine, Strauß hat auch nur Erben, aber keine politischen Enkel. Nehmt euch doch ein Beispiel an den Brandt-Enkeln! Die schaffen jetzt den Generationswechsel sogar schon unter Gleichaltrigen:

›Eins, zwei, drei, die Troika
dreht sich rum im Cha-Cha-Cha
- und plötzlich ist der Oskar da!‹

Einen Brandt-Enkel, den Gerhard Schröder, haben wir ja heute extra wegen Ihnen eingeladen g'habt, Herr Schmid. Sie wollen den doch zum Bundeskanzler machen und dann selber auch wieder was werden: ein Nordlicht und ein Südstaatler als Gespann, wie in Amerika! Aber da geht leider gar

nichts, denn wer Kanzlerkandidat der SPD wird, bestimmt immer noch die Renate Schmidt! Sie sind die Chefin, gell, Frau Power – äh, Frau Schmidt. Sie haben zwar im Landtag die Power schon etwas verloren, nur heuer noch kein Wort. Aber erstens haben Sie ja Stellvertreter, die sich alle erst noch profilieren müssen, weil die mit Recht kein Mensch kennt, zweitens muss man auch als Powerfrau einmal irgendwas nicht sagen, was man sowieso nicht weiß. Das ist dann ›silent power‹ und an Ihnen noch neu. Aber Sie sollten doch den nächsten Kanzlerkandidaten der SPD bestimmen, Frau Schmidt! Weil – der Theo Waigel und sein Bonner CSU-Drahtzieher Michael Glos hoffen halt, dass Sie wie immer auf den Falschen setzen – diesmal auf Oskar, den Recycelten. Der ist ja auch sehr begabt – und nicht nur für Wein und gutes Essen. Seine Parteitagsrede von Mannheim hat der jetzt schon dreimal in Bayern auswendig wiederholt – fast fehlerfrei! Der Jubel lässt zwar langsam nach, aber von allen, die nichts Neues sagen, bringt's er noch am besten.

Mit diesem Rednertalent hat er ja auch den Scharping zum politischen Einsiedler gemacht und jetzt haut er auf die deutschen Aussiedler drauf. Aber rein wahltaktisch ist das schon geschickt vom Oskar Lafontaine. Beim Angriff auf die Aussiedler trifft er nämlich sicher keine Wähler der SPD. Die Russland-Deutschen kennen die Erfolge einer sozialistischen Wirtschaftspolitik ja schon von daheim.«

Im Nachhinein muss ich zugeben, dass die Kritik an SPD-Politikern 1996 härter war als das relativ milde Derblecken der CSU-Riege. Aber zum einen war wieder keiner aus der Bonner SPD-Troika da und in Abwesenheit wirkt alles schärfer, zum anderen waren die Themen-Vorlagen geradezu unumgänglich. Außerdem lässt man sich halt auch eher zu kräftigerem Hinlangen verleiten, wenn man anhand der verheerenden Wahlergebnisse sieht, wie die Stimmung im Lande ist und dass diese Partei aus Niederlagen nichts für ihre Politik lernt. Aber die spätere Empörung des Herrn Hallhuber, des neuen Bruders Barnabas, es sei einfach unmöglich gewesen die SPD in einem Zusammenhang mit der PDS zu erwähnen, ist nur damit zu erklären, dass er offenbar die parteiinterne Diskussion darüber in der SPD nicht mitbekommen hat. Da wurde ernsthaft darüber gestritten, ob man nicht doch auf Länderebene Koalitionen mit den kommunistischen SED-Nachfolgern akzeptieren und sie nur auf Bundesebene noch vermeiden solle. Rudolf Scharping musste extra nach Rostock reisen um nach dem Sündenfall von Sachsen-Anhalt wenigstens in Mecklenburg-Vorpommern eine zweite SPD-Landesregierung von PDS-Gnaden gerade noch zu verhindern – der bundespolitische Schaden wäre enorm gewesen. Albert Schmid hatte alle Überredungskunst aufbieten müssen, damit sich Renate Schmidt vorsichtig vom Modell Sachsen-Anhalt distanzierte. Darum – und weil man mir immer vorhielt, der Text sei zu harmlos – hielt ich als Warnung auch harte Worte über die sogenannten »toskanischen Enkel« beim Salvator für vertretbar:

»*Diese toskanischen Esel wollen jetzt sogar die alten kommunistischen Hinterpommern der SED wieder salonfähig machen. SPD und PDS: drei Buchstaben – ein Gedanke! Die haben scheint's den Satz von Willy Brandt falsch verstanden: ›Es wird zusammenwachsen, was zusammengehört!‹ Das hat der Willy Brandt auch nicht verdient: Seine roten Enkel poussieren mit der PDS und seine schwarze Witwe mit der CSU in Kreuth!*«

Die geforderte Schärfe wurde zwar nun geboten, aber offenbar nicht in der von den Erfindern gewünschten Richtung. Aber die bis heute anhaltenden Ränke und Intrigen der herzlichst miteinander verhassten SPD-Troika in Bonn hatten halt auch ihre Schattenspiele in die bayerische SPD-Spitze geworfen. Darum musste ich den Bezug herstellen:

»*Die Renate Schmidt und ihr Stellvertreter Albert Schmid gehören ja nicht zu diesen Enkeln. Die sind eher ein Paar für politischen Eiskunstlauf: Zuerst ist er als dreifacher Vize eingesprungen und jetzt hat sie ihn einfach kalt aufs Eis gelegt. Aber der hat halt schon früher gemerkt als Sie, Frau Schmidt, dass eher der Franz Beckenbauer Kardinal wird als der Scharping Bundeskanzler. Sie haben aber doch nicht als SPD-Generalsekretär zurücktreten müssen, Herr Schmid, bloß weil Sie schon früher gegen Scharping waren als Ihre Genossin Renate. Nein, sondern weil Sie dem SPD-Chef seinen Sturz beinah schon vor dem Parteitag*

verraten hätten. Die Renate hat ja an dem Putsch kräftig mitgedreht. Aber Weihnachtsgeschenke und Partei-Fallgruben verrät man niemals vorher! Sein Sturz sollte doch für Scharping eine nette Überraschung werden – und die ist ja gelungen! Sie hätten halt lieber für den Gerhard Schröder geputscht, gell, Herr Schmid. Den fürchtet auch der Helmut Kohl mehr, weil das ist ein Frauentyp – dem gefällt jede. Bloß Sie mögen den nicht so, Frau Schmidt, stimmt's? Weil der immer so spöttisch be-

hauptet, Sie hätten keine Ahnung von Wirtschaft. Also – dem sollten Sie's amal zoagn! Wenn S' so viel von Wirtschaft verstehen, dann machen S' doch einfach eine auf! Kochen können Sie doch gut.«

Die alten Streitthemen von Albert Schmid mit den 68er Sozial-Utopisten haben sich auch im Konflikt mit Renate Schmidt und ihren Beratern fortgesetzt. Der Vorsitzende des DGB Bayern, Fritz Schösser, der zuvor Senator, dann SPD-Landtagsabgeordneter gewesen war und jetzt in München für ein Mandat im Bundestag kandidiert, war in der Sache immer auf Seiten von Albert Schmid. Nur war er mit dessen Taktik nicht einverstanden einen parteiinternen Konflikt anzuheizen, den er sicher nicht gewinnen kann.

Ähnlich wie in der CSU die meisten Salvatorschüsse auf die Rivalität zwischen Waigel und Stoiber abgegeben wurden, so hat mich bei der SPD natürlich der ständige Streit zwischen der SPD-Chefin und den einzigen zwei – außer ihr – noch halbwegs bekannten Sozialdemokraten Albert Schmid und Fritz Schösser gereizt. Die beiden haben auch bei der Wirtschaft und den Kirchen ein für spätere Wahlerfolge nicht unwichtiges Renommee. Eine Pointe habe ich mir allerdings auf dem Nockherberg verkniffen, weil man es dort schwer erklären kann: Schösser war mehrfach als Synodale für die evangelische Landeskirche vorgeschlagen worden, musste das aber stets höflich »wegen Überlastung« ablehnen, weil er von Haus aus katholisch, aber zudem aus der Kirche ausgetreten war.

Schösser hat mir einmal erzählt, dass er die CSU-Politiker Stoiber und Wiesheu nur deshalb – zur Empörung seiner für Humor und Ironie nicht zugänglichen Partei – als »die zwei Lichtgestalten der CSU« bezeichnet hat, weil er damit aufzeigen wollte, dass diese im Bereich der Sozial- und Wirtschaftspolitik in ihrer Partei eine Ausnahme sind. Doch die Tatsache, dass ich die SPD-Politiker Schmid und Schösser beim Salvator immer sehr freundlich behandelt hatte, wurde mir von den linken Kritikern nie als politische Ausgewogenheit angerechnet, weil die beiden ja in der SPD wegen ihres wirtschaftlichen Konsensdenkens automatisch als »Rechte« galten. Dazu zwei Beispiele:

»Der Wirtschafts-Verstand von Bayerns DGB-Chef Fritz Schösser gilt heut bei den Unternehmern wie beim Ministerpräsidenten schon mehr als in der SPD. Aber das ist gar nichts gegen die Begeisterung bayerischer Protestanten für den Gewerkschafts-Boss! Den wollten die linken Pfarrer unbedingt als Synodalen haben und waren hinter dem Fritz Schösser zuletzt so eifrig her wie die Teufel hinter einer armen Seele.«

»Der Gewerkschafts-Boss hat die Herren Stoiber und Wiesheu sogar als zwei ›Lichtgestalten‹ bezeichnet, was ihm die SPD sehr verübelt hat. Warum eigentlich, Herr Schösser? War das, weil die zwei Regierungs-Leuchten schuld sind, dass man vom Schattenkabinett der Frau Schmidt nichts mehr

gesehen hat? Oder – Sie, Herr Schösser: Haben Sie womöglich mit den ›Lichtgestalten‹ gemeint, dass entweder die andern CSU-ler Finstermänner sind oder gar, dass Sie den zweien im Finstern lieber nicht begegnen wollen?«

Bei der Salvatorprobe 1997 habe ich nicht aus Rücksicht auf den neuen Bruder Barnabas, Erich Hallhuber, sondern wegen der unveränderten Situation deutlich weniger bundespolitische SPD-Themen im Salvatortext abgehandelt. Nachdem wieder keiner aus der Troika der SPD erschienen war, hatte Renate Schmidt mir mitteilen lassen, dass sie den Leiter der kleinen SPD-Landesgruppe im Bundestag, ihren Stellvertreter im Landesvorstand, Ludwig Stiegler, gewissermaßen dienstverpflichtet hat, diesmal auf dem Nockherberg zu erscheinen – so hätte ich wenigstens einen Ansprechpartner für Bundesthemen. Damit hat sie mir aber nur das Problem aufgehalst, den früheren Oberpfälzer Bezirksvorsitzenden der SPD und Bundestags-Abgeordneten Ludwig Stiegler erst einmal bekannt zu machen, weil den außer den Politikern und Journalisten ja bayernweit kaum jemand kennt.

Ich habe das dann im Zusammenhang mit dem vorläufig beendeten Streit Schmidt – Schmid und nach dem Vorbild Stoiber – Waigel behandelt, weil Albert Schmid und Ludwig Stiegler zu Gunsten des Letzteren die Rollen getauscht hatten:

»Wenn die Wähler den Hader der Parteien einfach satt haben, dann hadert man halt innerhalb der Partei weiter. Das gefällt nicht nur den Medien viel besser – sondern die Leute merken sich auch die Namen leichter. Und da hören die bei der bayerischen SPD leichtfertig zum streiten auf, anstatt dass sie dadurch berühmt werden!

Was haben sich meine Vorgänger am Nockherberg jahrelang für Mühe gegeben, neben der Renate Schmidt auch ihren Rivalen Albert Schmid bekannt zu machen. Und was treiben die? Sie sägen den Albert Schmid parteiintern in Scheiberln ab wie eine Salami und der geht beleidigt in die innere Emigration. Wo die ist? Ich glaub in der Oberpfalz, gell, Herr Schmid.

Und jetzt soll ich mich abrackern um für die bayerische SPD einen anderen Oberpfälzer Sozi berühmt zu machen – einen gewissen Ludwig Stiegler. Kennt den schon jemand – außer der SPD? Herr Stiegler, damit ich Sie nächstes Jahr besser würdigen kann: Fangen S' gleich heut noch mit der Renate zum streiten an oder raufen S' mit dem Albert – dann wissen d' Leut: Aha, der mit dem roten Pullover und dem blauen Aug – das ist der Stiegler!«

Ludwig Stiegler hat mich immerhin hinterher angerufen, sich bedankt und gesagt, er habe bisher die Einladung nie angenommen, aber die Veranstaltung habe ihm jetzt doch sehr gut gefallen. So einen Sozi, der sogar dankbar ist, muss man natürlich dann mit kräftigeren Schlägen weiter aufbauen. Außerdem hat er sich für 1998 bereits stark im Streit mit der SPD-Chefin qualifiziert:

Von ihm und dem übrigen Landesvorstand wurde Frau Schmidt sowohl beim Lauschangriff als auch bei der Landtagsreform niedergestimmt.

Für Renate Schmidt habe ich mir 1997 eine fein gespitzte Bosheit ausgedacht, die weithin nur von politisch gut informierten Zuhörern in ihrer Hinterfotzigkeit verstanden wurde. Nachdem sie auf Reporterfragen hin Ambitionen in Bonn dementiert hatte, weil sie in Bayern als Ministerpräsidentin gebraucht werde, habe ich noch vor der Salvatorprobe 1997 einen SPD-Abgeordneten aus dem Landtag gefragt: »Was macht ihr denn mit der Renate, wenn sie die nächste Wahl 1998 wieder verliert und auch in Bonn nicht gebraucht wird?« Daraufhin hat der mir kühl geantwortet: »Mein Gott, dann wird sie halt auch als Vizepräsidentin des Landtags versorgt – wie alle ihre Vorgänger.« Diese Vorlage habe ich im Text verwandelt:

»Und Sie, Herr Stoiber, Sie schimpfen immer auf die Ministerpräsidenten von der SPD. Derweil sind Ihre Kollegen alles lauter Kanzlerkandidaten! Die SPD hat ja nicht nur die Herren Scharping, Lafontaine und Schröder als Kanzlerkandidaten, diese drei Tenöre, die sich gegenseitig mit aller Kraft an die Wand singen. Die haben auch noch andere: den Herrn Voscherau, die Frau Simonis und, und – nein, Sie nimmer, Frau Schmidt! Sie werden 1998 hier in Bayern gebraucht – und zwar als neue Vizepräsidentin des Landtags. Net? Geh, san S' net so bescheiden! Keiner wärmt doch diesen Platz so gut vor wie der Karl-Heinz Hiersemann.«*

Renate Schmidt spürte den Widerhaken und hat tapfer gelächelt, aber Hiersemann konnte sich vor Lachen kaum halten.

Eine kleine Revanche war ich auch dem Münchner OB noch schuldig. Der war im Jahr zuvor wegen einer Passage sauer, die ihn selbst betraf. Er hatte sich aber dann mit gespielter Empörung bei einem SPD-zugehörigen dpa-Reporter darüber aufgeregt, dass ich in seiner seltsam bunten Regenbogen-Koalition auch Randgruppen beleidigt hätte. Für dieses furchtbare Vergehen an Rosa und Dunkelgrün musste ich mich natürlich entschuldigen, darum schrieb ich als Retourkutsche in den Salvatortext:

»Der Münchner OB hat meinem Vorgänger und unserem Redenschreiber Hannes Burger letztes Jahr vorgeworfen, sie hätten hier Randgruppen angegriffen. Also, wenn sich da jemand wirklich auf einen wie auch immer gefärbten Schlips getreten fühlen sollte – dann tät uns das echt Leid. Aber eines haben die doch vor den Kommunalwahlen noch gar nicht wissen können, Herr Ude: dass die SPD in Bayern inzwischen auch schon eine Randgruppe ist!«

Parteifreunde sind keine Schande, aber es heißt da höllisch aufpassen
Die CSU seit 1992

Aus der besonders schwierigen Salvatorrede von 1990 mit dem Wahlkampf in der DDR und unterschiedlichen Erwartungen an die deutsche Einheit habe ich bereits einiges zitiert. Was die CSU-Führung betrifft, so war damals eine gewisse Rivalität zwischen dem CSU-Chef Theo Waigel und Ministerpräsident Max Streibl spürbar. Großteils wurde sie nicht von den beiden alten Parteifreunden selbst, sondern von ihrer Umgebung angeheizt.

Dies schlug sich in den weiteren Salvatorreden nieder, bis dann der Konflikt zwischen Stoiber und Streibl sowie der Machtkampf Stoiber gegen Waigel in den Vordergrund traten.

1990 waren die beiden »unzertrennlichen Rivalen auf der politischen Rennbahn«, wie es im Text der Sedlmayr-Rede über Waigel und Streibl hieß, viel im DDR-Wahlkampf unterwegs. Darum habe ich Theo Waigel wegen seiner neuen DSU-Freunde im Osten angeschossen, mit denen er die Gründung einer Ost-CSU verhindert hat. Ich habe ihm unterstellt, er sei nur nach Bayern herübergekommen, »*weil sonst sein bayerischer Statthalter Max Streibl beim Salvator gleich wieder ein paar Millimeter Vorsprung in der Popularität herausholen könnte*«. Den unermüdlichen Föderalismus-Prediger Max Streibl haben wir damals aufgefordert, »*bei der Unterwerfung der Sachsen und Thüringer unter den bayerischen Föderalismus am Nockherberg eine Pause einzulegen*«. Das meiste, was 1990 sonst noch über CSU-Politiker gesagt wurde, steht schon im Kapitel über die »Volltreffer«.

1991 fand ja keine Salvatorprobe statt, und was die Rede von 1992 angeht, möchte ich nur daran erinnern, dass damals Streibl persönlich noch wenig angefochten war. Es fiel nur schon auf, dass er politisch in den Medien nicht mehr so sanft behandelt wurde wie vor 1990, als die meisten noch damit rechneten, er werde ohne Strauß sowieso die Wahl nicht mehr gewinnen können. Ob Eröffnung der Main-Donau-Wasserstraße oder des neuen Flughafens München – nichts konnte er mehr recht machen.

Aber 1991 und Anfang 1992 war zuerst noch Innenminister Edmund Stoiber in der Schusslinie, weil es angeblich zu viel Filz und parteipolitische Zuarbeit durch Staatsbeamte in seinem Ministerum gebe. Das musste die Opposition im Landtag natürlich dringend mit einem Untersuchungsausschuss nachprüfen, was dann – wie immer – als Hornberger Schießen ausgegangen ist. Auffällig waren auch Stoibers Bemühungen das Image eines Wadlbeißers von Franz Josef Strauß loszuwerden und sich als Staatsmann zu profilieren. Damals wurde parteiintern auch noch Alois Glück für den Fall einer Erkrankung Streibls als denkbarer Ministerpräsident gehandelt – vor allem von Journalisten, die Stoiber noch gern verhindern wollten. Mangels gravierenderer Themen spießte ich halt das im ersten Text für Max Grießer auf:

»Immer wenn ich da vorbeigegangen bin am Odeonsplatz, hab ich mir denkt: Mei, in dem Innenministerium herrscht eine strenge Zucht, der Stoiber kann regieren! So was von staad – und derweil ist er ja wirklich nicht grad ein direkter Leisetreter! Aber nicht einmal ein g'scheiter Skandal dringt mehr raus, seit der Herr Stoiber in der Streibl-Seilschaft auf Staatsmann trainiert – ›mit Seil und Haken, den Glück im Nacken‹. Den Alois mein ich! Aber grad wie ich den Innenminister Stoiber noch als Montgelas-Verschnitt bewundert hab, da hat doch derweil die SPD rausgebracht, dass in seinem Haus alles nur so lautlos zugeht, weil es mit schwarzem Filz ausgelegt ist.*

Der Alois Glück ist praktisch der Zukunftsforscher der CSU – obwohl der doch alles nur schwarz sieht. Weil der immer so viel über seine Partei nachdenkt, schreibt die Presse ständig, er wär in seiner Partei der Vordenker. Da frag ich mich jetzt schon, Herr Glück: Ja, wo denken S' denn hin – vor oder nach? Das Gescheiteste wär halt, wenn alle Hinterbänkler seiner Partei das nachdenken täten, was er ihnen vordenkt.«

Ab 1993 brauchte ich mich um brisante Themen für die CSU nicht mehr zu bemühen. Aber zum einen lag gegen Max Streibl kein erwiesener Vorwurf an, außer dass er sich von einem Freund, einem Allgäuer Unternehmer, privat nach Brasilien und nach Mombasa hatte einladen lassen. Vielmehr gab es weder zu diesem Zeitpunkt noch später im parlamentarischen Untersuchungsausschuss einen Hinweis, dass der Unternehmer vom Ministerpräsidenten auch nur irgendein politisches Gegengeschenk erhalten hatte – sei es ein Auftrag, ein Zuschuss oder eine Genehmigung, die er anders nicht bekommen hätte. Doch das Thema »Amigo« war nun einmal auf dem Tapet und ich saß in der Zwickmühle.

Denn erstens hielt ich diese Reise-Einladungen schon damals für nichts Illegales, solange keine Bestechungsabsicht damit verbunden war; vielmehr wollte gerade umgekehrt Streibl diesen Unternehmer bearbeiten, dass er mit seiner Leichtmetall-Technik als Partner für die zivile Produktion bei Krauss-Maffei einsteigen solle. Zweitens konnte man den Ministerpräsidenten nicht zum Salvator einladen um dort die Medien-Kampagne gegen ihn beim Derblecken einfach fortzusetzen. Und drittens wusste ich von Streibl, dass er Stoiber und dessen Büchsenspanner im Verdacht hatte, naive linke Journalisten mit Munition gegen ihn zu versorgen um noch rechtzeitig vor der Wahl 1994 den zuckerkranken und an Dynamik stark nachlassenden Ministerpräsidenten ablösen zu können. Damals begann bereits der Versuch von Teilen der Partei, Waigel zur Ablösung von Streibl zu drängen.

Doch je mehr man Hintergründe kennt, desto schwerer tut man sich mit einfachen Pointen für laute Lacher. Sagt man jetzt zu viel über Amigo-Themen, kann man einen Eklat provozieren, sagt man zu wenig, bekommt man Prügel von der Presse – was ja dann auch prompt eintraf. So hatte ich für Bruder Barnabas einen Slalom zum Thema Freunde versucht:

»Ja, sehgn S', a so geht's scho glei los: Sag ich jetzt ›Freunde‹, hab ich scho glei a schlechte Presse! Aber wir Bayern stehen zu unseren Freunden, hat der Theo Waigel g'sagt. Und genau wie Sie beim Politischen Aschermittwoch in Passau, Herr Ministerpräsident, mit Ihrem trotzigen ›Saludos Amigos!‹, sag ich jetzt in altbayerischer Sturheit grad erst recht: Seid mir herzlich gegrüßt, meine liiiieben Münchner Freibier-Amigos am Nockherberg! Herr Streibl, Ihnen wär's jetzt natürlich am liebsten, wenn ich die Rede auf Portugiesisch halten tät, damit man nicht so viel davon versteht. Bloß – das käm ja den ungebildeten Linken im Lande wieder spanisch vor. Wir Bayern fürchten uns aber vor keiner Sprache, nicht einmal vor unserer eigenen.

Und weil wir zu unseren Freunden stehen, drum reden wir heut auch ganz offen über unsere Amigos: Mei, die einen haben halt ein bisserl zu viel davon, die andern dafür zu wenig. Es war überhaupt kein Fehler, Herr Streibl, dass Sie sich von einem guten Freund in den Urlaub haben einladen lassen. Erstens war das nichts Unrechtes – und zweitens haben Sie ja nicht wissen können, dass es aufkommt.

Und Sie, Herr Waigel, Sie stehen halt zu Ihren Amigos, denn Sie haben schließlich auch Freunde. Sogar in der eigenen Partei – und da heißt's höllisch aufpassen. Aber der Theo Waigel steht auch – und der feuert sogar noch zurück – mit seinen Freunden, für seine Freunde und auch auf seine Freunde – notfalls bis ins Parteipräsidium! Herr Waigel – da müssen doch auch ein paar falsche Freunde drunter sein. Weil manche von denen verbreiten ständig das Gerücht, Sie könnten plötzlich für ganz dableiben und in Bayern mehr werden wollen – als nur CSU-Chef. Aber es ist doch besser, man hat einen Freund als Ministerpräsidenten, als man wird es selber und verliert dabei gleich einen Haufen Freunde: nämlich die derzeit führenden Streibl-Diadochen Glück, Stoiber, Zehetmair.

Ja, die Politiker müssen schon viel leiden. Und unser viel gegeißelter Max Streibl weiß schon, warum er so gern von Wildsteig zur

Wieskirch pilgert. Nur nicht immer auf dem kurzen Weg, sondern manchmal andersrum um den Globus – über Mombasa. Aber das ist auch eine schöne Erholung für ihn, wenn er einmal Zeitungen und Radio in Suaheli einfach nicht versteht. Bei uns gilt noch, was der Theo Waigel beim Politischen Aschermittwoch gesagt hat: ›Es ist keine Schande, wenn man Freunde hat!‹ Noch dazu solche, die es zu was gebracht haben – und die nicht Politiker haben werden müssen.«

Zu Beginn des Jahres hat ja die CSU – auch Stoiber – noch lange Streibl verteidigt. Aber vor allem für Glück wurde die Position im Landtag immer schwieriger. Auch er wusste, woher die vielen kleinen Peinlichkeiten gegen Streibl lanciert wurden, die im Vergleich zu Strauß-Zeiten lächerlich waren und damals niemanden auch nur gejuckt hätten. Andererseits merkte er aber auch, dass Streibl sich schwach und ungeschickt verteidigte, während alle Opportunisten in der Landtags-CSU sich längst von Streibl abgesetzt und bei Stoiber angewanzt hatten.

Aus diesem Grund würdigte ich Glücks schwierige Rolle in dieser Situation in der Salvatorrede:

»Der Herr Ministerpräsident steht ja auch nur so heroisch, weil er nicht allein steht. Er hat nicht nur viele Nachfolger, sondern auch echte Freunde. Und weil er doch für die ein bayerischer Granit ist, wie sogar der Herr Stoiber gesagt hat, wollen die natürlich alle nicht, dass er Ihnen auf die Füße fällt. Aber die meisten seiner Freunde stehen natülich nicht so direkt im Füsilier-Feuer der Rothosen wie unser bayerischer Andreas Hofer aus den Ammergauer Bergen. Wegen Ihnen, Herr Ministerpräsident, muss der CSU-Feldmarschall Waigel aus Bonn immer die schwere Artillerie-Unterstützung auffahren lassen – mit der scharfen Drohung: ›Wer den Streibl nicht ehrt, ist des Waigels nicht wert.‹ Und wegen Ihnen muss auch im Landtag jede Woch der Fraktions-Hauptmann Alois Glück mit seinem letzten Landsturm-Aufgebot ausrucka – als CSU-Kugelfang vom Dienst. Der Alois Glück stellt sich im Landtag immer so tapfer vor den Ministerpräsidenten hin – wenn von hinten geschossen wird – und schaut dabei so treuherzig drein, dass die Opposition fast eine Biss-Sperre kriegt.«

Jeder im Lande, vor allem die CSU-Spitze, wusste, dass Edmund Stoiber als langjähriger Leiter der Staatskanzlei und »rechte Hand von Franz Josef Strauß« – wie er selber immer zu sagen pflegte – auch so ziemlich an all dessen Privilegien teilgenommen hat – von Firmen-Flugzeugen über Gratis-Leihwagen bis zu Festen und Urlaubs-Einladungen aller Art. Daher war es von Innenminister Stoiber sehr geschickt, quasi im Windschatten von Streibls sogenannten »Amigo-Affären« die Flucht nach vorn anzutreten. Er berichtete freiwillig vor der Presse wenigstens einiges von dem, was er mitgemacht hatte, und beichtete es nun reuevoll als früheren Sündenfall aus der Strauß-Ära, bevor er Streibls Nachfolge antreten wollte. Was ich voll Ironie über Stoibers Ungeduld geschrieben habe, wurde leider teilweise noch nicht verstanden:

»Herr Streibl, viele Freunde stehen zu Ihnen. Aber keiner steht so nah an Ihnen dran wie Ihr Herr Innenminister. Nur, im Gegensatz zum Vorsteher Alois Glück steht der Edmund Stoiber voll hinter Ihnen – solang er ganz sicher sein kann, dass von vorn geschossen wird. Aber nachdem der Herr Stoiber in den Zeitungen gelesen hat, dass er nicht mehr bloß Prinzregent, sondern schon Kronprinz ist, Herr Ministerpräsident, da hat doch der Bereitwilligste von all Ihren Nachfolgern sogar sich selbst wie ein Reserve-Christus als Opfer dargebracht. Derweils sind doch Sie aus Oberammergau – und nicht er! Der ehemalige Wadlbeißer von Strauß und heutige Staatsmann im Aufbau hat die weiße Weste abgelegt, sein Schildknappen-Hemd aus der Franz-Josef-Ära weit aufgerissen und seine jäh erblasste Heldenbrust freiwillig den Heckenschützen aus der Presse dargeboten. Diese Nebenfront war eine recht geschickte Entlastung. Freilich nur für ihn, Herr Streibl – nicht für Sie. Herr Stoiber, aber jetzt ist sie raus – die schlechte Luft der guten alten Zeit.«*

Im Frühsommer 1994 wurde Streibl dann von der CSU-Führung zum Rücktritt gedrängt. Aber er wollte nicht »für meinen früheren Referenten« Stoiber zurücktreten, »nur, weil's der nimmer derwarten kann«, sondern allenfalls für Theo Waigel. Deshalb wurde Waigel von Parteifreunden gedrängt dem Trauerspiel ein Ende zu machen und sich in die Nachfolge-Konkurrenz mit Stoiber zu begeben. Nun begann seitens der Landespolitiker ein ziemlich unfairer, heuchlerischer und teilweise – mit der Veröffentlichung von Waigels Eheproblemen und seiner Beziehung zu Irene Epple – unter der Gürtellinie geführter Machtkampf gegen Waigel, für den er – wie zuvor Streibl – weithin Stoiber verantwortlich machte.

Im Stockdorfer Gartenhäuschen der stellvertretenden Parteivorsitzenden Mathilde Berghofer-Weichner wurde dann der Kompromiss geschlossen: Waigel bleibt weiter als CSU-Chef in Bonn, Stoiber wird Ministerpräsident, tritt aber als stellvertretender Parteivorsitzender zurück und hält sich außerdem aus der Bundespolitik heraus.

Bis auf Letzteres ist dann auch alles so in Erfüllung gegangen. Stoiber hat sofort mit ungeheurer Vehemenz zu regieren begonnen um bis Ende 1994 das Steuer noch herumzureißen. Und er hat sich gegenüber allen anderen in seiner Partei so als Saubermann gebärdet, als wäre er zu Amigo-Zeiten nie dabei gewesen. Viele haben ihm das sehr verübelt. Als er sich zum Beispiel in der Zwick-Affäre immer mehr von seinem früheren Weggefährten Gerold Tandler distanzierte, sagte Tandler einmal zu mir: »Sag ihm, er soll mich doch besuchen und mein Fotoalbum anschaun – dann sieht er, wie oft er da mit Zwick auf dem Bild ist.«

Außerdem hatte im Sommer 1993 die so genannte »Gauweiler-Affäre« begonnen. Es ging dabei um die Weiter-

verpachtung der Mandanten seiner früheren Anwaltskanzlei – was legal war – und darum, dass man ihm vorwarf, er hätte als Umweltminister einen Auftrag an diese Kanzlei vergeben, an deren Wertsteigerung er beim späteren Wiedereintritt teilhaben sollte. Peter Gauweiler, der bis dahin im Münchner OB-Rennen bereits deutlich führte, verlor die Wahl und trat auf Drängen Stoibers dann zu Jahresbeginn – kurz vor der Salvatorprobe – als Minister zurück. Damit waren für mich die zurückgetretenen Politiker Streibl und Gauweiler keine Zielscheiben für boshaften Spott mehr.
Aber da die Medien noch voll auf die Verfolgung von Streibl und Gauweiler eingeschworen waren, wurden alle Spitzen gegen den rigorosen »Säuberer« Stoiber eher als unpassend empfunden und mir jedenfalls nicht als CSU-kritisch angerechnet.
In Wirklichkeit war er in den innerparteilichen Auseinandersetzungen sowohl gegen Streibl als auch – zunächst wenigstens – gegen Waigel Sieger geblieben und musste folglich als der Starke auch kräftiger oder zumindest mit kleinen Bosheiten angeschossen worden – zum Beispiel, wenn Grießer 1995 sagte:
»*Ihre 53 Prozent sind für die CSU ja immer noch eine matte Sache, Herr Stoiber. Ihre Frau hätt leicht 60 Prozent geholt, wenn Sie sich nicht dauernd in den Wahlkampf eingemischt hätten.*«
Oder ein andermal: »*Ich weiß natürlich, Herr Ministerpräsident, wie peinlich Ihnen das ist, wenn Sie in ihrer Bedeutung oft so

maßlos überschätzt werden. Nicht von der CSU, aber von der Opposition!*«
Die komplizierten und kaum aufgeklärten Zusammenhänge zwischen den alten »Amigo-Praktiken« und neuen internen Intrigen um die Macht machen ein Derblecken sehr schwer: Man kann nicht alles sagen, was man weiß, und muss vieles indirekt andeuten:
»*Das Fastenbier hat in der bayerischen Politik eine große Wirkung. Es lässt die Starken friedlich ermatten und löscht die Hitze ihres Strohfeuers: Grüß Gott, Herr Stoiber!*«, hieß die Begrüßung für den neuen Ministerpräsidenten. Darauf leitete ich auf Wunsch Grießers gleich zur Tröstung Gauweilers über:
»*Als Balsam für die unglücklichen Verlierer lindert der Salvator auch den Schmerz – sogar den unter der Gürtellinie. Er heilt die Wunden der unfair Bekämpften, aber auch

mit sich selbst geschlagenen Helden – Grüß Gott, Herr Gauweiler! Hauts halt nicht immer bloß alle auf den Peter drauf, sondern lernts lieber was von ihm! Ich seh nämlich genug Politiker hier, die man auch besser weiterverpachten sollte.
Und beleidigt in diesem Wahlkampf nicht eure Gegner, indem ihr ihnen ohne Not etwas Hartes an den Kopf werft – nicht einmal harte Tatsachen. Und schon gar nicht auf das leidgeprüfte Haupt unseres viel gegeißelten Schmerzensmannes – ich mein: unseres geschmerzten Saubermannes. Herr Ministerpräsident, nach Ihrem Treffen mit dem Theo Waigel und dem Peter Gauweiler haben die Pharisäer Ihnen gleich nachgerufen: ›Sehet, er speist mit Zöllnern und Sündern!‹ Aber wir Sünder im Lande, Herr Stoiber, haben erleichtert aufgeatmet, als wir erfahren haben, dass Sie auch nur ein Mensch sind. Natürlich kein gewöhnlicher, der selbst Fehler hat, aber wenigstens einer, der auch Fehler macht! Wissen S', was Ihr Fehler war? Dass Sie bei der großen Säuberung in Ihrer Regierung die Wäscheleine für die weißen Westen gleich so hoch gespannt haben, dass Sies' jetzt selber kaum mehr derglangen können!«

Bundespolitisch stand im Frühjahr 1994 die von Theo Waigel langfristig eingefädelte Wahl von Roman Herzog zum Bundespräsidenten an. Aber die Mehrheit für Herzog war nicht gesichert, weil die FDP sich nicht genügend in die Vorüberlegungen der Union einbezogen fühlte. Aus Trotz und Prestigesucht wollte die FDP wenigstens für die ersten Wahlgänge mit der Altliberalen Hildegard Hamm-Brücher eine eigene Zählkandidatin aufbieten, was deren Eitelkeit mit zahllosen Interviews großen Auftrieb gab. Aber aus der FDP wusste ich, dass der neuen Führung nichts unangenehmer gewesen wäre als etwa ein Zufalls-Wahlsieg von ihr. Darauf habe ich angespielt:

»*Mit eurem zaudernden Koalitionspartner müsst ihr ganz anders umspringen, Herr Waigel. Zuckerbrot hilft bei den Liberalen gar nichts. Da brauchen Sie schon die Peitsche, wenn die FDP jetzt Roman, den Bayern-Herzog, zum Bundespräsidenten wählen soll. Damit die Liberalen in Bonn wirklich Angst kriegen, muss die Union knallharte Drohungen loslassen: ›Wenn Ihr eure Kandidatin Hildegard Hamm-Brücher nicht sofort und auf der Stelle zurückzieht – dann wählen wir die! Gell, da erschreckens', die Herren FDP-Politiker!‹«*

In jedem Wahljahr kommt von der SPD der naive, aber immer populäre Vorschlag zu einem »Fairness-Abkommen der Parteien«. Das klingt wahnsinnig anständig und demokratisch, aber in Wirklichkeit geht es nur um den Versuch die Wahlkampfkosten der Regierungsparteien auf jene Höhe zu begrenzen, die gerade die Opposition auch zur Verfügung hat. Zur Garnierung wird eine Honoratioren-Kommission eingerichtet, die jedes Wort der anderen auf die Goldwaage legen soll. Die Union muss dann in der Hoffnung auf höhere Spenden dieses Abkommen ablehnen und – wie Erwin Huber 1998 – klarstellen, dass über die Fairness der Parteien am besten die Wähler entscheiden.

Dieses Thema habe ich 1994 auf die unfairen Intrigen in der CSU angewandt. Ich wusste, dass Peter Gauweiler noch 1993 Edmund Stoiber bei der Abwehr Waigels vom Amt des Ministerpräsidenten unterstützt hatte, aber Waigel dann 1994 dafür sorgen musste, dass Stoiber den unbequem gewordenen Gauweiler nicht außer aus dem Kabinett auch gleich aus der CSU hinaus und – im Wahljahr – in eine neue Partei drängte:

»Wennts ihr von der CSU schon ein Fairness-Abkommen brauchen könntet, Herr Waigel, dann höchstens in der eigenen Partei! Letztes Jahr, beim Bruderzwist der Strauß-Erben um die Streibl-Nachfolge, da habts ihr ja schon so eine Art Fairness-Abkommen ausgehandelt – im Gartenhäusl von der Frau Berghofer-Weichner. Und was hat des bracht? Doch nur, dass die jetzt als Rentnerin Zeit zum Ausgrasen hat. Und wie Sie voriges Jahr ins kalte Wasser der Landespolitik springen haben wollen, Herr Waigel, da sind Sie noch von den Herren Stoiber und Gauweiler gleich gemeinsam kräftig getaucht worden. Und heuer haben die zwei Sie mit Ihrer Fairness wieder als politischen Rettungsschwimmer gebraucht.«

Waigel hatte 1994 dann erstmals seine Lebensgefährtin, Frau Dr. Irene Epple, zum Salvator mitbringen wollen – ein Privileg, das bislang nur jeweils der Frau des bayerischen Ministerpräsidenten zugestanden wurde. Der Ex-Skistar Epple musste aber auf dem Nockherberg noch am Tisch prominenter Sportler Platz nehmen. Ich wollte dann einerseits das Thema andeuten, aber doch nicht direkt ansprechen.

Nun wusste ich, dass Thomas Gottschalk, der die beiden mag, sie in seine Talkshow eingeladen hatte um ihnen einen fairen ersten Auftritt im Fernsehen zu ermöglichen. Unbekümmert, wie er ist, und weil er sich die Wirkung seiner Worte bei den Konservativen in CSU und katholischer Kirche offenbar nicht vorstellen konnte, begrüßte er den frisch geschiedenen CSU-Vorsitzenden und seine zweite Frau als »das Traumpaar des Jahres«. Dies griff ich auf um mit einem Antäuscher für ein paar Schrecksekunden den Eindruck zu erwecken, jetzt käme beim Salvator die neue Waigel-Ehe aufs Tapet: *»Aber eines wird man ja wohl bei aller Fairness noch sagen dürfen, Herr Waigel, da hat der Thomas Gottschalk schon Recht gehabt: Ihr zwei seids schon wirklich das ›Traumpaar des Jahres‹ gewesen: Sie und – …«*

Ich schaute bei dieser Passage gespannt zum Sportlertisch und merkte, wie Irene Epple vor Schreck den Atem anhielt. Und dann kam der Ausweicher: *»Sie und – der Herr Stoiber!«*

Im Anschluss daran glossierte ich ironisch die in Art und Charakter so unterschiedliche CSU-Doppelspitze, die bei aller persönlichen Rivalität und vielen gegenseitigen Vorbehalten doch immer professionell zur gewünschten Harmonie in der Partei zurückfinden müsse:

»Der lustvoll strahlende schwäbische Barockheilige Theodor auf einem CSU-Tandem mit

dem spitzgotischen Erzengel Edmund aus dem strengen bayerischen Mittelalter. Mit euch könnten ja ganze Heimatstücke im Intrigantenstadel gespielt werden: ›Das doppelte Spitzen-Lottchen der CSU‹ oder ›Sie küssten und sie schlugen sich‹ oder ›Rosenkrieg der schwarzen Heckenschützen‹. Aber am Schluss geht halt dann bei euch doch immer wieder hinter den Kreuther Bergen die Sonne der Harmonie auf.«

Nach den von der CSU in Land und Bund gewonnen Wahlen vom Herbst 1994 hat die enttäuschte rot-grüne Opposition im Bayerischen Landtag recht abfällig über Stoiber und sein neues Kabinett dahergeredet. Um den Ministerpräsidenten etwas zu ärgern, habe ich das beim Salvator 1995 in der Grießer-Rede zur Begrüßung scheinheilig zitiert: »*Zur Salvatoprobe kommen nach altem Brauch geschniegelte Höflinge und Hofdamen aus dem Kabinett der Mittelmäßigkeit. Halt, nein! Das haben ja Sie gesagt, Frau Schmidt! Ich meine: aus Stoibers Kabinett des Maßhaltens. Herr Ministerpräsident, bevor ich Ihnen auch gleich so furchtlos ins Gesicht schmeichle wie die Landtagsfraktion der CSU, muss ich zuerst den Brauch erklären. Sonst schreien die Grünen wieder herum, Sie wären ein ›feudalistischer Potentat‹. Wie kommen die bloß bei Ihnen auf feudalistisch?«*

Bundespolitisch hat wegen der knappen bürgerlichen Koalitions-Mehrheit bei einigen aus der CDU ein Spekulieren über denkbare schwarz-grüne Koalitionen eingesetzt. Dies hat die CSU sehr geärgert, weil man damit nur die Grünen bei den Wählern salonfähig mache, ohne dass die sich ernsthaft geändert hätten. Grießer sagte damals:

»*Der Heiner Geißler hat jetzt Schwarz-Grün als Koalition der Zukunft an die Wand gemalt. Weil er die Grünen den Roten ausspannen will. Er meint halt: Die FDP ist schon gestorben und hat es bloß selber noch nicht gemerkt. Drum hab ich jetzt einmal in den Zeitungen da extra drauf geschaut, was denn die beiden in der Politik neuerdings so verbindet.*

Da bin ich erst draufkommen, dass die Schwarzen und die Grünen praktisch alle Themen ideal abdecken: Die Grünen sind so ziemlich gegen alles, wo die Schwarzen stark dafür sind: Bundeswehr, NATO, Verfassungsschutz und Bundeskriminalamt, Kernkraft, Gentechnologie, Autofahrer und Bauern. Zum Ausgleich sind aber dann die Schwarzen gegen alles, was die Grünen fordern: Straffreiheit für kleine Kriminelle, Versöhnung mit großen Terroristen und hemmungslose Einwanderung, totalen Naturschutz und freien Handel mit Drogen.

Dieser Herr Geißler ist wahrscheinlich ein großer Stratege. Weil – in so einer Koalition decken die Grünen und die Schwarzen ja miteinander hundert Prozent vom Wählerspektrum ab. Dann könnten doch die Roten fast nirgends mehr dafür oder dagegen sein und die SPD wär praktisch völlig überflüssig.«

Während man auf der einen Seite manchmal zu vorsichtig ist mit Angriffen, passiert es einem auf der anderen

Seite manchmal auch, dass man – auch aus persönlichen Beziehungen und Einschätzungen heraus – jemanden im Salvatortext zu hart anfasst. Ein Beispiel dafür ist die stellvertretende Parteivorsitzende der CSU und Frauenbeauftragte der Staatsregierung, Barbara Stamm. Sie war bereits jahrelang Staatssekretärin im Sozialministerium und nach dem Ausscheiden von Frau Berghofer-Weichner 1993 gab es in Stoibers Übergangs-Kabinett vorübergehend keine Ministerin. Dafür aber gleich vier Staatssekretärinnen, die teilweise nur zum Krenreiben tauglich waren. Darum wurde von den CSU-Frauen vor der Wahl 1994 ständig gefordert, dass im nächsten Kabinett Frau Stamm Ministerin werden soll. Sie wurde dann vorübergehend als mögliche Umweltministerin gehandelt, war aber wirklich nur in der Sozialpolitik kompetent.

Andererseits war aber auch Gebhard Glück ein sehr guter und solider Sozialminister, den ich nicht nur persönlich gut kannte und wegen seiner ruhigen Sachlichkeit schätzte, sondern der auch bei den Gewerkschaften einen guten Namen hatte. Es hat mich daher einfach geärgert, dass ein guter Minister aus keinem anderen Grund ausscheiden soll, als weil er ein Mann ist und weil mit seinem Ministeramt aus Prinzip eine Frau versorgt werden soll. Darum ist die Passage über die Frauen im Kabinett und über Barbara Stamm im Besonderen in der Salvatorrede 1994 ziemlich böse ausgefallen:

»Jetzt schaun die mich vielleicht sehnsüchtig an, unsere teilweise noch jungfräulichen – ich meine unentdeckten – Staatssekretärinnen: Ich soll ihnen halt auch so ein schönes Ministeramt prophezeien wie dem Herrn Bötsch. Aber damit hab ich doch Sie nicht gemeint, Frau Stamm! Sie sind doch allen bestens bekannt – sogar dem Herrn Ministerpräsidenten. Sonst wären Sie doch Umweltministerin geworden! Nein, ich hab gemeint: weil Sie für die Sozialpolitik in Bayern von größtem Gewicht sind. Und jemand, der von Umweltpolitik so wenig versteht wie Sie, findet sich ja leicht. Außerdem ist doch im Gauweiler-Nachlass sowieso schon so eine fleißige und unauffällige Umwelt-Putzfrau drin als Staatssekretärin. Der Cristl Schwedler jetzt eine Ministerin vor die Nase zu setzen – geh, das wär ja direkt frauenfeindlich! Sie wissen doch selber, Frau Stamm, wie leicht Staatssekretärinnen ihren Ministern auf den Geist gehen können. Aber im Arbeitsministerium haben Sie im Gebhard Glück ja einen Minister mit väterlicher Geduld – grad für Sie als Frauen-Beauftragte. Der stille Glück im sozialen Winkel hat ja nicht einmal den Ehrgeiz stärker aufzufallen als Sie! Neben diesem Dulder können Sie leicht Ihre Auftritte zelebrieren – als die Pipi Blaustrumpf der CSU.«

Das wurde mir dann hinterher schon bewusst, dass mich meine Solidarität mit Gebhard Glück verleitet hatte allzu böse zu den Staatssekretärinnen und vor allem zu Frau Stamm zu sein. Aber es hat mir dann sehr imponiert, dass die CSU-Frau nicht so beleidigt reagiert und sich nicht gleich so wehleidig am nächsten Mikrophon bei den Medien ausgeweint hat wie die linken »Powerfrauen« Schmidt und Leutheusser-Schnarrenberger. Darum habe ich versucht 1995 bei Barbara Stamm wieder ein bisschen was gutzumachen und mich bei den anderen für den Vorwurf der »Frauenfeindlichkeit« zu revanchieren:

»Auch andere Politiker gehen vom Nockherberg gestärkt nach Hause – so wie letztes Jahr die Barbara Stamm. Die hat hier beim Salvator-Derblecken eine volle Stamm-Würze erwischt und schon hat der Ministerpräsident gesagt: Die Frau ist hart im Nehmen, die wird meine neue Sozialministerin! Das war allerdings dann eher männerfeindlich, weil der Minister Glück nur einen Fehler gehabt hat: Er ist keine Frau und wollte auch keine werden. Nur, damit er so eine Kämpferin wie Sie leichter ertragen kann, Frau Stamm, hat der Ministerpräsident dann zum Ausgleich die brave Ursula Männle als zweite Ministerin dazugenommen. Gell, Sie sind ja für Ihre Friedfertigkeit berühmt, Frau Männle, und drum in der CSU auch lang nichts geworden. Aber jetzt haben Sie die Frauenquote im Kabinett um 100 Prozent gesteigert.

Ja, starke Frauen braucht das Volk, nicht lauter so wehleidige Quoten-Trutscherln! Frau Schmidt, Sie sind auch ohne Quote stark. Aber halt mehr im Austeilen als im Einstecken. Nicht einmal so etwas Schönes wollten Sie errötend annehmen wie das vom Unterfranken Michael Glos im Bundestag so scheinheilig hingehauchte Kompliment vom ›fränkischen Barock‹! So was genießt man doch! Schaun S' den Herrn Stoiber an! Unglaublich, wie viel der vertragen kann – an rücksichtsloser Bewunderung und an Lob. Und wenn es wirklich einmal ausbleibt, züchtigt er sich notfalls damit selber: Der klopft sich dann auf die Schultern, bis es schmerzt!«

Theo Waigel habe ich einige Male zur Freude vieler CSU-Politiker angeschossen, weil er so dünnhäutig, überempfindlich und nachtragend ist, was auch Stoiber immer wieder beklagt. In der Bundespolitik vermeidet es Waigel stets, kraftmeierische Schaukämpfe gegen den Kanzler oder die Koalitionspartner aufzuführen. Er legt keinen Wert auf Aktionen, für die er zwar lauten Beifall in Bayern, aber keine Mehrheit in Bonn bekommt. Bei Stoiber ist das ganz anders. Der wundert sich nur manchmal, dass einige seiner starken Forderungen von der CSU-Landesgruppe in Bonn nicht unterstützt werden und bald versanden. Zum einen sucht er den starken Reibebaum Kohl gern zur eigenen Profilierung zu nutzen und zum anderen trifft auch zu, was Waigel einmal – durchaus freundlich gemeint – über Stoiber zu mir sagte: »Wenn der Edmund sich irgendwas auf dieser Welt vorgenommen hat, dann verfolgt er dieses Ziel nicht nur zu 100 Prozent, sondern gleich zu 150 Prozent und kommt dann schlecht wieder weg davon.«

So ein »Heißluftballon« Stoibers war zum Beispiel die – mit Ministerpräsident Kurt Biedenkopf koordinierte – Drohung, Bayern und Sachsen würden aus der ARD aussteigen, wenn diese nicht die Zahl ihrer vielen kleinen Sendeanstalten mit den aufgeblähten Personal- und Verwaltungsapparaten drastisch reduziere. Er hatte ja im Prinzip Recht, nur stand das Kriegsgeschrei in keinem Verhältnis zur eigenen Kampfstärke und der seiner Verbündeten. Darauf spielte ich im Salvatortext 1995 an:

»Herr Ministerpräsident, mit dem Helmut Kohl verbinden Sie jetzt schon fast so eine Männer-Freundschaft – nein, nicht wie den Strauß! – wie diesen Leasing-Sachsen, den Kurt Biedenkopf. Oder ist das zwischen euch mehr eine schlagende Verbindung gegen die ARD? Neulich haben Sie beide eine starke Rolle gespielt – war's jetzt ein Krimi oder ein Schurkenstück? – jedenfalls mit dem Titel ›Die ARD-Zertrümmerer‹: er als ›Hammer-Kurt‹ und Sie als ›Brecheisen-Edi‹. Auch der Kanzler hat sich gegen die ARD ganz selbstlos zur Verfügung gestellt – als Abrissbirne. Da hat zwar der neue Staatsminister Erwin Huber schon Recht: Wer den ARD-Sumpf trockenlegen will, darf nicht die Frösche darin fragen. Aber Sie haben ja dann nach dem furiosen Start einen neuen olympischen Rekord aufgestellt, Herr Stoiber: nämlich im beidarmigen Rückwärtsrudern.«

Wenn einer mit einer Aufgabe neu anfängt und dann gleich in alle Fettnäpfchen tritt wie der Bundestagsabgeordnete Bernd Protzner als CSU-Generalsekretär und wenn dann nicht nur seine neidigen Konkurrenten aus dem Landtag, sondern auch die Landtags-Journalisten und der Ministerpräsident über ihn herfallen, ist man für solche Vorlagen zum Derblecken nur dankbar. Über ihn hieß es beim Salvator 1995:

»Was der bayerischen SPD fehlt, ist so ein dynamischer General wie der Bernd Protzner. Der hat ja in der Presse eingeschlagen wie der Meteorit von Andechs. Und auf Anhieb hat er eine Riesen-Sympathiewerbung erzielt – zwar nicht grad für sich, aber für den Erwin Huber.«

Bernd Protzner, der aus Kulmbach kommt wie der damalige SPD-Bundesgeschäftsführer Verheugen, hatte sich unter anderem viel Unmut zugezogen, weil er recht salopp die Lärmbelästigung durch Tiefflieger in Franken mit dem Schlagbohrer eines Nachbarn verglich. Daran hat der der Text von Max Grießer angeknüpft:

»Ihre Arbeitsämter, Herr Minister Blüm, sind doch so großartig: Die können praktisch jeden, der einen ordentlichen Beruf hat, umschulen – zu einem Arbeitslosen. Da wären jetzt diese zwei gelernten Bohrer aus Kulmbach da. Die hätten gern einen anderen Beruf, weil sie sich ständig ins Knie bohren: der rote Dünnbrett-Bohrer Verheugen und der schwarze Schlag-Bohrer Protzner. Könnten Sie die zwei nicht bald umschulen lassen – vielleicht zu Politikern«?

An den Schwierigkeiten beim Derblecken des bayerischen Kabinetts hat sich seit Sedlmayr nichts geändert, der jedes Jahr immer schon beim ersten Entwurf geschimpft hat: »Jetzt hamm S' mir de Langweiler scho wieder alle

'neigschriebn!« Manche Landesminister sind ja wirklich Langweiler im Sinne von braven Verwaltern ihrer Ressorts, und wenn ein Politiker den meist hoch qualifizierten und grundsoliden bayerischen Beamten nicht beim Regieren gar zu sehr dreinredet, kann er in der Regel nicht viel falsch machen. Helden sind die meisten sowieso keine und es kann einem leicht passieren, dass einem ein stolzer Minister gerade vollmundig erklärt, wie ärgerlich es ist, dass der Ministerpräsident so viele attraktive Themen oder Veranstaltungen aus seinem Bereich an sich zieht und ihm die Schau stiehlt, aber das werde er sich nicht mehr lang gefallen lassen – und dann kommt zufällig gerade Stoiber vorbei und schon kriecht ihm der gleiche tapfere Widerstandskämpfer ergebenst in den Hintern. Dies habe ich 1997 einmal pauschal erwähnt:
»Das Land regieren sowieso die Beamten, vor allem die aus der Staatskanzlei aus dem Hintergrund. Eigentlich steht in der bayerischen Verfassung keine Richtlinienkompetenz des Ministerpräsidenten drin, sondern die direkte Minister-Verantwortung vor dem Landtag – und von Ministranten steht scho überhaupt nix drin. Aber mei – a sicherer Ministersessel ist halt doch vui schöner als wiar a unsichere Tapferkeitsmedaille.«
Darum gibt es nur wenige Minister, die wirklich eine auffällige gestalterische oder gar reformerische Politik vorantreiben, und von denen machen es dann einige gleich wieder so gut, dass man sie beim Derblecken nicht verspotten oder anspitzen kann, sondern eigentlich nur mit einer witzigen Schmeichelei lustig loben. Das gelingt einem aber nicht immer, weil es ja auch nicht nach einer anmaßenden Zeugnisverteilung auf dem Nockherberg aussehen soll, und manchmal wirkt es dem Betroffenen dann zu läppisch. So ist mir beispielsweise 1995 über den engagierten und erfolgreichen bayerischen Wirtschaftsminister Otto Wiesheu nichts Witzigeres eingefallen als diese Pflichtübung im Erwähnen:
»Der Wirtschaftsminister erinnert mich immer an die Geheimpolizisten in einem Krimi: Die erkennt man auch schon von weitem an ihrer betonten Unauffälligkeit. Außerdem hab ich immer gemeint, Herr Wiesheu, Sie leiden unter Verstopfung, weil Sie meist so bedrückt dreinschauen, vorsichtig herumdrucken und so kleine Äugerl machen. Derweil trainiert der Otto Wiesheu für seine Rolle als Galionsfigur der bayerischen Exportwirtschaft bei der China-Offensive – und auch als Plobeläufel von Ministelpläsident Stoibel.«

Wiesheu fand das offensichtlich nicht gut genug für ihn. Er hat sich zwar nirgends beklagt, aber lange nicht mehr von sich aus mit mir geredet. Nachdem ich jedoch sehen musste, wie ihm der Ministerpräsident zuerst beim Donauausbau und dann beim Milliardenkredit an Leo Kirch in den Rücken gefallen ist und dass es zu Spannungen zwischen Stoiber und Wiesheu gekommen war, habe ich mich 1997 bemüht den Wirtschaftsminister etwas stärker herauszu-

streichen – im Anschluss an den CSU-Generalsekretär Bernd Protzner:
»Eines müssen Sie sich schon merken, Herr Protzner: Dem Ministerpräsidenten Stoiber widerspricht man nicht! Fragen Sie seine Minister: Die traben im Gleichschritt wie eine Freiheitsdressur im Zirkus Krone und sind auf Disziplin und Gehorsam zurechtgehobelt. Ungehobelt ist nur manchmal der Wirtschaftsminister und erlaubt sich eine eigene Meinung. Herr Wiesheu, die Grundregeln des positiven Denkens im bayerischen Kabinett heißen: Alles Gute, Edle und Schöne wird vom Ministerpräsidenten selbst angekündigt. Für alles Miese und Aussichtslose – zum Beispiel Donauausbau, Brennertunnel oder Grundig-Rettung – da ist dann wieder der Wirtschaftsminister zuständig.«

Auf den Strategiekonferenzen der Union – 1996 in Kreuth und 1997 in Andechs, dazwischen in Bonn – spielte es seit 1996 eine wichtige Rolle, ob die Union bei der nächsten Wahl 1998 alleine eine Mehrheit schaffen kann, ob sie mit der FDP und einer Fortsetzung der bürgerlichen Koalition noch rechnen kann, eine große Koalition mit der SPD akzeptieren oder sogar gleich die Oppositionsbänke einnehmen muss.
Dabei war die CSU die heftigste Gegnerin einer großen Koalition, musste aber dafür ihre früheren Angriffe auf die Liberalen stark einschränken. Dieses neue Verhältnis der alten Kontrahenten wurde so angedeutet:
»Ihr müssts jetzt bloß aufpassen, Herr Kinkel, dass der Michael Glos nicht noch samt seiner CSU-Landesgruppe als Rettungsmannschaft in die FDP eintritt. Die wissen ja nicht bloß, wie leicht man bei euch Minister wird, Frau Leutheusser-Schnarrenberger. Die fürchten auch, dass sich der liberale Schwanz, der immer nur mit dem Hund wackeln will, einmal übernimmt und dann ganz zu wedeln aufhört. Die Christlich-Sozialen denken halt immer ans Jenseits – ich mein: jenseits von 1998! Das ist heute die Glaubensfrage der Union: Gibt es ein Leben nach der FDP? Den Nachruf auf die Liberalen hat jetzt der Heiner Geißler schon geschrieben. Der will seine schwarzen Büffel lieber auf die Jagdgründe der Grünen treiben, wo sie's dann an Grünfutter-Blähungen zerreißt. Herr Stadler, nur die fromme CSU glaubt noch, dass Totgesagte länger leben und dass man sogar die bayerische FDP mit leichten Schlägen auf den Hinterkopf wider beleben könnte. Sie macht sich halt so große Sorgen um eure Zukunft.«

In der Bundespolitik war angesichts der Standort-Diskussion, der immer zahlreicheren Firmenpleiten und der wachsenden Arbeitslosigkeit in Sonntagsreden und auf zahlreichen Kongressen ständig von Zukunftssicherung, Zukunftskompetenz und Zukunftskonzepten die Rede. Damals hatte Helmut Kohl noch verkündet, er wolle 1998 aufhören, aber Waigel glaubte nicht daran und wollte es auch nicht, damit nicht die Union auch noch der SPD mit ihrer anhaltenden Kandidaten-Debatte Konkurrenz machte.

Beim Salvator kam das Thema dann so zur Sprache:

»Die Zukunft hat derzeit eine glänzende Gegenwart – in Bayern wie im Bund. Nicht bloß die CSU, sondern alle Parteien sind inzwischen für die Zukunft. Nur jede für eine andere und vor allem für ihre eigene. Die CDU möchte wissen, ob sie ohne Kohl noch eine Zukunft hat, die SPD, ob die Zukunft Scharping, Schröder oder eher Lafontaine heißt, die FDP und die Grünen streiten darüber, ob ihre Zukunft schwarz oder rot aussieht. Die PDS hat ihre Zukunft schon hinter sich, sie hat es bloß noch nicht gemerkt. Unser Bundeskanzler redet nicht nur dauernd von der Zukunft, der glaubt auch fest daran! Drum glaub ich grad so wenig wie der Herr Waigel, dass der Helmut Kohl die seine schon in zwei Jahr' beenden will. Im Gegensatz zu Ihnen, Herr Stoiber, hat der jetzt sogar einen eigenen Zukunftsminister! Nein, nicht Sie, Herr Bötsch. Sie sind mehr für die Vergangenheit der alten Post zuständig – praktisch Rückpost-Minister.«

Schwierig war das Derblecken des Senkrechtstarters und Gesundheitsministers Horst Seehofer. Er ist als stellvertretender CSU-Vorsitzender mit hoher Zustimmung in der Partei auch bereits ein Konkurrent Stoibers um die Nachfolge Waigels als CSU-Chef. Seehofer ist persönlich im Volk recht beliebt, muss aber unpopuläre Reformen zur Einsparung von ausufernden Kosten durchsetzen und wird daher vor allem von denen tagtäglich beschimpft, die sich zuvor in den Sozialkassen kräftig bedient haben.

Der Teufel sitzt im Detail, aber kritische Pointen darüber würden nur Experten verstehen, und wo man seiner Meinung ist, kann man ihn schlecht scharf anschießen:

»Der Musterschüler vom Norbert Blüm ist eindeutig der Gesundheitsminister Horst Seehofer. Diesen Herz-Jesu-Sozi haben Sie so groß gezogen, Herr Blüm, dass er jetzt schon direkt frech wird. Neben diesem sprunggewaltigen Aufsteiger kriegt jeder Gamsbock Neidkomplexe! Zuerst hat er die Kostendämpfung bei den Krankenkassen so weit getrieben, dass die Ärzte mitgedämpft worden sind. Danach hat er unter dem Beifall aller Roten sogar die Zahnärzte so stark angebohrt, dass die jetzt selber nichts mehr zum Beißen haben. Bloß eines haben die verarmten Ärzte nicht verdient, Herr Gesundheitsminister: Wenn Sie jetzt auch die Sozialhilfe reformieren, dann treffen Sie die Ärzte ja auf den Sozialämtern wieder!«

Diese Thematik setzte sich dann 1996 so fort:

»Die Gesundheits-Reform treibt der Horst Seehofer so kraftvoll vor sich her, dass die jetzt so krankenhausreif ist wie die Mediziner selber und daher Kankenhaus-Reform heißt. Nur bei der Sozialhilfe-Reform, da sind Sie zu weit gegagen, Herr Seehofer. Da soll einer weniger Sozialhilfe kriegen, bloß weil er keine Arbeit annehmen will? Das geht doch nicht, wo doch heutzutags so viele Arbeiten für Deutsche gar nicht mehr zumutbar sind!«

Im Falle einer großen Koalition, schrieb ich dann 1997, und zwar in Abwesenheit des Gesundheitsministers, in den

Text, *»wäre vielleicht auch der Horst Seehofer abgeschossen worden – diese dreistufige Gesundheitsrakete mit den vielen krachenden Fehlzündungen.«*

Fast alle, die mich vor der Salvatorprobe darauf anreden, haben meist gleich eine Bemerkung parat, wie leicht ich es doch heuer wieder hätte, wo es doch so viel Stoff zum Derblecken gebe! Und fast immer ist dann das Thema Finanzlöcher, Steuern und Abgaben dabei. Aber wie soll man einen Bundesfinanzminister durch den Kakao ziehen, wenn man weiß, wie schwer er es hat! Alle haben tolle Ideen, wie man da und dort mehr Geld ausgeben kann, ja dringend ausgeben muss, aber keiner, wo es der Staat hernehmen soll. Differenzierte Aussagen über Finanzpolitik, Steuerreform, Fehler und Alternativen sind nicht lustig und plumpe Witze gegen das Finanzamt und über den Finanzminister sind uralt, abgedroschen und werden in der politischen Polemik zwischen den Parteien schon bis zum Überdruss ausgereizt. Und sie berücksichtigen nicht, in welchen Zwängen ein Finanzminister steht und mit welchen Widerständen er bei jedem Lösungsversuch gegenüber Koalitionspartnern, Opposition, Interessengruppen und besserwissenden Medien zu kämpfen hat.

Und wenn man weiß, dass noch Anfang 1997 Rudolf Scharping mit Theo Waigel über eine große Koalition gesprochen und ihm dabei zugesagt hat, von der SPD aus könne er doch gerne Finanzminister bleiben, dann glaubt man an die heißen Beschimpfungen der »verfehlten Finanzpolitik« auch nicht mehr so recht. Darum habe ich Theo Waigel auch lieber als CSU-Chef und als Menschen abgehandelt denn als Finanzminister. So hat es beispielsweise beim Salvator 1996 über ihn geheißen:

»In der Steuer- und Finanzpolitik herrscht derzeit nichts als Götterdämmerung. Der Bundesfinanzminister muss den Kopf hinhalten wie einen Punchingball für die deutsche und europäische Einheit. Helmut Kohl will noch in seiner Amtszeit Kanzler Europas werden, der Lafontaine will lieber weniger Stabilität und mehr Schulden, der Kinkel weniger Steuern und der Edmund Stoiber

bloß ja keinen Maastricht-Wahlkampf. So kriegen Sie jeden Solidaritäts-Zuschlag von denen auf die Nase, Herr Waigel! Und Sie wissen ja: Immer, wenn du meinst, es geht nicht mehr, kommt aus der CDU ein Tiefschlag her – quasi noch als Ergänzungs-Abgabe. Der Titel »Minusmann«, den man Ihnen angehängt hat, muss Sie nicht weiter stören, weil mit einem Plus in der Kasse könnte jeder Finanzminister sein. Die wahre Finanzkunst beginnt ja erst, wo 's Geld aufhört.«

Im Januar 1996 wurde von der CSU-Landesgruppe im Bundestag das 20-jährige Jubiläum der berühmten, aber nicht verwirklichten Kreuther Beschlüsse gefeiert, sich von der CDU zu trennen und die CSU bundesweit auszudehnen. Zu diesem historischen Augenblick wurden erstmals Bundeskanzler Helmut Kohl und die Mitglieder des CDU-Präsidiums von der CSU zu einem Unionsgipfel nach Kreuth eingeladen. Das musste ebenso erwähnt werden wie die Tatsache, dass es anschließend auf der Klausurtagung zu einem heftigen Krach zwischen der Landesgruppe und Edmund Stoiber gekommen war:

»In Kreuth hättet ihr nicht lauter Harmonie mit der CDU verbreiten dürfen, Herr Glos! ›Divide et impera!‹, hätte Strauß gesagt, was bei ihm ungefähr geheißen hätte: ›Teile aus und herrsche sie an!‹ Hätten S' nicht wenigstens ein paar Hahnenkämpfe anzetteln können unter den blassen Kohl-Diadochen, die unter der Furcht und Fuchtel ihres Herrn stehen. Wer das ist, meinen Sie, Herr Rühe? Die anderen natürlich, Sie nicht!

Gell, so hätten Sie es halt auch gern mit Ihren Diadochen, Herr Waigel. Aber die CSU-Landesgruppe steht voll hinter Ihnen. Im Zweifelsfall braucht der Michael Glos nur den Edmund Stoiber in diese Runde nach Kreuth zu holen – mit seiner populistischen Kritik an der Bonner Koalition – und schon gehen die einträchtig auf den Ministerpräsidenten los – wie Windhunde auf einen elektrischen Hasen.

Der Herr Glos hätte ja gute Aussichten bald auch Minister dieser Koalition zu werden, wenn man halt wüsste, wie lange es die noch gibt. Die SPD möchte natürlich gern über eine große Koalition an die Futtertröge der Macht kommen. Und die Plüschlöwen der CDU hätten auch gern eine große Koalition, damit ihr Dompteur Kohl freiwillig die Peitsche aus der Hand legt. Nur die CSU wäre in einer großen Koalition das fünfte Rad am Wagen und die FDP wär ganz draußen – mei, schad!«

Das bereits 1995 angeschnittene Thema, dass die CSU aus Abneigung gegen eine große Koalition schonend mit der FDP umgehen muss, blieb natürlich auch 1996 und 1997 weiter erhalten. Wenn man sich aber nun erinnert, wie Genscher und Strauß sich immer befetzt haben und dafür beide von ihren Wählern honoriert wurden, drängt sich einem die Idee auf, ob es nicht statt Schonung umgekehrt besser wäre:

»Aber die Liberalen sind zäh und so hart wie Kinkelsteine. Je weniger die werden, desto leichter erreichen sie ihr Traumziel –

die Geschlossenheit. Damit meint die FDP nicht, dass sie jetzt gleich ganz geschlossen wird. Sie versucht nur ihre Flöhe wieder einzufangen, den Sack zuzubinden und geschlossen zu halten. Aber eines müssen Sie ehrlich zugeben, Herr Außenminister Kinkel: So lieb wie jetzt war die Union seit 50 Jahren nicht zu euch. Die CSU ist ja heutzutags schon direkt eine private Pflegeversicherung für die Liberalen!
Aus lauter Angst vor Leichenschändung haut da keiner aus der CSU mehr richtig hin auf die FDP. Wenn ihr die als Koalitionspartner erhalten wollt, Herr Glos, dann müsst ihr sie doch wieder windelweich und wach prügeln! Herr Kinkel, was hat sich der Franz Josef Strauß für Mühe gegen, der FDP, dieser contradictio eo ipso, den Garaus zu machen! Aber damit hat er sie, diesen Widerspruch in sich selbst, zur Geschlossenheit gezwungen und die Wähler zu ihrer Rettung mobilisiert.«

Die »Geschlossenheit« trotz aller internen Ränke und Streitigkeiten ist seit Franz Josef Strauß ein spezielles Markenzeichen der CSU. Und je weiter die Kräfte zu bestimmten Themen differieren, desto heftiger wird die berühmte Geschlossenheit der Partei beschworen, zu ihr aufgerufen und an sie appelliert. Erst recht zum 50. Jubiläum der Partei und natürlich beim Dauer-Streitthema zwischen Waigel in Bonn und Stoiber in München – pro und contra Euro:
»Einem Bayern wird das Geheimnis eures Erfolges eher verständlich, wenn man die Geschlossenheit mit einer Feuerwehr-Absperrung vergleicht: Einer zieht links, einer

rechts am Seil und in der Mitte ist geschlossen. Das war bei der CSU doch schon vor 50 Jahren bei den Parteigründern so. Auch heute wird von eurer Doppelspitze oft in zwei Richtungen gezogen. Theo Waigel ist für die sofortige Währungsunion, Edmund Stoiber dagegen, Waigel ist für die Maastricht-Kriterien, Stoiber dagegen, Waigel ist für den Zeitplan, Stoiber dagegen. Und jeder von beiden hätte gern einen CSU-Kanzler, bloß keiner den anderen. Aber im Unterschied zur SPD, Frau Schmidt, lasst halt bei der CSU deswegen keiner aus, sondern aus dieser Spannung heraus sagen beide geschlossen: ›Darum wählt CSU und unseren Kanzler Helmut Kohl!‹
Wegen dieser Geschlossenheit hat die CSU-Basis auch keinen Zweifel, dass ihr Parteivorsitzender und ihr Ministerpräsident an einem Strang ziehen: Die Frage ist nur, wer dazwischen grad den Kopf in der Schlinge hat. Derzeit sind das eher die aus Bonn nach München transplantierten Staatsmi-

nister Ursula Männle und Kurt Faltlhauser. Die sollen jetzt gleich zwei Herren dienen: für Waigel als Wachhunde, für Stoiber als Schlittenhunde.«

Wie bereits über die SPD berichtet, wurde 1996 der niedersächsische Ministerpräsident Gerhard Schröder unter anderem wegen der Trennung von seiner Frau Hillu derbleckt, speziell wegen seiner Beschwerde, er habe bei der Vegetarierin zu Hause nie ein Stück Fleisch gekriegt. Dazu musste natürlich auch eine warnende Replik für das bayerische Muster-Ehepaar Stoiber folgen:

»Die Fleischeslust von Ministerpräsidenten ist uns doch Wurscht, Frau Stoiber, und rein sittlich spielt Ihr Edmund ja sowieso alle an die Wand. Zur Not sogar seinen Kultusminister Zehetmair. Nur – die Versuchung für Ihren Mann liegt halt nicht in der Erotik, sondern in der Medienwirkung! Der Herr Stoiber sieht doch, wie sein Kollege jetzt Publicity macht. Der Herr Schröder verdrängt nicht nur Lothar und Lolita aus den Schlagzeilen, sondern sogar Charles und Diana. Darum, Frau Stoiber, heißt's jetzt aufpassen – und immer fest Schnitzel backen!«

Kleine, feine eingestreute ironische Spitzen gegen den Ministerpräsidenten werden von der Presse kaum wahrgenommen, zum Beispiel: »Sie sind ja auch berühmt, Herr Stoiber, als größter Politiker unter den Fußballexperten«, »Im Gegensatz zu Ihren SPD-Kollegen sind Sie ja immer noch kein Kanzlerkandidat, weil der CSU-Chef Waigel und seine Landesgruppe in Bonn immer dagegen sind« oder: »Was? Sie verwechseln auch manchmal bedeutende Staatssekretär mit grauen Mäusen? Ja, Ihre Minister sind halt grad so ehrgeizig wie Sie, Herr Stoiber, die deckeln ihre Staatssekretäre ebenso wie Sie Ihre Minister.«

Aus den eigenen Reihen wird ihm zum einen zu große Hektik und eine Arbeitswut vorgeworfen, die er auf die Dauer nicht durchhalten könne. Zum anderen wurde aus seinem Kabinett heraus beklagt, dass er zu viel an sich ziehe und seinen Ministern zu wenig Spielraum lasse sich selbst mit Ideen und Aktivitäten zu profilieren. Das habe ich dann 1997 folgendermaßen in ironische Ratschläge verpackt:

»Net so hudeln beim Regiern, Herr Ministerpräsident! Nicht immer nur von Hightech reden, sondern auch an Highlife denken. Nicht bloß Biergarten-Verordnungen erlassen, Herr Stoiber, sondern sich selber reinsetzen in einen Biergarten – und die Schwarten doppelt krachen lassen: die von der Schweinshaxn und die von Ihre Minister! Ihr Kabinett will auch nicht immer nur Teig rühren, sondern selber den Kuchen verkaufen – samt den Rosinen. Sie wollen ja nicht bloß respektiert, sondern auch geliebt werden, Herr Ministerpräsident: nicht nur von Ihrer Frau, nein, auch vom Volk, von Ihrer Partei und vielleicht sogar von ihrem Kabinett. Aber für einen gemütlichen Landesvater sind Sie halt noch viel zu hektisch – und zu mager. Das christliche Volk in Bayern verabscheut die Sünde, aber es liebt seine Sünder! Und wenn einer nicht g'scheit isst, nix trinkt, auch nicht raucht und nicht schnupft, fragen sich die Leut, was der am End sonst noch alles nicht treibt.«

Jeder Wechsel des Zugpferds bringt Unruhe in das Gespann
Von Sedlmayr über Grießer zu Hallhuber

Wenn ein Schauspieler auf der Bühne auftritt, ist der Text fast nie von ihm geschrieben, vielmehr ist normalerweise der Text schon vor ihm da und der Regisseur sucht sich unter den Schauspielern den passenden Typ für die Besetzung der Rollen. Und wenn einem Schauspieler die Rolle nicht gefällt oder er das ganze Drehbuch schlecht findet, lehnt er eben das Angebot ab – falls er sich das gerade leisten kann. Kabarettisten tragen häufig ihren eigenen Text vor, aber nicht alle sind gute Schauspieler und Texter zugleich. Bei den Salvatorproben war es bis einschließlich 1981 so, dass immer der Autor seinen Text vortrug, ob er zufällig Schauspieler war – wie Klaus Havenstein – oder nicht.
Erst mit Walter Sedlmayr begann die Trennung von Autor und Vortragendem – auch deshalb, weil es nun außer der Live-Übertragung der Salvatorprobe im Bayerischen Rundfunk auch eine Fernsehaufzeichnung gab, die drei Tage später – allerdings gekürzt – ausgestrahlt wurde. Da wollte man einen Schauspieler auf der Bühne haben. Dass man da zusammenarbeiten und sich auch zusammenraufen muss und einmal der eine mit dem Text nicht vollauf zufrieden ist, einmal dem anderen am Vortrag etwas nicht ganz passt, ist nur natürlich und normal. Ebenso wird jedermann einsehen, dass nicht beide in allen politischen Fragen oder in der menschlichen Einschätzung von Politikern immer gleicher Meinung sein können. Kurz und gut: Es ist selbstverständlich, dass man Kompromisse suchen muss. Aber dazu muss man dann auch stehen und trotz mancher interner Kritik hatte bisher keiner von uns den jeweils anderen öffentlich über die Medien belehrt oder gar abqualifiziert. Dies hat erst Erich Hallhuber, der neue Darsteller des Bruder Barnabas, 1997 eingeführt, noch bevor er zum ersten Mal dabei war.
Mich hat weniger gestört, dass er in allen möglichen Medien zahllose Interviews gegeben hat und dass ich von kaum einem Journalisten dazu gefragt wurde, obwohl es immer um meinen Text ging. Denn erstens war er neu und ich 16 Jahre dabei und zweitens bin ich

es gewohnt, dass immer der Schauspieler als Star im Vordergrund stand. Hallhuber war selbst völlig überrascht und ganz berauscht von der Publicity dieser Rolle – einmal im Jahr als Bruder Barnabas auf dem Nockherberg. Als ich ihn um etwas mehr Zurückhaltung bat, zumindest vor seinem ersten Auftritt, weil ich mich ja gegen seine ständigen Angriffe nicht wehren könne ohne – zum Jubel der Münchner Boulevardpresse – einen öffentlichen Streit anzuzetteln, sagte er zu mir: »Ich kann auch nichts dafür – seit 20 Jahren bin ich Schauspieler und niemand aus der Presse wollte etwas von mir, und jetzt soll ich denen jeden Tag ein Interview geben.« Darum hatte es mich 1997 zunächst einmal nur geärgert, dass Erich Hallhuber schon in den ersten Interviews – noch ohne mich überhaupt zu kennen oder mit mir geredet zu haben oder gar etwas über die bisherige Arbeit an den Salvatorproben mit seinen Vorgängern zu wissen –, als Neuheit verkündet hat, er habe sich beim Text ein Mitspracherecht ausbedungen. Das wurde in den Medien denn auch gleich als Sensation bestaunt – dabei war es freilich ungefähr so, wie wenn ich behaupten würde, der Bundespräsident habe mir das Privileg eingeräumt, dass ich immer bei Grün über die Straße gehen darf; denn nichts anderes hatte es schließlich in der Zeit vor ihm gegeben.
Alle drei Schauspieler, die bisher von mir geschriebene Texte als Salvatorreden vortrugen, hatten die Möglichkeit an Textpassagen oder einzelnen Formulierungen Kritik zu üben, über den politischen Sinn einer Pointe zu diskutieren oder selbst Anregungen zu Derbleck-Themen und Personen einzubringen. Sedlmayr hatte schon 1982 beim ersten Mal gesagt: »Gell – i steh da drobn, net der Autor – und i muaß mein' Kopf vor der Kamera hihalten!«
Darüber gab es auch keinen Disput. Denn wenn der Text durchhängt – wie fast immer, wenn Pflichtübungen für langweilige, aber unübergehbare Honoratioren kommen müssen – dann säuft der arme Redner am Podium ohne Beifall fast ab. Und wenn er nur etwas abliest, was er selbst nicht glaubt oder versteht – und was ihm dann auch kein Mensch abnimmt –, dann bringt er auch keine Pointe dazu rüber.
Darum war es ja von Anfang an mein Ehrgeiz die Texte auch vom Rhytmus und Sprachduktus so hinzukriegen, dass die Zuhörer den Eindruck haben sollten: Das sagt jetzt der Schauspieler aus sich und dem Bauch heraus, vielleicht sogar spontan aus dem Stegreif – »Ja, wia's eahm nur grad allerweil einfällt!«
Dass daher mein Text für Hallhuber wieder ganz anders ausfiel als vorher die Reden für Grießer, so wie ich für Grießer auch völlig anders schreiben musste als für Sedlmayr – nämlich auf die Rolle, den Typ und die Sprechweise zugeschnitten –, das war eine pure Selbstverständlichkeit. Ich war froh und dankbar darüber, dass man die Salvatortexte wieder anders, lockerer und mehr ironisch-spitz

schreiben konnte. Bestimmt nicht weil etwa Grießer schlecht war oder ich ihn nicht mochte, sondern weil diese Rolle von Zeit zu Zeit eine Abwechslung im Typ und im Tenor des Vortrags braucht. Das hatte aber überhaupt nichts damit zu tun, dass etwa Herr Hallhuber mehr Mitsprache und mehr Recht auf Kritik und Anregungen gehabt hätte als einer seiner Vorgänger. Aber dank seiner Ankündigungen und Auftritte, derentwegen er, der »linke 68er«, in Münchens Presse gleich als neuer Messias auf dem Nockherberg gefeiert wurde, sah man hinterher eine – von uns allen gewollte – veränderte Art der Salvatorrede als Textfassung des Herrn Hallhuber an.

Das ging so weit, dass zum Beispiel der tz-Redakteur Pilmes einen Absatz wörtlich zitierte, der bis zum letzten Buchstaben von mir auf Hallhuber hin geschrieben und von ihm aus im Gedenken an seine vorangegangenen Sprüche selbstironisch gedacht war (und mit ihm auch gar nicht diskutiert werden musste): »*Ich hab mich als Festredner beim Salvator aufstellen lassen, damit es wenigstens einer von uns 68ern in Bayern zu was gebracht hat. Und das ist doch ein großer Schritt auf dem Marsch durch die Institutionen. Die meisten unserer Revolutionäre sind ja inzwischen längst im Beamtenverhältnis etabliert. Und eines weiß der Herr Kohl genau: Hätte es uns 68er nicht gegeben, dann wäre der Helmut Schmidt heute noch Bundeskanzler! Nur – wer dankt uns das schon?*«

Daran knüpfte der tz-Redakteur einfach die Behauptung, so etwas könnte doch unmöglich ein Hannes Burger geschrieben haben. Nun habe ich in meinem Leben schon so viele Texte geschrieben, dass ich nicht um jeden Satz von mir eifersüchtig kämpfen muss, aber ich mag halt berufsschädigende Ehrabschneider ebenso wenig wie Hochstapler. Walter Sedlmayr war weiß Gott kein Linker, aber er hatte eine so tratzerte und lustvoll stichelnde Art, dass man ihm Texte schreiben konnte, mit denen er die CSU glaubhaft ironisch provozieren und die SPD hinterfotzig, aber in liebenswürdiger Form anschießen konnte. Daher musste und konnte man ihm selbstverständlich andere Texte schreiben als seinem Nachfolger Max Grießer.

Mich hat man oft gefragt, wen ich besser gefunden habe, Sedlmayr oder Grießer. Ich sagte immer: Sie sind einfach anders in der Art. Sedlmayr konnte mit leichtem Degen oder Florett fechten und überraschend »tödliche« Stiche ansetzen. Grießer dagegen war mehr der Kraftkerl mit dem beidhändigen Schwert, der massiver draufhauen und auch auf hinterkünftige Weise salbungsvoll sein konnte. Aber er hatte nicht die Gabe jemanden ironisch anzuspitzen oder nach einem lieb hingeschmeichelten Wurm mit einem Nachsatz blitzschnell den Widerhaken anzusetzen. Der Text für den einen hätte für den jeweils anderen nicht gepasst. Dabei gibt es sowieso keine Frage, dass Sedlmayr – solange er gut drauf war – in dieser ihm geradezu auf den Leib geschnittenen, leicht boshaften, hinterkünftigen und in schnellem Facetten-Wechsel dann wieder scharfen und scheinbar aggressiven Derblecker-Rolle bis heute unübertrefflich war. Aber eben auch nur, solange er gut drauf war und auf dem Nockherberg genau sich selber und seinen ureigenen Charakter spielen konnte. Sedlmayr hat zwar vorher wesentlich mehr und – wie bereits beschrieben – oft bis an die Grenze der Schikane an den Texten feilen wollen. Aber immer mit mir und ohne je auch nur einen Satz selbst hineinzuschreiben.

Um den Unterschied zu Walter Sedlmayr schon vom äußeren Bild her deutlich zu machen und Vergleiche zum Vorgänger zu erschweren, aber auch um zu verhindern, dass der Erzkomödiant Grießer nun auch wie Sedlmayr wieder nur sich selber im Trachtenanzug spielt, haben wir auf meinen Vorschlag hin den Braumeister Bruder Barnabas aus der Brauerei-Tradition wiederbelebt. In dessen Rolle waren früher schon öfter bei Salvatorproben Schauspieler oder Komparsen in allen möglichen Variationen aufgetreten – und sei es nur, um den Humpen auf die Bühne zu bringen. Max Grießer musste sich dabei zum einen etwas disziplinieren, weil da nicht alles an Gesten und Grimassen machbar ist, was auf Theaterbühnen sonst Lachsalven auslöst. Zum anderen war diese Rolle des Bruders Braumeister aber auch für Text und Inhalt ein Korsett, das mit klerikalen Floskeln und salbungsvollem Gehabe durchgehend beibehalten werden musste, was ironisch-witzige Schnellschüsse zusätzlich erschwerte.

Nicht nur wegen der schmäleren Figur des jüngeren Schauspielers Erich Hallhuber, sondern auch um ihm mehr spielerischen Freiraum zu geben, habe ich dann den Text für ihn als Bruder Barnabas so angelegt, dass er – ähnlich wie der berühmte und beliebte Pater Anselm vom Kloster Andechs – eben nicht den gröberen Typ des Bruder Braumeisters, sondern die gebildetere Variante eines studierten Paulaner-Brauingenieurs darstellt.

Grießer hat weniger an einzelnen Formulierungen oder Pointen feilen wollen als Sedlmayr, aber auch offen – oder durch Murren und hörbares Seufzen –

alles kritisiert, was ihm nicht gefallen und wer ihm noch gefehlt hat oder zu viel war. Er hat leider nie zugeben wollen, dass er nicht alles an politischem Inhalten verstanden hat, was ja für einen Schauspieler auch keine Schande ist.

Erst wenn er den Text laut vorgetragen hat, konnte man erkennen, was zu ihm passt, was man ihm abnimmt, was für den Vortrag anders, knapper oder direkter formuliert werden müsste.

Hallhuber, den ich nur in der Serie »Café Meineid« gesehen, aber nicht persönlich gekannt hatte, der noch nie bei der Salvatorprobe war und noch nicht einmal im Spiel mitgewirkt hatte, versetzte die Münchner Lokalpresse vorher schon in einen Begeisterungsrausch. Er hatte gleich in den ersten seiner zahllosen Interviews angekündigt, er sei eben ein 68er-Linker, er werde von links derblecken und er freue sich schon darauf, wenn die Politiker da drunten in den ersten Reihen sitzen und auch noch dazu in die Kamera lachen müssen, wenn sie abgewatscht werden. Er musste dann schnell einsehen, dass man vorwiegend nur die derblecken kann, die erstens da sind und die zweitens überhaupt jemand kennt. Und wir konnten ihn mit vereinten Kräften auch noch davon überzeugen: Niemand muss da drunten sitzen, sondern im Falle zu grober Beleidigungen kann jeder beim nächsten Mal einfach wegbleiben, und wenn das ausgerechnet die prominentesten Politiker

sind, kann man die Veranstaltung künftig vergessen.

Nachdem er dann etwas genauer über die bereits geschilderten Realitäten im Bilde war, lief alles ähnlich harmonisch ab wie mit seinen Vorgängern. In Wirklichkeit hatten wir nämlich keinen einzigen parteipolitischen Konflikt über diese oder jene Textstelle. Außer dem üblichen Feilen an Pointen oder der besseren »Bringform« gab es nur zwei grundsätzliche Probleme zum Text, die uns länger beschäftigt haben; darüber gab es Meinungsverschiedenheiten, ob und wie, aber keinen Streit.

Das eine war eine Passage über Bundesfamilienministerin Claudia Nolte. Die sollte zum ersten Mal kommen und ich hatte deshalb nicht vor, sie gleich mit dem Richtschwert zu begrüßen. Hallhuber nun wollte unbedingt die junge Ossi-Ministerin wegen ihrer konservativ-kirchentreuen Haltung zum Paragraphen 218 scharf angreifen. Dagegen war ich der Meinung, dass sich das Thema Abtreibung werdenden Lebens so oder so überhaupt schlecht für ein Starkbierfest eignet; und außerdem kann man einer katholischen CDU-Politikerin doch nicht vorwerfen, dass sie in einer solchen Gewissensfrage für Christen keine lockeren linksliberalen Positionen vertritt. Anderenfalls wäre sie ja sowieso nie Bundesfamilienministerin geworden. Wir haben uns aber dann tatsächlich auf einen Kompromisstext geeinigt, den wir beide noch vertreten konnten. Aber dann brauchten wir ihn nicht mehr, weil

Frau Nolte (wegen eines extra den Männern zuliebe auf die Tagesordnung gesetzten Frauenthemas) aus dem Bundestag nicht wegkonnte und kurzfristig absagen musste.

Das zweite Problem waren die Auseinandersetzungen in München um die historisch unqualifizierte und politisch sehr umstrittene Wehrmachts-Ausstellung. Der linke OB Christian Ude hatte sie, nur um die CSU-Stadträte zu provozieren, im Gegensatz zu anderen Städten direkt ins Rathaus geholt und selbst dort offiziell eröffnet, der rechte Münchner CSU-Chef Peter Gauweiler hatte in ähnlich unpassender Weise im Hofbräuhaus um des billigen Beifalls willen dagegen polemisiert.

Unser beider Dilemma war: Sagen wir gar nichts dazu, so heißt es in der Presse, wir hätten das heißeste Thema in München feig umgangen; gehen wir aber darauf ein, kann man uns leicht vorwerfen, das sei doch geschmacklos, denn eine Auseinandersetzung um die Schuld an Morden und anderen Verbrechen oder gar Massenvernichtung gehöre nicht in die Gaudirede eines Starkbierfestes.

Hallhuber wollte das Thema Ude zuliebe unbedingt, die Brauerei unbedingt nicht, ich war aus den genannten Gründen zwischen den vorhersehbaren Vorwürfen der Feigheit und der Geschmacklosigkeit hin- und hergerissen. Nach langem Grübeln in der fast schlaflosen vorletzten Nacht vor dem Salvatoranstich fand ich dann doch eine Kompromisslösung, nämlich zu erklären, warum wir nicht darüber reden. An Ude und Gauweiler gerichtet hieß es: *»Aber wennts ihr zwei alten Kampfhähne glaubts, ihr müssts ausgerechnet in der ehemaligen Hauptstadt der Bewegung den Zweiten Weltkrieg noch amal aufführen, dann ist das jenseits vom Politiker-Derblecken und da ist Schluss mit lustig. Net, dass ich zu feig wär, aber das Thema passt nicht zum Starkbieranstich, sonst müssten wir uns frei nach Schiller vorwerfen lassen: Die treiben mit Entsetzen Scherz!«*

Alle waren zufrieden – wir, die Zuhörer, die Brauerei und sogar die Medien.

Die direkte Zusammenarbeit von Autor, Schauspieler und Brauereivorstand beim üblich Durchsprechen, Ausfeilen und Kürzen der ersten Textentwürfe war ansonsten fast problemlos und eigentlich sogar angenehm, weil eben Hallhuber nicht nur stärker politisch engagiert, sondern auch besser informiert war als Sedlmayr und Grießer. Ärger gab es wie gesagt nur für mich und nur, weil ich mich gegen die Ankündigungen Hallhubers nicht wehren konnte und hinterher in den Medien so dastand, als habe er die Richtung und den Inhalt des Textes bestimmt und ich sei nur so eine Art geduldeter Scriptboy für ihn gewesen – nach dem Motto: »Alles gute Linke kam von Hallhuber und alles böse Rechte von Hannes Burger.« Mit der Kritik neidiger Kollegen wird er allerdings auch noch früh genug seine Erfahrungen machen.

Insgesamt waren die Reaktionen auf den neuen Salvatorprediger ähnlich wie nach dem ersten Auftritt von Max Grießer. Damals sagten die einen: »Mei, an den Sedlmayr kommt er halt net hin!«, die anderen dagegen meinten: »Ein guter Typ als Bruder Barnabas – sogar noch besser als der Sedlmayr, weil man die Pointen versteht und weil er nicht gar so bissig von oben herunter doziert.«

Von den Journalisten, Politikern und Leuten aus der Bevölkerung, die mich auf Hallhuber angesprochen haben, kamen wieder konträre Urteile: Von enttäuschten Zuschauern – »Geh, der passt ja scho vom Typ her net als Bruder Barnabas!« – über ganz ablehnende Meinungen wie »zu intellektuell verspielt, besserwisserisch und affektiert im Gehabe« reichten die Ansichten bis zu zufriedenen – »sehr gut als andere Variante« – und begeisterten Aussagen wie: »Endlich wieder einer, bei dem man merkt, dass er weiß, wovon er spricht, der Ironie rüberbringt und die Pointen auch selber verstanden hat.«

Ich gehöre zu den Letzteren, verstehe aber die ersteren gut, weil ich noch vom Wechsel zu Grießer her weiß, wie schwer so eine Umstellung für viele zu akzeptieren ist. Ich persönlich habe den Vortrag Erich Hallhubers – bei relativ kleinen formalen Kritikpunkten – recht gut gefunden und habe ihn auch gegen alle Kritiker verteidigt. Von seiner Vortragsweise her und seiner Darstellung der Rolle des Bruder Barnabas beim Politiker-Derblecken würde ich keine größeren Schwierigkeiten bei der weiteren Zusammenarbeit sehen. Aber einen Interview-Wettstreit in den Medien lehne ich ebenso ab wie eine Rollenverteilung in einen Rechten und einen Linken. Wer dieses Buch gelesen hat, wird auch verstehen, warum das nicht der Realität entspricht.

Das extrem schwierige Ausbalancieren der politischen Gewichte bei höchsten Empfindlichkeiten von Politikern und Medien in einem Wahljahr wird es 1998 zeigen, ob aus den Irritationen des ersten Versuchs doch wieder ein neues Brauereigespann für den Nockherberg entstehen kann.